绿色金融评价体系研究

——企业、资产与供应链的绿色评价

主 编/金海年　　副主编/王 遥　俞春江

Research on Green Finance Evaluation System
Green Evaluation of Enterprises, Assets and Supply Chain

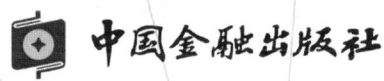

责任编辑：董　飞
责任校对：潘　洁
责任印制：陈晓川

图书在版编目（CIP）数据

绿色金融评价体系研究/金海年主编 . —北京：中国金融出版社，2019.4
ISBN 978 - 7 - 5049 - 8345 - 9

Ⅰ.①绿… Ⅱ.①金… Ⅲ.①金融—评价—体系—研究—中国 Ⅳ.①F832

中国版本图书馆 CIP 数据核字（2019）第 030298 号

绿色金融评价体系研究
Lüse Jinrong Pingjia Tixi Yanjiu

出版
发行　中国金融出版社

社址　北京市丰台区益泽路 2 号
市场开发部　（010）63266347，63805472，63439533（传真）
网上书店　http：//www.chinafph.com
　　　　　（010）63286832，63365686（传真）
读者服务部　（010）66070833，62568380
邮编　100071
经销　新华书店
印刷　北京市松源印刷有限公司
尺寸　169 毫米×239 毫米
印张　20.5
字数　268 千
版次　2019 年 4 月第 1 版
印次　2019 年 4 月第 1 次印刷
定价　68.00 元
ISBN 978 - 7 - 5049 - 8345 - 9
如出现印装错误本社负责调换　联系电话（010）63263947

《绿色金融丛书》编委会

主编：马　骏

编委（按姓氏拼音排序）：

安国俊　别　涛　蔡　宇　郭沛源

马险峰　梅德文　王　文　王　遥

叶燕斐　殷　红　周月秋

本书编委会

主编

金海年　中国金融学会绿色金融专业委员会副秘书长、新供给经济学50人论坛成员兼副秘书长、清华控股产业研究院执行院长

副主编

王　遥　中央财经大学绿色金融国际研究院院长、中国金融学会绿色金融专业委员会副秘书长

俞春江　东方金诚国际信用评估有限公司评级副总监、绿色债券评估认证委员会副主任

编委会委员

周月秋　中国工商银行城市金融研究所所长、中国金融学会绿色金融专业委员会副主任

施懿宸　中央财经大学绿色金融国际研究院副院长

沈双波　中国诚信信用管理股份有限公司副总裁

朱　戈　北京环境交易所董事长

方怡向	东方金诚信用管理（北京）有限公司绿色金融部助理总经理
席　宁	大公国际资信评估有限公司信用评审委员会副主任
霍志辉	中债资信评估有限责任公司评级技术副总监、绿色债券评估认证委员会主任
戴晓枫	新世纪资信评估投资服务有限公司总经理助理
李慧杰	鹏元资信评估有限公司研发总监兼研发部总经理
李振宇	联合资信评估有限公司副总裁、首席研究官
张晓利	联合赤道环境评价有限公司高级分析师
李　菁	安永华明会计师事务所大中华区绿色金融业务总监
穆玲玲	天津绿色供应链服务中心总经理
薛　方	金电联行信用管理有限公司首席信用专家
董善宁	江苏银行绿色金融与PPP事业部业务拓展部总经理

作者

沈双波	中国诚信信用管理股份有限公司副总裁
高卫涛	中国诚信信用管理股份有限公司绿色金融事业部总经理助理
李占宇	中国诚信信用管理股份有限公司绿色金融事业部总经理助理
崔子骁	中国诚信信用管理股份有限公司绿色金融事业部高级市场经理
梅德文	北京环境交易所总裁

龚俊松	北京环境交易所副总裁
綦久竑	北京环境交易所董事、总裁助理、研究发展部主任
许小虎	北京环境交易所研究发展部副主任
于晓林	北京环境交易所研究发展部高级经理
李小萌	北京环境交易所研究发展部实习生
黄湘黔	中央财经大学绿色金融国际研究院研究员
徐晓娜	中央财经大学绿色金融国际研究院高级研究员
郭沛源	商道融绿董事长
李　睿	东方金诚国际信用评估有限公司分析师
武慧斌	东方金诚信用管理（北京）有限公司绿色金融部分析师
詹晓青	东方金诚信用管理（北京）有限公司绿色金融部分析师
杨　莹	大公国际资信评估有限公司技术总监
刁　婷	大公国际资信评估有限公司技术产品部总经理
邹　媛	大公国际资信评估有限公司分析师
闫丽琼	中债资信评估有限责任公司公用事业二部副总经理
顾　鹏	中债资信评估有限责任公司公用事业二部高级分析师
王　杰	中债资信评估有限责任公司公用事业二部分析师
王　力	上海新世纪资信评估投资服务有限公司总经理助理
高慧珂	鹏元资信评估有限公司高级研究员
袁荃荃	鹏元资信评估有限公司高级研究员
许旭明	安永华明会计师事务所合伙人
刘景允	联合赤道环境评价有限公司绿色金融事业部经理
赵孟颖	联合赤道环境评价有限公司高级分析师

邵立强	联合资信评估有限公司执行总裁
刘　艳	联合资信评估有限公司研究部副总经理
林　青	联合资信评估有限公司研究部总经理助理
刘沛伦	联合资信评估有限公司研究部助理分析师
殷　红	中国工商银行城市金融研究所副所长、中国金融学会绿色金融专业委员会副秘书长
宋　玮	中国工商银行城市金融研究所副处长
郭可为	中国工商银行城市金融研究所分析师
邱牧远	中国工商银行城市金融研究所分析师
张业鹏	江苏银行绿色金融与PPP事业部高级项目经理
张　盼	江苏银行绿色金融与PPP事业部高级项目经理
王　磊	江苏银行绿色金融与PPP事业部高级项目经理
薛　方	金电联行信用管理有限公司首席信用专家
马英芳	天津绿色供应链服务中心总经理助理
李智静	天津绿色供应链服务中心副总经理
谷艾婷	天津绿色供应链服务中心高级经理
王　田	天津绿色供应链服务中心技术经理
陈建威	天津绿色供应链服务中心项目经理
刘　英	天津绿色供应链服务中心项目经理
王大成	中国科学院遥感所智慧城市部部长、副研究员
陈　杰	国民征信（北京）有限公司总经理
梁　刚	国环绿能（北京）技术咨询有限公司董事长
马　鸿	中国铁路北京局集团有限公司
陈建新	中国铁路北京局集团有限公司

《绿色金融丛书》
序　言

2016年冬季，我国北方和东部大部分省市又陷入重度雾霾，红色预警持续发布，学校停课、汽车限行、企业停产、工地停工，严重影响了正常的生产生活秩序，也给当地的经济造成了冲击。一些经济学家们在猜测，雾霾是否已经构成了我国经济发展的硬性约束条件，经济增长潜力还有多少？百姓对雾霾的抱怨、对碧水蓝天的期盼，经济面临的环境制约再次成为政府焦虑的中心，中央和各级政府纷纷开展调研，征求各界意见，以寻求更有效的措施来解决困扰百姓生活、健康和经济可持续发展的最大痛点：环境问题。

近年来，要求环保部门法治生威的呼吁日益高涨，强化执法力度、依法治理环境问题的诉求给各级环保部门带来了空前压力。同时，我国环保法律和标准也确实在不断提高。2015年1月1日，新的《环境保护法》开始实施，环保部密集发布了按日计罚、查封扣押、限产停产、企业信息公开和突发环境事件调查等管理办法，环境执法力度也在不断趋严。

绿色金融是推动绿色发展的重要动力

然而，我们目前面临的严重的环境挑战不仅仅是一个环境的末端治理问题，从根本上来讲是一个经济问题。长期以来，我国经济高速增长，但是其所付出的环境代价是难以估量的。世界银行的研究显示，污染所造成的环境成本占我国年度GDP的比重高达9%，而我国2016年GDP增速为6.7%，若将环境成本考虑在内，"绿色GDP"实际上是负增长。在经济的高速发展过程中，各级政府采取了许多不可持续的"激励"措施，包括税收优惠、廉价土地、低廉的资源（能源、水等）价格等，吸引了大量低端、污染性的制造业，使高污染的煤炭产业占能源产业的2/3，让高排放的汽车产业以每年20%的速度成长。即使末端治理能够将单位GDP的排放降低60%~70%，由于高污染的经济活动在成倍增长，总的污染水平也在继续恶化。

我国政府已经清晰地意识到，过去的污染型的发展模式是不可持续的，并将绿色发展提升至国家发展战略的最高层面。2015年4月，中共中央、国务院审议通过了《关于加快推进生态文明建设的意见》，指出"协同推进新型工业化、城镇化、信息化、农业现代化和绿色化"，首次提出了"绿色化"概念。党的十八届五中全会提出贯彻"创新、协调、绿色、开放、共享"五大发展理念，把绿色发展提升到一个新的高度。加强生态文明建设被写入"十三五"规划，绿色发展和环境保护将成为我国经济发展中首要考虑的重要国策。

要从根本上治理环境，需要建立一套新的激励和约束机制，使经济资源（包括资金、技术、人力等资源）更多地投入到清洁、绿色的产业，抑制资源向污染性产业投入。而绿色投资在整个资源配置过程中起着关键的作用。只要资金流向了绿色产业，其他资源就会跟着流向绿色产业。根据环保部、中国环境与发展国际合作委员会（国合会）等机构的研究报告，未来五年，我国绿色投资需求为每年3万亿~4万亿元人民币。我们估计，财政资金最多满足15%的绿色投资需求，85%以上的绿色投资需求必须依靠市场化的融资方式来解决。因此，建立一个绿色金融体系，让金融机构和金融市场能够引导大量社会资本投入到绿色产业，就是当务之急。

绿色金融是指为支持环境改善、应对气候变化和资源节约高效利用的经济活动，即对环保、节能、清洁能源、绿色交通、绿色建筑等领域的项目投融资、项目运营、风险管理等所提供的金融服务。近年来，我国绿色金融取得了快速发展。2015年9月，中共中央、国务院发布了《生态文明体制改革总体方案》，其中首次明确提出"要建立我国的绿色金融体系"。经国务院批准，2016年8月31日，中国人民银行等七部委联合发布了《关于构建绿色金融体系的指导意见》（以下简称《指导意见》），标志着构建绿色金融体系在金融市场和各级地方政府的全面落实和正式启动。《指导意见》明确提出要通过再贷款、贴息、专业化担保机制等措施支持发展绿色信贷和绿色债券市场，设立各类绿色发展基金，在环境高风险领域实行强制性的环境责任保险制度，建立上市公司和发债企业强制性环境信息披露制度，支持金融机构开展环境压力测试，建立碳金融市场，建立绿色评级制度，推动对外投资绿色化等三十五条具体措施。《指导意见》的发布标志着我国成为全球第一个具有明确政府政策支持的、全面构建绿色金融体系的国家。

2016年是绿色金融元年

很多国内外专家说，2016年是绿色金融的元年。我很认同这个看法，这个观点适用于中国，也适用于全球。除了政策层面的创新之外，2016年我国在绿色金融产品、工具、方法等领域中，取得了许多重要的进展。如绿色债券，2015年我国还没有绿色债券市场，2016年我国在境内和境外发行的绿色债券已经达到了2300亿元人民币，占到全球同期绿色债券发行量的40%，成为全球最大的绿色债券市场。此外，我国的机构还推出了绿色资产支持证券（green ABS）和绿色资产担保债券（green covered bond），各个地方设立了不少绿色产业基金支持绿色股权融资，我国四家评级公司推出了绿色债券的评级方法（全球只有六家），出现了多家有能力提供绿色债券第三方认证的机构，中央国债登记结算公司和中国节能环保集团公司推出了四只绿色债券指数，中国金融学会绿色金融专业委员会推出了公益性的绿色项目环境效益评估方法，工商银行率先在全球推出了银行业的环境压力测试方法，最近北京环境交易所和上海清算所一起推出了中国第一个碳掉期产品。2016年以来，几乎每个星期，都可以看到各种绿色金融产品发行和创新的新闻，令人十分鼓舞。中国在绿色环境压力测试方法、环境效益评估工具、绿色债券指数、气候债券指数等方面的创新在全球都是领先的。广东、浙江、贵州、新疆、江西、内蒙古等地纷纷制定了或正在制定构建本地绿色金融体系的实施方案。

2015年4月，中国人民银行批准成立了中国金融学会绿色金融专业委员会（以下简称绿金委）。尽管成立的时间只有两年，绿金委在国内外组织了几十场推广和研讨活动，组织开展了四十多个研究课题，编制了《绿色债券支持项目目录》，支持了包括许多绿色金融产品和分析工具在内的开发工作。目前，绿金委会员单位数量比两年前增长了约一倍，至150多家，包括所有的大中型银行和很多大型券商、保险公司、基金公司、绿色企业等，这些机构所持有的金融资产占全国金融资产的67%。众多金融机构积极参与绿金委的活动，表明中国金融体系已经开始真正关注绿色金融和责任投资。农业银行、国家开发银行、工商银行、中国银行等一些大的金融机构都已经在集团内部建立了全面推动绿色金融发展的规划。

从国际上看，2016年绿色金融领域的最大亮点是在二十国集团（G20）框架下正式讨论了绿色金融议题，并在G20领导人杭州峰会公报中明确提出了要扩大全球的绿色投融资，要从七个方面克服绿色金融发展面临的挑战。两年前，绿色金融在全球还是一个被边缘化的题目，主要国家央行行长和财政部部长几乎没有讨论过这个话题。一些国家对绿色金融的理念存有疑虑。2016年，在中国的倡议下，G20财金渠道设立了绿色金融研究小组，由中国人民银行和英格兰银行共同主持。在研究小组的推动下，绿色金融成为主流议题，而且通过G20领导人杭州峰会公报成为全球共识。这个"政策信号"的作用非常大。2016年10月，我在美国华盛顿参加世界银行和国际货币基金组织年会期间的四天之内，就有8个由金融界主办的关于绿色金融的研讨会；11月在摩洛哥参加第22届气候变化大会（COP22）的两天半时间里，也参加了4场关于绿色金融的讨论会。现在业界对绿色金融的关注程度之高，在几年之前是不可想象的。

除了中国和G20的推动之外，2016年以来，全球其他一些机构和国家也在努力推动绿色金融的主流化。比如，金融稳定理事会（FSB）设立了一个气候相关金融信息披露工作组（TCFD），2017年3月要向G20提交关于强化环境信息披露的自愿准则。法国发布了《能源转型法》，其中第173条专门提到，要求法国的机构投资者披露在投资过程当中如何考虑环境、社会和治理（ESG）的因素。IFC旗下的可持续银行网络（sustainable banking network）和联合国责任投资倡议（PRI），在G20绿色金融研究小组的支持下，迅速扩大其能力建设的网络。印度、日本、印度尼西亚等国正在准备推出自己的绿色债券市场。香港联交所启动了半强制性的环境信息披露制度。从这几个例子来看，全球正在形成一个强劲的、共同推动绿色金融发展的势头。

虽然绿色金融在2016年取得了长足的进展，但其规模与绿色投资的巨大需求相比，仍然是杯水车薪。比如，根据OECD专家的预测，全球绿色债券发行量只占全球债券发行量的0.2%（中国绿色债券占全部债券发行量的2%），但未来会有几十倍的成长空间。我预计在今后几年乃至十几年内，绿色金融在全球仍将保持高速增长，而要保持好的发展势头，关键在于准确识别和有效克服绿色金融面临的挑战。

绿色金融面临的挑战和克服挑战的选项

由我本人和英格兰银行高级顾问 Michael Sheren 担任共同主席的 G20 绿色金融小组在《2016 年 G20 绿色金融综合报告》（*G20 Green Finance Synthesis Report*）中指出，全球绿色金融的发展面临以下五大障碍，并提出了克服这些障碍的一系列政策选项：

（一）外部性。这种外部性可以是绿色项目带来环境改善的正外部性，也可以是污染项目带来环境损害的负外部性。内化环境外部性的困难会导致"绿色"投资不足和"棕色"投资过度。比如，一些清洁能源项目比传统能源项目的建设成本更高，但无法就其环境效益正外部性（降低排放、提升居民健康水平）收费，因此项目回报率过低，无法吸引私人投资。一些国家用补贴、税收抵免、电价补贴、碳交易和环境保护政策等来应对这些外部性，而在绿色金融领域则可以采用增信和担保、优惠贷款、利率补贴和项目补贴等，以改善这些项目经风险调整后的回报率。再如，有些制造业企业会污染环境，但是它们的负面外部性没有被充分内部化。比如，如果区域内居民健康状况受到损害，却由于种种原因不能向污染企业索赔，就会纵容污染企业的过度投资和生产。这种情况在那些环境权益尚未被有效界定和环保政策执行能力较弱的国家尤其常见。近年来，通过金融措施来应对类似负面外部性的案例越来越多。比如银行业的"赤道原则"和许多证券交易所对上市公司提出的环境信息披露要求等，都在一定程度上抑制了污染性投资，从而达到了将部分环境外部性内生化的目的。

（二）期限错配。在不少国家，由于资本市场不发达，许多长期基础设施项目融资主要依靠银行贷款。而银行由于需要避免过度期限错配，因此难以提供足够的长期贷款。这就导致了长期资金供给不足，使得长期项目，包括长期绿色项目（如污水和固体废物处理、清洁能源、地铁和轻轨）面临融资难、融资贵的问题。金融部门创新可以帮助缓解由于期限错配带来的问题。这些方法包括发行绿色债券、通过设立绿色基础设施投资收益信托（Yield-co）进行融资，以及用未来绿色项目收入作为抵押取得贷款等。

（三）绿色定义的缺失。如果缺乏对绿色金融活动和产品的清晰定义，投资者、企业和银行就难以识别绿色投资的机会或标的。此外，缺少绿色定义还可能阻碍环境风险管理、企业沟通和政策设计。因此对绿色金融和产品的适当定义是发展绿色金融的前提条件之一。由于各国的国情和政策重点不同，目前难以对绿色金融活动达成统一的定义。但是，若定义太多，比如每家金融机构推出一个自己的定义，交易对手之间没有"共同语言"，也会大大增加绿色投资的交易成本。

中国、孟加拉国和巴西，已经在国家层面推出了对绿色信贷的定义和指标；国际资本市场协会（ICMA）和中国金融学会绿色金融专业委员会也分别推出了对绿色债券的"国际定义"和"中国定义"。但是不少国家还没有采纳任何一种对绿色金融或对主要绿色资产类别的定义。

（四）信息不对称。许多投资者对投资绿色项目和资产有兴趣，但由于企业没有公布环境信息，从而增加了投资者对绿色资产的"搜索成本"，因此降低了绿色投资的吸引力。此外，即使可以获取企业或项目层面的环境信息，若没有持续的、可以信赖的绿色资产"贴标"，也会构成绿色投资发展的障碍。在一些国家，由于不同政府部门的数据管理较为分散（比如，环境保护部门收集的数据不与金融监管机构和投资者共享），也加剧了信息不对称。不过，解决信息不对称问题的努力已经取得了一定进展。比如，全球超过二十家证券交易所发布了上市公司环境信息披露要求，若干国家或证券交易所已经开始强制要求上市企业披露环境信息。中国也在《指导意见》中明确提出要对上市公司和发债企业建立强制性的环境信息披露制度。

（五）缺乏对环境风险的分析能力。一些金融机构已经开始关注环境因素可能导致的金融风险（包括对机构投资者所持有资产的估值风险和对银行贷款的信用风险），但其理解仍然处于初级阶段。许多银行和机构投资者由于分析能力不足，无法识别和量化环境因素可能产生的信用和市场风险，因而低估"棕色"资产的风险，同时高估绿色投资的风险。结果，污染性和温室气体排放较多的项目仍然获得了过多的投资，而绿色项目则面临投资不足的问题。对环境风险进行更加深入的分析，有助于更好地应对风险，更有效地将环境外部性进行内部化，进而有利于动员私人资本加大绿色投资。近年来，部分金融机构和第三方机构已经开发了一些环境风险分析方法。典型的案例包括中国工商银行开发的环境因素对信贷风险的评估模型、《自然资本宣言》（Natural Capital Declaration）对干旱如何影响债券违约率的分析、英格兰银行对气候因素如何影响保险业的评估，以及评级公司将环境因素纳入信用评级的做法等。

绿金委推出的《绿色金融丛书》

在推动我国绿色金融发展和形成 G20 绿色金融共识的过程中，绿金委的专家们发挥了关键的作用。绿金委的主要骨干曾经都是 2014 年由中国人民银行发起的绿色金融工作小组的成员，该小组于 2015 年初提出了发展我国绿色金融体系的 14 条建议，其中大部分都被写入了中共中央、国务院发布的《生态文明体制改革总体方案》，此后也被写入了七部委的《关于构建我国绿色金融体系的指导意见》。绿金委的成员单位也是中国绿色信贷、绿色债券、绿色保险、绿色指数、碳金融、责任投资、环境信息披露、环境压力测试的工具和方法的主要倡导者和实践者。

绿金委的专家们充分认识到，党中央、国务院提出构建绿色体系的国家战略，七部委出台绿色金融的《指导意见》，只是构建我国绿色金融的一个起点。未来大量的工作需要相关部委、金融机构、第三方机构、地方政府来落实。落实过程中将要面临的一个最大挑战是能力建设问题。许多金融机构的从业人员，虽然有很高的实践绿色金融的积极性，但缺乏对绿色金融产品和分析工具的了解；许多希望参与绿色金融的第三方机构，缺乏进行绿色评估、评级、认证的专业知识和经验；许多绿色企业，希望获得更低成本的绿色融资，但苦于不了解绿色金融各种产品的特点和提供此类金融服务的机构；许多地方政府官员，有推动当地发展绿色金融的积极性，但不知道用哪些政策工具可以最有效地调动社会资本。

为了进一步推广绿色金融理念，强化能力建设，有效传播绿色金融产品、工具和方法，绿金委的部分骨干成员成立了《绿色金融丛书》编委会。编委会组织了绿金委的一大批专家，计划以丛书的形式推出一系列与绿色金融发展相关的案例和研究成果。目前已经出版和即将出版的第一批研究成果包括：构建中国绿色金融体系、中国绿色金融发展与案例研究、国际绿色金融发展与案例研究、绿色金融与"一带一路"、G20绿色金融倡议和背景报告、绿色债券市场研究、绿色基金研究、金融机构的环境压力测试、低碳城市融资模式、面向金融业的环境信息披露、碳市场与碳金融研究、绿色保险案例与研究、可持续投资研究等。这些研究成果以中国作者为主，包含大量中国元素，不但有理论创新，也有极强的实践性，是国际上绿色金融前沿领域中最为系统的一套丛书。我相信，这套丛书的出版，将成为我国绿色金融发展过程中一个积极的推动力量，也会为我国绿色金融教育和人才培养提供重要的参考教材。

马骏
中国人民银行研究局首席经济学家
中国金融学会绿色金融专业委员会主任
G20绿色金融研究小组共同主席
2017年3月

本书序

党的十八大提出了"创新、协调、绿色、开放、共享"五大新发展理念，高度重视绿色发展，强调"绿水青山就是金山银山"。2016年，根据党中央、国务院的部署，人民银行等七部委联合发布了《关于构建绿色金融体系的指导意见》。此后，我国绿色金融发展顶层制度设计逐步完善，绿色投融资渠道不断拓展，绿色金融理念深入人心，由中国发起的G20绿色/可持续金融研究小组在G20框架下推动形成了发展绿色金融的全球共识。几年来，我国绿色金融在政策框架、制度建设、产品创新等许多领域都已走在了国际第一方阵。

我国的绿色金融在如此短的时间内能后来居上的一个重要原因就是高度重视绿色金融标准体系的建设，从绿色信贷、绿色债券出发，对绿色项目的认定标准、绿色金融产品的服务标准、绿色信用评估认证标准、环境信息披露标准、信息统计和数据共享标准等领域都进行了不同程度的、有成效的探索。

当然，我们还应清醒地认识到，我国的绿色金融发展仍处于初期阶段，标准不统一、不完备、标准制定落后于业务发展的问题仍然比较突出，构建统一完备的中国绿色金融标准体系迫在眉睫，尤其在绿色金融产品、绿色项目库、第三方评估认证、绿色信用评价、环境效益评估、绿色金融监管等标准方面亟待完善和统一，标准的国际话语权也尤其关键。

此外，为进一步推进绿色金融发展，更好地服务实体经济绿色发展，更需要夯实绿色金融的基础。这就需要建立绿色金融的评价体系，对绿色项目、绿色企业乃至整个绿色产业链的环境影响和绿色程度进行评估和认证，并对投资项目和金融产品所面临的环境和气候风险进行分析和评级。

作为中国金融学会绿色金融专业委员会组织编写的绿色金融系列丛书之一，由金海年主编的《绿色金融评价体系研究》一书此时出版正当其时。参与写作的专家们从国际经验和国内探索出发，不但考虑了气候变化，更将污染防治、资源可持续和生态体系等三大方面的影响纳入评价指标，是首部系统性阐述绿色金融评价体系的专著，内容涵盖了绿色项目、绿色资产、绿色企业以及绿色产业链的评估、认证和评级。该书综合了环境成本与效益评估、ESG评级、绿色债券评估与评级、银行绿色信贷借款人评级、上市公司绿色评级、绿色供应链评级等方面的评价理论、标准方法、政策和应用案例，具有重要的实践应用价值。

《绿色金融评价体系研究》一书将绿色金融的国际经验与中国探索相结合，建立了绿色金融风险收益量化分析的经济学理论基础，并在分析绿色金融的外部性之后，将其外部性的正负效应与相关政策的激励与惩罚制度结合起来，认为制度创新不但会改变交易成本，更会创造环境与社会效益。该书开创性地提出了应建立从责任者付费（税收与处罚）到激励贡献者（补贴、奖励与支持）的资金闭环体系，以税收、污染处罚、绿色补偿、融资支持、财政投入等手段构建相互联系、互相补充的多层次激励约束机制，从而改变环境污染等负面经济行为，在不阻碍经济发展的前提下实现可持续发展。作者关于将地方政府融资体系纳入绿色金融评价体系等方面的政策建议，也值得相关部门参考。

中国的绿色金融虽然取得了显著的进步，但在理论、政策和实践方面仍存在很大的探索空间。希望学术界、企业界和各级政府及有关监管部门能够通力合作，促进中国绿色金融规则与标准体系建设，与国际社会一道共同推动绿色金融向纵深发展。

马骏

中国金融学会绿色金融专业委员会主任

央行与监管机构绿色金融网络监管工作组主席

清华大学金融与发展研究中心主任

2018年12月

编写说明

本书是中国金融学会绿色金融专业委员会的绿色评级小组合作，以目前在中国应对快速发展中的环境挑战而逐步建立的绿色金融体系为大的背景，从经济学基本原理出发，借鉴国际经验和案例实践，结合中国实际，从理论、实践、政策制度等立体视角讨论了绿色金融的基础——绿色评价体系（绿色评估与评级）。

第一章由金海年主笔，分析了环境问题的阶段性普遍规律特点，以此深化和丰富了经济学基础理论，并据此分析了绿色金融在绿色发展中的核心作用和绿色评价体系在绿色金融中的基础作用，进一步界定了绿色的概念和绿色评价的内涵与外延，讨论了绿色评估与绿色评级的总体原则，介绍了全书的框架。

第二章由中诚信和北京环境交易所执笔，介绍了环境成本和环境效益的评估体系。

第三章由中央财经大学绿色金融国际研究院团队执笔，介绍了 ESG（环境、社会责任和公司治理）评级体系。

第四章由东方金诚、中诚信、大公国际、中债资信、上海新世纪、鹏元资信、联合资信、安永合作，探讨了中国绿色债券市场的绿色评估与评级体系，并对政策制度的完善提出了建议。

第五章分析了中国的银行绿色信贷的情况，分别由工商银行、江苏银行、金电信用、天津绿色供应链服务中心等共同执笔，介绍了中国工商银行、建设银行等绿色实践案例。

第六章由中央财经大学绿色金融国际研究院团队执笔，研究和尝试对中国的上市公司进行了绿色评级。

第七章由天津绿色供应链服务中心执笔，重点探讨了绿色供应链的评级理论、政策与实践。

第八章由东方金诚团队执笔，总结归纳了绿色金融评级小组各成员单位的贡献，对中国绿色评估与评级市场的发展和政策制度的完善与修订提出了展望和系统性建议。

书后随附部分绿色评估与评级的实践案例。

全书统稿工作由中央财经大学绿色金融国际研究院和东方金诚总体负责。

目　录

第一章　总　论 ··· 1
　第一节　绿色发展面临历史性的、全球性的挑战 ························· 1
　第二节　绿色发展的经验探索 ··· 3
　第三节　绿色发展的阶段性规律 ·· 5
　第四节　绿色发展的供给侧改革方案 ······································· 10
　第五节　绿色评价体系是绿色金融的基础 ································ 16

第二章　环境成本与环境效益 ·· 19
　第一节　环境成本分析 ·· 19
　　一、环境成本的构成要素 ··· 19
　　二、环境经济成本 ·· 24
　　三、环境合规成本 ·· 30
　第二节　环境效益评估 ·· 44
　　一、能源环境核算体系概述 ··· 44
　　二、绿色项目环境效益评估内涵 ··· 50
　　三、绿色项目环境效益测算方法 ··· 52

第三章　ESG 评估 ·· 70
　第一节　ESG 的定义、起源及发展 ·· 70
　　一、定义和起源 ··· 70

二、ESG 的应用与发展 …………………………………… 74
第二节　ESG 对评级和不同资产类别的影响 ………………… 76
　　一、ESG 因素对评级的影响 ……………………………… 77
　　二、ESG 因素对债券定价的影响 ………………………… 78
　　三、ESG 因素对股权投资收益的影响 …………………… 80
　　四、小结 …………………………………………………… 84
第三节　ESG 的信息披露规范 ………………………………… 85
　　一、联合国责任投资原则（UNPRI）的公司 ESG 信息披露
　　　　指引 ……………………………………………………… 85
　　二、联合国可持续交易所（SSE）倡议的 ESG 信息披露指引 …… 86
　　三、香港联合交易所的 ESG 报告指引 …………………… 88
　　四、国内证券交易所涉及 ESG 的信息披露规范 ………… 92
第四节　ESG 评估方法 ………………………………………… 95
　　一、FTSERussell 的 ESG 排名方法 ……………………… 95
　　二、MSCI 的 ESG 评级方法 ……………………………… 96
　　三、道琼斯可持续指数的 EES 评估方法 ………………… 98
　　四、FTSE4Good 指数的 ESG 评价方法 ………………… 101
　　五、中国工商银行的 ESG 评估方法 ……………………… 102
　　六、融绿—财新 ESG 美好 50 指数的 ESG 评估方法 …… 103
　　七、中央财经大学绿色金融国际研究院 ESG 评估方法 … 107

第四章　绿色债券评估与评级 ………………………………… 110
　第一节　绿色债券发展概况 ………………………………… 111
　　一、绿色债券的定义和分类 ……………………………… 111
　　二、国际绿色债券市场发展概况 ………………………… 114
　　三、国内绿色债券市场发展概况 ………………………… 119

第二节 绿色债券评估 ········ 122
一、绿色债券评估的定义和分类 ········ 122
二、绿色债券的评估标准 ········ 125
三、绿色债券的评估方法 ········ 133

第三节 绿色债券信用评级 ········ 152
一、绿色债券信用评级的内涵 ········ 153
二、绿色债券信用评级体系建设的必要性 ········ 154
三、绿色债券信用评级需要解决的关键问题 ········ 155
四、绿色债券信用评级发展建议 ········ 158

第五章 借款人绿色评级 ········ 161

第一节 借款人绿色评级现状 ········ 161
一、进行借款人绿色评级的必要性 ········ 161
二、国际先进经验与做法 ········ 164
三、国内现状及面临的主要挑战和建议 ········ 167

第二节 借款人绿色评级方法与应用 ········ 171
一、借款人绿色评级方法介绍 ········ 171
二、借款人的绿色评级指标体系的构建 ········ 174
三、借款人的绿色评级信用体系的构建 ········ 182
四、绿色金融案例 ········ 188

第三节 借款人绿色评级方法及实际的应用案例 ········ 190
一、ESG评级体系和绿色指数的构建——基于工商银行的案例研究与应用 ········ 190
二、合同能源管理项目风险评价体系 ········ 194

第六章 上市公司绿色评价体系 ········· 198
第一节 构建上市公司绿色评价体系的意义 ········· 198
一、响应绿色金融政策信号的积极举措 ········· 198
二、推动上市公司强制性环境信息披露 ········· 199
三、为投资者提供绿色投资的标准 ········· 199
四、增强证券市场抗风险能力 ········· 200
五、接轨资本市场国际化 ········· 200

第二节 上市公司绿色评价体系的构建 ········· 201
一、行业划分 ········· 201
二、定性指标体系：不同行业的绿色流程评分 ········· 203
三、定量指标：绿色产出的计算 ········· 204
四、环境风险评估：负面新闻和环保处罚 ········· 206
五、量化汇总 ········· 206

第三节 上市公司绿色评价体系的应用 ········· 206
一、沪深300绿色领先股票指数（CSI 300 Green Leading Stock Index） ········· 207
二、中财—国证深港通绿色优选股票指数（CUFE – CNISZ – HK Connect Green Selection Index） ········· 213

第七章 绿色供应链评级 ········· 226
第一节 绿色供应链评级产生背景 ········· 226
一、供应链环境问题频发 ········· 226
二、绿色供应链的提出 ········· 227
三、绿色供应链相关政策陆续推出 ········· 228
四、金融机构风险管理的切实需求 ········· 231

第二节 绿色供应链评级方法与应用 ········· 232

一、现有绿色供应链评价方法 …………………………………… 232

　二、存在问题 …………………………………………………… 236

　三、绿色供应链评级应用 ………………………………………… 237

　四、绿色供应链评级方法展望 …………………………………… 246

第八章　展　望 ……………………………………………………… 249

第一节　市场展望 ………………………………………………… 250

　一、融资体系绿色化发展趋势 …………………………………… 250

　二、绿色评级、绿色评估认证将逐步实现标准化，应用领域

　　　不断扩大 …………………………………………………… 253

第二节　政策发展建议 …………………………………………… 256

　一、监管方加强政策引导、建立标准体系、完善市场基础

　　　设施建设 …………………………………………………… 257

　二、评级机构加强绿色信用评级方法体系的建设与完善 ……… 262

　三、提升绿色认证评估机构专业水平，规范绿色认证评估

　　　业务 ………………………………………………………… 263

　四、引导绿色投资理念，扩大绿色投资者队伍 ………………… 265

附录　绿色债券评估和评级案例分析 ……………………………… 267

　一、绿色债券评估案例 …………………………………………… 267

　二、绿色债券评级案例 …………………………………………… 286

第一章 总 论[①]

第一节 绿色发展面临历史性的、全球性的挑战

所谓绿色发展,就是人类经济和社会在发展的同时,既能避免对空气、水和土壤等多方面污染,也能维护生态体系的良性平衡,还能充分考虑资源的长期可持续使用。其中,发展是必要基础,如果没有发展,绿色就成了因噎废食,同样,如果没有绿色,不解决污染的危害、生态体系的破坏和资源使用的难以为继,也不能称为真正的发展。绿色的理念不仅与生产等经济活动环节有关,也与生活消费有关,还与生存环境有关。

早在农业文明时期,人类对环境的破坏影响已经显现。两河流域、尼罗河领域和黄河流域,长期的农业开垦对以森林植被为基础的生态水土系统造成了根本性的破坏,这些古老的农业地区都已发生了相当严重的沙漠化。

工业革命既带来了经济前所未有的高速发展和生活的空前繁荣,也产生了诸多问题,最为严重的就是环境污染和生态破坏,而且速度和程度远超农业社会。包括中国在内的发展中国家,也面临着同样的严峻挑战,而且由于发达国家早期环境破坏造成的累积效应和不可再生资源的先期消耗,后发展国家的压力更为紧迫。

[①] 本章作者:金海年,经济学博士,中国金融学会绿色金融专业委员会副秘书长、中国新供给经济学50人论坛成员、清华控股产业研究院执行院长,曾任大公国际研究院院长、诺亚控股首席研究官。

尤其到了20世纪,现代化学、冶炼、汽车等工业先后在世界各国兴起,工业"三废"排放量不断增加,环境污染和破坏事件频频发生,以下列举20世纪世界十大环境公害事件[①]:

(1) 比利时马斯河谷烟雾事件(1930年12月):气温逆转使得工厂排放的有害气体和粉尘集聚不散,导致60余人和许多牲畜死亡,数千人患病。

(2) 美国洛杉矶光雾事件(1943年开始,20世纪50年代至70年代发生多次):汽车尾气产生光化学污染,烟雾致人五官发病、头疼、胸闷,多次导致数百名老人死亡,同时造成附近柑橘减产、松树枯黄,汽车、飞机安全运行受到威胁,交通事故增加。

(3) 美国多诺拉镇烟雾事件(1948年10月):反气旋逆温控制导致大气中污染物集聚,造成全镇43%的人口(591人)暴病,死亡17人。

(4) 伦敦烟雾事件(1952年12月):因工业革命污染已有百年雾都之称的伦敦突然又被浓雾笼罩,主要是燃煤导致的酸雾,短短4天死亡人数较同期增加4000多人,之后两个月内又有8000多人死亡。

(5) 日本富山骨痛病事件:自1931年起多年的工厂废水排放以及废水灌溉农田,仅到1972年3月,已致230余人患病,34人死亡。

(6) 日本水俣病事件:从1939年起工厂排放废水,据日本环境厅1972年统计,多地患水俣病数百人,死亡50余人。

(7) 日本四日市气喘病事件:自1955年兴建的工厂多年排放废气和粉尘,仅在1972年,全市哮喘病患者就达871人,死亡11人。

(8) 日本米糠油事件(1968年):由于生产米糠油时失误混入多氯联苯,先后导致1.3万人中毒,16人死亡,同时致死十万只鸡。

(9) 印度博帕尔事件(1984年):美国联合碳化公司在当地的农药厂

---

① 摘自新闻报道:https://www.sohu.com/a/135885705_669873。

剧毒储罐爆炸泄露，造成近两万人死亡，20多万人受害，5万人失明，孕妇流产或产下死婴，受害面积40平方公里，数千头牲畜被毒死。

(10) 切尔诺贝利核泄漏事件（1986年）：由于核电厂反应堆爆炸造成包括1500平方公里肥沃农田在内的1万多平方公里受到污染，2000万人受放射性污染的影响，大量的婴儿成为畸形或残废，8000多人死于相关疾病。

关于现代化发展和环境生态，人们似乎面临着一个难以解决的悖论：要么倒退或停留在落后的状态，逃避工厂和城市造成的雾霾和污染；要么享受工业化和城镇化的进步，但又面临污染的伤害。

对于这个矛盾，西方发达经济体走的是先发展、先污染、后治理的道路，是否有一条两全其美的道路，让更多人能既享受现代科技文明带来的进步成果，也同时避免污染的代价？这就是当前中国提出绿色发展的目的。

第二节 绿色发展的经验探索

对自然的保护，古已有之。在我国的《逸周书·大聚解》中就记载有"禹之禁，春三月，山林不登斧，以成草木之长"；公元前18世纪，古巴比伦的《汉谟拉比法典》也对林木培植和采伐有相应的规定；我国《周礼》中记载，西周即有规定，"凡窃木者有刑罚"，"凡庶民不树者无椁"。

天人合一，是中国几千年文化的精髓之一，希望达到人与自然的和谐相处。老子说："人法地，地法天，天法道，道法自然。"其观点就是要遵从自然规律，人的活动应该与自然的运行达成平衡。庄子说："有人，天也；有天，亦天也"，认为人本来就来自自然，不能脱离自身的本质属性。西汉董仲舒在《春秋繁露·深察名号》中首次明确提出天人合一的概念："天人之际，合而为一。"

然而这些并未有效阻止农业文明对生态环境造成的长期破坏。

再看发达经济体解决污染问题的历史，大致尝试了改进生产方式、改进汽车等产品的排放等供给侧管理，和限制使用、限制消费等需求侧管理两类方法。英国从18世纪工业革命产生污染到20世纪后半期污染问题的解决，用了超过100年，美国和日本也都用了30到50年，才终于缓解了工业发展的污染问题。

19世纪，英国进入工业化高速发展期，伦敦的工厂产生废气排放污染危害严重。直到1956年，英国国会才通过了世界上第一部空气污染防治法案《清洁空气法》，规定在伦敦城内的电厂都必须关闭，只能在大伦敦区重建，要求工业企业建造高大的烟囱，加强疏散大气污染物，还要求大规模改造城市居民的传统炉灶，减少煤炭用量，逐步实现居民生活天然气化和冬季集中供暖。1968年以后，英国又出台了一系列空气污染防控法案，这些法案针对各种废气排放进行了严格约束，并制定了明确的处罚措施，有效减少了烟尘和颗粒物。到1975年，伦敦的雾日已由每年几十天减少到了15天，1980年进一步降到5天。

美国是汽车大国，空气质量却能保持在污染极低的水平，因为美国同时也是世界上控制汽车污染物排放最早、对汽车污染物排放要求最严格的国家，尤其是加利福尼亚州。20世纪40年代初期，洛杉矶人口密度不断增加，250万辆汽车每天消耗约1600万升汽油，每天有1000多吨汽车尾气被排入城市上空，在阳光作用下生成了光化学烟雾，许多市民出现眼睛发红、咽喉疼痛、呼吸不畅、头昏头痛等症状，连远离城市上百公里以外的大片松林也因此枯死，柑橘减产。20世纪50年代到70年代，洛杉矶多次发生光化学烟雾事件，成为20世纪世界著名的"环境公害"事件。

对此，美国从供给侧着手，对汽车制造商和燃油生产商造成的汽车尾气排放污染制订法律政策，包括以下核心措施：

1. 设立空气质量管理区，加大区域环境管理部门自主权，以便环境政策能够有效落实；

2. 设立排放许可证制度，严格控制排放源；

3. 对交通污染源（从内燃机、汽油到排放）设立了严格环境标准；

4. 大力投入科研及管理力量，开发通用环评软件及有效的污染控制技术。

经过约 40 年的治理，尽管洛杉矶人口增长了 3 倍、机动车增长了 4 倍多，但该地区发布健康警告的天数却从 1977 年的 184 天下降到了 2004 年的 4 天。

从推动人类社会进步的角度，我们发现，限制需求的管理办法往往是消极的，与人类生活水平的改善是矛盾的；从生产、产品等供给侧着手的改进大多是积极的、建设性的，与人类社会的进步是同一方向的。

我们应当发挥后发优势，学习成功经验、及时吸取教训，减轻发展带来的污染危害程度与范围，缩短解决污染问题的时间，开辟绿色发展的后发之路。

第三节　绿色发展的阶段性规律

人类活动对环境的影响与人类的活动能力有关，也与人们对环境的认识水平有关。

在农业文明时期，人类农业对森林土地的开垦、战争等破坏和地形地壳变化引起的气候改变是生态环境恶化的三大主要因素。

工业革命以来，能源利用、制造生产和生活方式的改变，使发达经济体首先面临更加严重的大气、水和土壤的污染问题，中国、印度这些后发的新兴经济体也都正在和即将面临同样的问题。

当我们在 20 世纪 70 年代批评美国当时各大工业城市及其周边造成的

烟雾弥漫、垃圾成山、污水遍地的严重环境污染时，未曾想到后来我们走到工业化、城镇化等现代化发展的高速阶段时，也同样开始面临环境污染、生态破坏的问题，甚至还遇到能源供给、水资源匮乏、大城市承载等更多的挑战。

在现代化发展的过程中，为什么污染问题很难避免？原因主要有以下六个方面。

第一，人们对环境影响的认识存在阶段局限性。

每当人们发明了新的技术时，往往对其副作用无法全面预料。在西方的工业化历史过程中正是如此，一般都是先享受工业化的收益，后发现还有污染等衍生问题。曾在日本环境省工作过的日本上智大学研究生院地球环境学研究科副教授冈崎雄太在 2016 年接受新华社专访时提到，"1964 年日本举办东京奥运会时，东京的空气污染还是比较严重的。""那时人们对污染的认识还不够，甚至有学校在校歌中赞扬自己的城市能看到彩虹一样的烟囱排放。"中国在发展工业的初期，也有儿歌《小燕子》来歌颂盖起的大工厂和竖起的烟囱。因此，要求人们能够提前认识到经济发展可能带来的环境问题是不现实的。

许多时候，即使发达国家或地区已经有了发展造成污染副作用的教训，后发国家或地区也未必能够吸取。正如之前提到的我们的媒体曾在 20 世纪 70 年代批评美国的严重污染问题，然而在 30 年后当我们工业化也达到一定规模时，却同样没能避免污染的发生。从行为经济学角度讲，人们经常会高估自身的认知水平，因此总是很难从其他"过来人"的教训中学习。

因此对于污染问题，就像人类遇到的其他挑战一样，仍然遵循危害发生（足够严重）、民众意识、推动改革到尝试修正与效果显现这样的规律。

第二，污染成本与绿色收益在不同经济发展阶段、不同收入水平存在不同优先取舍,在收入水平较低或缺乏基本就业机会时,选择污染的工作往往是无奈之举。

我们在调研中发现了一个更为痛心的现象,就是即使人们知道污染的危害,但仍会制造污染,甚至从事污染且危及自身健康的工作。例如许多煤矿、隧道、风钻等行业的工人,由于生活所迫或抚育后代的压力,在明知健康危险(虽然不一定准确了解)的情况下仍别无选择,导致尘肺病,因此这种职业病又被称为"穷人病"。再如甘肃,许多当地百姓反对不能解决就业和收入的环保和绿化,人们对民生需求的迫切性超过了对生态环境的需求。

根据金海年①对需求的经济学分类,人的需求具有随收入水平变化而产生结构变化的层次化、阶段化特征,根据价格弹性特点划分,需求包括基本需要(生存、安全等类别)、改善需要(质量、归属、尊重等类别)和超我需要(自我实现、社会责任等类别)。其中基本需求是价格刚性的,是在收入水平较低时需要首先满足的,例如食品支出;改善需求是价格弹性的,是在基本需求初步得到满足的情况下,收入继续增长时需要进一步考虑的需要,比如高质量的商品、文化服务等,对价格是敏感的;超我需求是在基本需求和改善需求都已基本满足的基础上,现期收入和未来预期收入都较为稳定的情况下,人们往往会考虑的以兴趣和责任为出发点的理想追求,包括慈善、公益等社会责任和利他追求,亦有奢侈消费,这些对价格是不敏感的,甚至可能发生负价格弹性的情况。

在污染发生时,人们一般关注污染对环境的影响和当地居民乃至企业职工的伤害,往往忽视了就业收入是企业职工生存的刚性需求。在人们没有其他更好就业选择而且基本需求尚未得到稳定满足的情况下,污染企业的就业机会就如不太洁净的饮用水、质量不高的食物一样,是低收入人群

---

① 金海年. 制度红利:制度对经济增长的决定性影响[M]. 北京:中国经济出版社,2014.

的无奈选择，美好的生态环境则是更高层次的需求，具有明显的价格弹性，当基本需求尚未得到满足时，这些高层次的需求权重基本为零，因此就会发生前面描述的"贫穷病"和甘肃反对"无就业环保"的现象。

不同层次需求的价格弹性特点不同，实质是源于不同层次需求的主观效用不同，而且与经济发展水平（亦即收入水平，对应于不同层次的需求满足覆盖）一样具有明显的阶段性变化特征。当基本需求尚未满足时，其主观效用明显，而这时高层次需求的单位主观效用会较低；当基本需求满足程度逐渐提高，同一层次的需求满足具有典型的边际效用递减规律，更高层次需求的单位主观效用会发生明显提升，即单位消费产生的主观满足感是随需求满足阶段性变化的；当改善需求逐步得到满足，其单位边际主观效用会由之前的跃升转而递减，超我需求的单位主观效用这时发生阶段性跃升。

因此，我们可以将经典经济学的需求理论内涵进一步展开丰富：第一是需求根据价格弹性分为三个层次大类；第二是不同层次需求的单位主观效用根据较低层次需求的满足程度存在阶段性跃迁效应；第三是需求效用具有主观性，而且不是简单的边际效用递减，而是呈现先递增再递减的倒U形，具有不同层次需求的阶段性紧密关联。

工业化与人们从收入水平较低向较高提升是同一过程，污染的生产方式的解决需要与收入水平提高和就业机会增加与稳定同步考虑，在这一阶段，或者需要生产企业在保证就业机会与薪酬水平及经营可持续方面找到方案，或者需要外部力量如发达地区（已经完成工业化的成功地区）给予一定资本和技术的帮助完成转型，发展是绿色的物质基础，绿色是进一步发展的可持续保障。

第三，环境影响具有典型的经济外部性特征和逐步累积的滞后性特点，往往不会自动、及时体现在企业的成本或收益中。

企业或人们的活动对生态环境造成影响时，往往不一定会体现在企的成本或收益中，因此企业不会天然把保护环境作为其经济活动必须考虑的因素，环境影响一般具有经济的外部性，既包括破坏或污染环境的负外部性，也包括绿化、美化或保护环境具有的正外部性。而保护环境一般具有额外成本，所以企业大多会避免多余成本，外部性一般需要外部的干预，无论是社会监督、行业互律或者政府监管，尤其需要制度设计将其变成内生成本。外部的干预都会在负外部性发生后才会出现，所以污染难以被提前预防。

第四，监管体系与法律制度是逐步完善的，具有路径依赖的局限性。

无论根据前面的理论分析，还是回顾发达经济体的发展历史，针对污染的监管体系和法律制度是要在污染发生以后，甚至是非常严重以后才逐步建立和完善的。因为立法者也不能预估所有损害现象的发生，而且立法与建立制度也是有成本的，所以监管与法律也要在一定阶段污染发生导致的损失超过立法成本以后才会进行修改和完善。

第五，环境问题的解决取决于环保技术的科技水平及其应用性价比的可行性。

污染行为能否避免，也需要成熟的环保技术，并且采用这样的技术付出的成本要在企业或社会可承受范围之内，因此污染发生后，也需在技术可行、经济可行、操作流程方式可行的条件下，才会得到有效的减轻或消除。

第六，绿色与发展的平衡，需要有生产者、消费者、生态体系、监管者等各方的博弈与协调配合，需要跨地域的合作，是一个从认识相近到成本收益平衡直至行动协同的过程。

综合污染的产生过程与波及范围，涉及生产企业、企业就业人员、污染波及当地居民、消费者、监管部门、当地政府和生态环境等多方，污染给当地居民、生态环境造成伤害或损失，污染影响区域与污染行为区域可能并不重合，治理污染、修复生态又会增加企业、消费者和监管部门的成本，影响当地居民的就业和收入，影响地方政府的税收。其中当地居民和就业人员可能有重合，和消费者也可能有重合，所以减小损失有可能与增加成本产生冲突，这是一个多方动态博弈的过程，其最优解需要通过不断增加总收益、降低总成本的路径，从低发展水平的平衡状态升级到高发展水平的新平衡状态。

以上六大原因说明了环境问题的阶段必然性特点，同时，环境问题也是"龙门"，解决了、跳过去就完成了发展转型、水平升级的蜕变。我们应充分发挥后发优势，学习成熟的经验和教训，整合资金和技术等资源，结合自身特点进行制度创新，可以在更大程度上减轻阶段性环境问题造成的损失，缩短"跳龙门"的时间。

第四节　绿色发展的供给侧改革方案

一直以来，我国政府和社会都在努力治理和解决污染，但初期效果并不明显，主要是因为容易走两个极端：一个是在早期要发展、不要绿色的极端，由于社会就业和税收的压力对污染生产"放任"或者"妥协"；另一个是要绿色、不要发展的极端，在污染影响压力过大时对污染排放企业采取"一刀切"停产停工的"因噎废食"，对需求侧采取限购、限用的办法，把绿色和发展对立起来，造成无法兼顾人们追求美好生活需要的两难境地。

国际经验和我国供给侧结构性改革的规划告诉我们，要解决发展中的污染问题和环境问题，应该从供给侧入手，针对结构性不同特点，遵循市场规律，采用市场化的机制手段，将外部性成本通过制度设计变成市场的内生成本，将污染的生产和生活方式引导改变成为清洁生产和绿色生活的方式，实现绿色与发展的统一。

一、环境与生态影响的外部性分析

绿色与发展冲突的核心在于环境问题的经济外部性。

从经济学原理分析,由于污染和环保都属于经济的外部性影响,如果没有人为专门的干预,完全依赖于市场自身追求投入回报最大化的调节,很难解决。因此,只有通过研究人类行为的规律性,针对将环境影响的外部性通过制度设计变为人类行为回报与成本的内生性,才能避免要么放任污染、要么"因噎废食"的两难困境。

首先,应当计算污染造成的经济损失、健康损失、生态损失和治理修复成本,作为税收、收费和处罚等方式的量化算法和依据,将这些负外部性成本变为污染行为主体和因外部性成本缺失而经济受益主体的内生成本;同时,计算绿色环保的公共价值和溢出价值,将这些正外部性通过补贴、奖励等方式变为绿色贡献主体的经济回报。

这样,当污染减少或避免的技术成本低于污染税负和处罚时,生产企业等污染主体就会采取更加清洁、节能的生产行为,避免原来污染等方面破坏环境的行为,趋于发展和绿色的统一。

不仅在税收、奖惩等法律制度和政策层面,同时还应该通过社会价值观引导、社会组织互律和企业自律等多个层面的综合推动,再加上绿色投资等绿色金融体系的推动,最终激励人们多做正外部性方面的促进环境改善的行为、避免破坏绿色的行为。

二、绿色发展的供给侧改革建议

若要绿色与发展共同实现,单靠号召和热情不足以解决问题,不是长效机制,要建立制度体系,要让生产行为享受绿色贡献的正外部性的好处,付出环境污染破坏的负外部性的成本。

首先,解决绿色与发展双重目标问题的方案应侧重在供给(生产)

一侧；其次，应建立生产者对环境负面影响的成本计价与收费机制；最后，应建立环境成本收费的使用与管理机制。当生产者认为污染会给其带来更大成本时，就会投入进行污染的治理，减少污染行为的发生，最终实现无污染或者少污染的生产。

在此，我们提出六点具体建议。

（一）建立国家与社会双重环境监测网络

国家环保部门应首先在生产企业等产生污染的地点、居民生活的区域和污染扩散移动的路径等三类重点环节建立有效覆盖、动态实时的、可溯源、可跟踪的监测点，同时需要包括政府机构和非政府机构等多类组织按照国际或国内监测标准建立综合监测网络，形成双重、立体、公正、科学的环境监测体系，方可获取污染排放的程度和数量，也可获取污染行为变化（改善或恶化）的信息，建立对气态、液态和固态多种排放的定期覆盖的监测网络，对排放污染的程度和数量进行持续和地域覆盖的监测，建立环境影响情况的数据采集体系和污染税费收缴的基础依据。

（二）完善环保税、资源税等法律制度体系，设立绿色发展政府基金，从污染方收费，向绿色贡献者奖励

目前的环保发展，主要还是依靠财政投入，而财政资金主要是来自正常的税收，污染者的责任和普通纳税人的义务不对等。应该完善环保税和资源税，逐步形成污染者承担环境成本和财政支出引导的结构丰富的绿色发展资金链体系。

建立绿色生态政府基金，建立谁污染谁担责、污染重责任重、污染多责任多的成本责任承担机制，根据污染严重承担计算收费、税收与处罚标准，按日或月无限期计算排放污染总量及税费，纳入绿色发展主权基金，金额应能覆盖公共污染治理费用、第三方直接与间接损失赔偿费用、行政

监管与执法成本三大方面，并分级设立额外惩罚的比例，将收费、税收和处罚统一管理，收取的资金定向应用于环境治理方面，让未进行污染的无辜纳税人不再承担污染者的行为后果成本。

具体来说，环保部建立污染排放基金，向污染排放企业按其排放量和污染程度等形成的评级结果收取不同的绿色治理税收、处罚或基金，排放多成本高，排放少成本低，收费应超过污染防治的费用，并且不能设置处罚的上限、不能设置处罚期限上限，并增强环保部执法权力，实施环保、公安联合执法，由国家垂直管理，脱离地方人事权和财权的约束，促使排放企业进行污染排放无害化处理。完善绿色补贴与贴息政策，根据绿色评价结果对绿色贡献企业提供相应档次的外部性补助。

财政部修订资源税和环保税，对不可再生资源的开发与使用、对污染排放应当按质和量以及评级结果征税，用于绿色治理和绿色金融成本负担。考虑到欠发达地区的实际发展水平，税收制度可以考虑逐年分步实施，如第一年按应征税率的50%试行，第二年提高至80%，第三年实现正式征收，给企业以转型和环保技术升级的时间和空间，给就业劳动者以职业转型的时间和空间，同时提供环保方面的职业培训和就业机会，完善失业、养老、职业保护、医疗保障和扶贫保障机制，建立积极的疏导机制。

建立绿色收益基金，同时向绿色收益享受企业（如绿色环境的房地产开发商）收取绿色收益基金，用于进一步的绿色保护。

（三）建立道德等社会价值导向层面、法律强制制度层面和社会公益等自发组织层面共同参与的多层次应对体系

鼓励社会组织进行绿色发展的宣传、监督与创新，同时国家也应投入资金开展绿色治理或绿色发展方面的基础科学研究和公共服务研究，政府侧重于环境标准的制定、外部性内生化制度的设计与实施、基础科学的研究和社会价值的引导，社会进行监督，企业予以实施。

当污染者承担更高的成本，受害者容易维权、容易得到赔偿，绿色贡献者得到正向的激励与鼓励时，人们就会减少污染的行为，增加绿色的行为，发展与绿色就不再成为矛盾，无论是发达国家的居民还是发展中国家的居民，都能平等享受人类文明进步的成果。

（四）将城镇化建设全面纳入绿色发展机制

中国的城镇化建设已经进入快速发展的转型期，城市、城际、乡村、城乡、水陆空地下等不同层面、不同范围的规划与建设，涉及建筑、城市内乡村内功能区域、基础设施等诸多方面，不仅在建设阶段需要大量的能源和资源（如钢铁、水泥等），在建成后的运营运行阶段也需要大量的能源和资源，对环境和生态系统都会产生重大影响，也往往会占用和破坏原有的生态体系（如森林、绿地、湿地等），应当全面纳入绿色评估，包括规划、建设和后期运行等全程，建立红线否决、非红线环境与生态影响分级监控与税收及补偿机制，对其在各个阶段的资源和能源消耗、产出与排放的环境影响、生态影响进行评估和经济成本与治理及修复成本的核算与折算，以实现绿色和发展的平衡。

因此，应将地方债等地方政府融资和基础设施建设融资，将绿色建筑、城市规划、交通建设与运行等，全部纳入绿色债券、绿色信贷等绿色投融资体系管理。

（五）以绿色金融推动绿色科技和产业发展的绿色转型

我们认为，绿色金融是支撑绿色发展重要的市场手段，是绿色发展成本效益体现的重要方式，而绿色评级又是绿色金融的基础，是交易成本和制度推动外部性内生化的衡量基础，值得深入探索和实践。

绿色金融的认证、评估、评级等评价体系，应以规范的信息披露制度做前提，灵活而有原则且普适的评价标准做标尺，有效的结果应用做保障，方能有序推进中国绿色金融体系的发展与完善，最终助力企业生产、居民生活、政府运行的发展升级和绿色转型。

通过绿色评估，将产业与经济活动对环境的影响、对生态的影响和对资源消耗的可持续性进行外部性成本和效益的核算，通过专门的金融产品和金融市场体现为投资收益与风险的变化，乃至逐步应用到更广泛的金融市场，将环保税收与资金既用于事后的修复与治理，又用于环保科技的研发与创新，例如塑料等不可降解的污染废弃物的替代材料研发，已有废弃物的处理技术，清洁高效新能源的研发，节能减排技术的研发，排放清洁化、无害化的研发等，并通过科技或商业的创新不断降低这些技术的成本和应用复杂度，进一步推动产业发展的绿色转型。

建立绿色金融体系，包括在原有的银行信贷、债券市场、股权投资市场、基金、保险等各种投融资市场方面引入绿色因素的考虑，既包括建立全新的绿色金融市场，也逐步将传统的金融市场纳入绿色发展的考虑因素，并结合税收、财政支出等财政部门和央行、银保监会、证监会等金融监管机构的政策，在补贴、奖励、贴息等正向激励和税收、罚款、禁止等负向处罚方面，都应抑制和减少不绿色的经济行为，鼓励和增加绿色高效的发展模式，将绿色与发展收益统一起来，才能将绿水青山变成金山银山。

（六）建立生态体系修复均衡与绿色发展的综合目标导向

建立综合的绿色发展体系，不仅要包括新能源（既要清洁也要高效）、新生产方式和新消费方式，也要进行森林植被、湿地湖河海等生态体系的恢复和保护，前者是减少破坏，后者是增加绿色，促进碳循环和水循环的平衡和优化。

居民生活和国家安全是经济发展的目标，企业是经济活动的主体，公共服务是市场的补充,制度是秩序保障,科技是能力基础,而金融和财政是连接这些环节、配置经济要素资源的枢纽和齿轮。

我们认为,从绿色金融和绿色财政出发,系统规划和建设绿色生产和绿色供应链、绿色城镇化和绿色乡村、绿色消费和绿色交通及绿色居住,以实现绿色生产、绿色生活和绿色生态的绿色"三生"的统一,才能真正实现中国文化精华所提倡的"天人合一"。

第五节 绿色评价体系是绿色金融的基础

绿色金融是绿色发展的枢纽,而绿色评价体系是绿色金融的基础。绿色评价体系涵盖绿色目录的审核认证、绿色效应的评估、绿色项目的信用评级。从全流程来看,第一要对公司进行绿色评级,看其业务对环境的总体影响;第二看具体项目,对项目是否属于绿色支持目录领域进行认证,决定是否可以给予绿色金融的支持;第三看项目的建设阶段和运行阶段对环境的影响,进行绿色评估;第四看项目的风险与收益,综合绿色因素给予信用评级;第五应在融资建设期进行绿色监控,考察项目是否符合承诺的绿色标准;第六是在项目完成后进行回顾验收,看是否达到了绿色承诺,在运行期是否实现了规划的绿色效应。

为实现以上全流程的绿色评价,应当做好以下几项基础工作:

(1) 建立绿色目录:既包括环保技术促进、节能减排方面、生态体系修复与保护运维方面等需要正向激励的类别,也包括能源资源密集型、污染排放等需要重点监管的类别,以便进行正效应与负效应的评价。

(2) 建立主体(公司)绿色评级标准或原则:总体上应建立主体绿色评级规则,比如信息披露规范、评价内容和级别体系,具体的评级方法可以由绿色评级机构根据统一的规范和体系自行制定,以保证评级技术的良性竞争发展和评级结果的横向可比性。

（3）建立项目或行为的绿色影响评价标准或原则：与主体评级相似，项目或行为的绿色评估规范与原则是促进各绿色评级评估机构技术竞争与确保评级评估结果横向可比的基础。

（4）建立评价结果与激励体系的对应机制：绿色评价结果应与主体或项目的绿色融资准入、融资成本定价、绿色政策的奖励或处罚进行定量或定级关联，以发挥外部性内生化的科学性，让绿色金融对绿色正向或负面行为起到调节作用。

整个绿色评价体系的核心就是对绿色影响的衡量。

在此，我们首先对绿色的概念进行定义和具体的划分。绿色金融与绿色发展涉及的绿色概念，涉及人类生存环境、自然生态系统以及自然资源的可持续利用三大方面。绿色影响就是指人类活动产生的污染等对人类健康的影响，对气候、物种多样性等自然生态体系均衡的影响，以及对水、能源等自然资源的消耗带来的资源可持续性的影响，具体可见绿色影响分析矩阵表1-1：

表1-1　　　　　　　　绿色影响分析矩阵

绿色影响	正面	负面
生命健康影响	对空气、水和土壤等方面产生有利的影响	对空气、水或土壤产生污染噪声、光污染等
生态环境影响	促进生态环境改善，有助于生态物种的多样性	打破生态链条，可能造成物种灭绝等威胁性影响
资源可持续利用	提高资源的持续利用效率	降低资源的持续利用前景

其中：生存环境的健康影响包括对人类需要的水、空气、土壤及食物质量等方面；生态系统影响包括物种多样性、植被水系、碳水循环、气候影响等生态链条体系的影响，如建设水库、修建铁路公路可能阻断生物迁徙，过度碳排放可能造成碳平衡体系的失衡等；自然资源的可持续利用包括对水、化石能源等不可再生资源的有效利用。

从评价对象来看，包括三类：一是对行为主体的评价，即公司的评级与评估，目前主要有上市公司评级和 ESG 评级；二是对项目，既有项目所属分类和项目融资建设，也包括项目运行的环境影响；三是对整个经济活动的跨主体、跨项目评价，即供应链的绿色评级，包括产业链的上下游的不同企业及其一系列生产经营活动。

总的来说，绿色评估就是对不同经济主体、不同环节的生产经营活动对环境生态产生的不同绿色影响的正面与负面效应的程度进行衡量。评级就是将这些绿色影响转化为经济收益或成本，以便在金融领域与其他收益与成本一并考虑，形成市场价格，方便投资决策。当这些影响具有经济外部性时，则可以通过评估与评级作为税收、处罚、奖励的量化依据，正面效应应当按程度激励，负面效应应当按程度处罚或付出成本，其付出的资金用于激励，形成责任与权利的对等循环。

第二章　环境成本与环境效益

绿色金融支持行业众多，不同行业环境成本和效益体现形式差异较大。推进绿色金融工作，亟须在行业建立统一规范的绿色项目环境成本和效益测算评估体系。在国际社会应对气候变化和国家生态文明建设大背景下，深化绿色项目环境成本和效益测算评价方法研究，建立绿色项目环境成本和效益测算评价方法学体系，是开展绿色评级与评估认证的基础工作，可支持绿色经济、低碳经济、循环经济的发展，防范环境和社会风险，提升绿色项目的环境和社会表现，促进利用金融手段支持和贯彻国家节能减排政策。

第一节　环境成本分析[①]

一、环境成本的构成要素

（一）环境成本的国际研究

国际机构的定义。最早的环境成本研究可以追溯至20世纪70年代，英国《会计学月刊》1971年刊登了比蒙斯撰写的《控制污染的社会成本转换研究》，1973年刊登了马林的《污染的会计问题》，揭开了环境成本研究的序幕。1993年，加拿大特许会计师协会（CICA）颁布的《环境成

[①] 本节作者：梅德文，北京环境交易所总裁；龚俊松，北京环境交易所副总裁；綦久竑，北京环境交易所董事、总裁助理、研究发展部主任；许小虎，北京环境交易所研究发展部副主任；于晓琳，北京坏境交易所研究发展部高级经理；李小萌，北京环境交易所研究发展部实习生。

本与负债：会计与财务报告问题》（Environmental Cost and Liabilities: Accounting and Financial Reporting Issues），正式提出了环境成本的概念及其分类。CICA 认为，环境成本应该包含环境对策成本，即企业环境经营活动对策的相关成本；环境损失成本，即企业对造成环境污染而支付给第三方或受害人的赔偿、进行恢复等相关费用。1993 年，联合国统计署在《环境与经济综合核算体系》（System of Integrated Environmental and Economic Accounting）中把环境成本界定为两个方面：因大量消耗自然资源及生态环境质量下降导致的经济损失；实际用于环境保护的支出，即为了预防环境污染及改善环境、恢复环境的质量而支出的各种费用。[①] 1995 年，美国联邦环保署（EPA）发布的《作为企业管理工具的环境会计：关键概念及术语》（An Introduction to Environmental Accounting as a Business Management Tool: Key Concepts and Terms）所界定的环境成本，包含两个层次：一是直接影响公司利润的成本，即私人成本；二是未被公司计入在内的，包含个人、社会范围内的环境费用，即社会成本。私人成本角度的企业环境成本包括：传统成本，即设备、材料、劳动力、消耗品等；潜在或隐藏成本，即企业在环境保护和环境治理中发生的各项事前、事中和事后成本；或有成本，包含未来的合规成本、修复成本、法律诉讼费、财产损失、自然资源破坏、经济损害等；形象关联成本，即对外披露环保信息，参加环保活动的成本。根据经济合作与发展组织（OECD）的定义，环境成本是指因经济行为而给自然资产带来实际或潜在退化的成本，也可以理解为环境降级成本，指由于经济活动造成环境污染而使环境服务功能质量下降的代价。

Trucost 的量化研究。在绿金委的指导和中国工商银行城市金融研究

---

① 资料来源：联合国统计署、欧洲联盟委员会、联合国粮食及农业组织、国际货币基金组织、经济合作与发展组织、世界银行集团联合发布：《环境经济核算体系中心框架》，2014，ISBN：978 - 92 - 1 - 161563 - 0。

所的协助下，英国 Trucost 公司于 2016 年开发了中国自然资本成本分析工具，选定 35 个行业，基于六大环境指标，量化这些行业的供应链所产生的环境影响和社会成本，并从财务角度来衡量环境问题的风险。[①] Trucost 公司定义的自然资本成本，是企业商业活动对环境和人类福祉所带来的影响，衡量自然资本的 6 大环境指标：包括温室气体排放、空气污染物排放、水资源消耗、废物处理、土地利用变化及水污染物排放。温室气体排放方面，采用社会成本作为估值依据，基于每吨碳排放的净现值计算，包括排放留存在大气之中对全球的损害，具体估价按英国财政部对全球温室气体排放的估值（Stern，2006）确定为每吨 117 美元（2014 年）。空气污染物排放方面，利用剂量—反应函数（dose - response functions）将空气污染物排放转化为实际影响，首先定义污染物的影响途径，然后量化每单位污染物集中时（剂量）对受体的影响（人口、农作物、建筑物、水等），再就这些影响进行估价；每种空气污染物产生的损害按特定地理位置的特征而定，如按人口密度来衡量对人类健康的影响、按森林覆盖范围来衡量对木材的影响等。水资源消耗方面，根据水资源价值和水资源短缺程度的对应关系，按地区水资源短缺程度调整当地水资源价值，同时评估水资源消耗的机会成本；由于该项目研究不同行业对环境的影响，消耗水带来的经济价值并未包含在自然资本成本的计算范围内，鉴于估值的难度非常高，选择价值和非使用价值也被排除在外，而直接非消耗性用水价值（例如水电、文化活动等）和间接使用价值（例如生态系统地下水补给等）则按地区计算。废物处理方面，指被填埋、焚烧和回收利用的固体废物的处理成本，不包括"循环再利用"的垃圾以及废水和污水排出水的外部成本，不同的废物处理技术定价也不同。土地利用变化方面，土地为社会提供生态系统服务价值，当土地被转化成农业或其他工业用途时，

[①] 资料来源：Trucost，DESIGNING FOR NATURALCAPITAL：Understanding and communicating the natural capital benefits of built asset design improvements，2016（9）.

这些生态系统服务可能因而流失并带来外部成本。水污染物排放方面，首先定义生物多样性，并通过弥散和沉积模型量化由有毒物质排放所导致的生物多样性丧失，然后对这些损失进行估值。

（二）环境成本的界定

对环境成本的认识维度。理解环境成本有不同的角度和不同的层面。从系统层次的角度看，环境成本有两个层面：一个是联合国统计署和OECD所侧重的宏观层面，即人为活动产生的环境污染和生态退化所导致的整体代价，属于很难量化到行为主体层面但人人都会深受其害的系统成本，即EPA所谓的社会成本；一个是CICA所侧重的微观层面，即可以量化到行为主体层面并最终纳入其资产负债表的个体成本，即EPA所谓的私人成本。从环境要素的角度看，环境成本涵盖了两个维度：一个是自然资源的维度，主要包括能源、矿产、土地、水、海洋、生物等要素；一个是环境容量的维度，主要包括污染物排放空间和温室气体排放空间等要素。① 从财务成本的角度看，最终的环境成本有两个层次：第一个层次，是在实物交易等传统商业合同项下所支付的经济成本；第二个层次，是在政府监管等规制层面所承担的合规成本，主要包括税费和环境权益交易。

环境成本的界定。本章讨论的环境成本，主要指的是个体环境成本，即能够将自然资源和环境容量这两类环境要素，通过实物交易和政府监管这两种途径量化到行为主体层面，并最终纳入其资产负债表的经济成本与合规成本。这是从广义角度定义的环境成本，从狭义角度看，环境成本也可以专指环境合规成本，具体分类见表2-1。

---

① 资料来源：World Bank, Expanding the measure of wealth: Indicators of environmental sustainable development.

第二章 环境成本与环境效益

表2-1　　　　　　　　　环境成本的分类矩阵

成本		自然资源						环境容量		
		能源	矿产	土地	水	海洋	生物/生态	重大污染泄漏	污染物排放	温室气体排放
经济成本		✓	✓	✓	✓	—	—	修复/惩罚性赔偿	—	—
合规成本	税费	资源税	资源税	土地使用税	水资源税	—	—	—	环境税	碳税（暂无）
	违规成本	✓	✓	✓	✓	—	—	—	✓	—
	环境权益交易	用能权/绿证	—	—	水权	—	—	—	排污权	碳排放权
	违规成本	暂无	—	—	—	—	—	—	✓	✓

资料来源：北京环境交易所。

个体成本与系统成本。污染物排放空间和温室气体排放空间等环境容量，以及水流、海洋与生态系统等自然资源，由于不能被分割和量化，行为主体对这些环境要素的消耗无法通过实物交易的方式体现为个体的经济成本，只能不断累积成为社区、全社会甚至全人类共同承担的系统成本。为了防止这种系统成本不断累积并最终演变成为威胁全社会和全人类生存与发展的系统性风险，政府往往会通过税费和环境权益交易等经济手段对其消耗进行总量控制，从而在监管层面把系统成本部分地量化成为个体成本。虽然目前这种对系统成本的局部量化仍然只是浅表层面的努力，但毕竟在把环境成本内化为个体成本方面建立起了有效的机制，并为环境权益定价提供了参照。

（三）系统成本

系统成本的构成。系统成本作为一种或有成本，主要包含两个部分，一是功能损失成本；二是系统修复成本。功能损失成本，指的是自然环境由于污染、损耗和退化导致生态环境服务功能质量下降给人们带来的损失，比如雾霾给人们健康造成的损害、河流污染给人们生产生活用水带来的困难、气候变化给人类生存带来的系统性挑战等；系统修复成本，指的是通过治理污染、修复环境以恢复原有生态环境服务功能所需要花费的代价，比如各地黑臭水体治理、海绵城市建设和土壤生态修复所需要的数万亿元到数十万亿元的潜在投入。可以肯定的是，上述两部分成本都将会是一个天文数字。

系统成本量化为个体成本面临的挑战。受多种因素的限制，目前对系统成本的量化还处于非常初级的阶段：一是从技术归因角度看，自然环境作为一个巨型系统，内部的成分结构及其与人类活动之间的相互作用机制非常复杂，目前的技术水平还很难在行为主体的活动水平与生态环境的变化之间建立起令人信服的归因关系。二是从法律确权角度看，在我国目前的法律框架下，自然环境属于公共资源，水流及流域的确权还在探索过程之中，至于更为复杂的陆地生态系统、海洋系统和大气排放空间，其产权界定难度就更大了。三是从经济成本角度看，要从技术归因和法律确权两方面实现系统成本的测算并在行为主体层面量化分配，量化活动即使能够完成，成本也将会非常高昂；同时，要把天文数字的系统成本量化分摊到行为主体层面并让其完全消化，也超出了目前经济系统的承受能力。

二、环境经济成本

（一）环境经济成本的构成及估算

环境经济成本的构成。环境经济成本是广义环境成本的重要组成部分。自然资源和环境容量这两种环境要素，在经济活动中分别处于投入和产出的两端，因此各自扮演的角色和在传统财务报表中的位置也大不相同。① 位于投入端的自然资源，尤其是那些能够特定化的能源、矿产、土地、水和生物资源，往往会作为生产资料通过实物买卖合同被企业计入生产成本。而不能被特定化的水流、海洋和生态系统等自然资源，由于无法进入传统的实物交易环节，对它们的消耗或损害也就无法计入企业的成本结构。至于产出端的污染物排放空间和温室气体排放空间等环境容量，由于不是生产要素，而对它们的消耗是生产活动产生的附带结果，在目前的经济活动中还未被纳入企业的经济成本结构之中。只有在发生重大污染及泄露事故时，企业才会承担污染修复或惩罚性赔偿带来的环境经济成本。

环境经济成本的估算。对于上述两种类型的环境经济成本，估算方式也大不一样。自然资源类型的环境经济成本，由于可以通过实物交易进行公开透明的定价，其核算相对简单，只要根据市场交易价格和企业生产活动的消耗水平就可以很方便地计算出来，因此下文将重点围绕能源、水、土地等主要资源的市场定价情况（包括价格基准和价格水平）进行介绍。环境容量部分由于重大污染及泄露事故给企业带来的污染修复或惩罚性赔偿等类型的环境经济成本，往往涉及复杂的责任认定和损失评估，尤其是在诉讼活动中社区居民提起的健康、精神伤害等惩罚性赔偿要求，以及政府在监管过程中产生的罚款，都会给企业带来巨大的额外单一成本。

（二）投入端的环境经济成本估算：自然资源部分

能源成本。能源产品价格水平与本国能源格局、供给水平、能源资源耗竭的速率，以及对国际能源市场的依赖程度密切相关。能源类型包括一次能源和二次能源，一次能源分为煤炭、石油、天然气等，二次能源则主

---

① 资料来源：国务院办公厅，《编制自然资源资产负债表试点方案》，国办发〔2015〕82 号，2015 – 11 – 17.

要是电力。虽然电力不是真正意义上的自然资源，而是基于一次能源和阳光、风力、生物质、核燃料等自然资源产生的二次能源，但由于它是绝大多数企业最重要的生产要素，在估算能源成本时我们将主要以电力成本的估算为例。目前我国正在加快推进电力市场交易改革，进一步完善跨省跨区电能交易价格机制。由于国内不同区域能源禀赋的差异、发电企业和输配电企业的成本及技术的不同，各省市的电力价格均有所不同。依据应用场景不同，各省又将电价分为居民电价、工业电价和商业电价等。北京市的企业电价就包括城区非居民销售电价、郊区非居民销售电价、经济技术开发区销售电价，其中经济技术开发区销售电价分为两部制电价（基本电价+电度电价）和单一制电价，且低电压等级的用电类型价格普遍更高一些，北京经济技术开发区销售电价见表2-2。

表2-2　　　　　　　　北京经济技术开发区销售电价表

单位：元/千瓦时

用电类型		电压等级	两部制电价					单一制电价
			电度电价				基本电价（元/千伏安/月）	电度电价
			尖峰	高峰	平端	低谷		
一、一般工商业		不满1千伏	0.9401	0.8634	0.595	0.3346	41	1.0275
		1-10千伏	0.9201	0.8444	0.58	0.3236	41	1.0125
		20千伏	0.9161	0.8404	0.575	0.3176	41	1.0045
		110千伏	0.8901	0.8144	0.55	0.2936	41	0.9825
二、工业	≥100千瓦	1-10千伏	0.9431	0.8654	0.598	0.3376	41	
		20千伏	0.9301	0.8534	0.589	0.3316	41	
		110千伏	0.8801	0.8054	0.548	0.2976	41	
	<100千瓦	1-10千伏	1.2011	1.0994	0.751	0.4126	31	
		20千伏	1.1841	1.0834	0.74	0.4056	31	

资料来源：北京市发展改革委《关于合理调整电价结构有关事项的通知》，京发改〔2017〕1054号.

水资源成本。党的十八大以来，水利部围绕保障国家水安全，落实节水优先方针，不断完善水资源价格形成机制，规范和加强水资源价格管理。当前，水利部已初步建立起反映市场供求、资源稀缺程度、生态环境损害成本和修复效益的水资源价格形成机制。① 北京市发展改革委自2014年5月1日起实行新的阶梯水价标准，主要从居民用水、非居民用水和再生水②三大类对水资源进行定价。非居民用水价格由水费、水资源费和污水处理费三部分构成，水价按照非居民和特殊行业进行了划分：非居民用水方面，供水类型分为自来水和自备井水两种类型，整体水价为8.15元/立方米；洗浴、洗车等特殊行业用水价格则高达160元/立方米，是其他行业水价的19倍之多，主要因为征收了每立方米153元的水资源费。再生水方面，价格按政府最高指导价管理，每立方米不超过3.5元，北京市非居民用水价格如表2-3所示。

表2-3　　　　　　　　北京市非居民用水价格表

单位：元/立方米

用户类别	水价	其中			备注
		水费	水资源费	污水处理费	
非居民	8.15	3.52	1.63	3	自来水供水
		2.54	2.61	3	自备井供水
特殊行业	160	4	153	3	

资料来源：北京市水务局网站，《关于调整北京市非居民用水价格的通知》，2018年1月。

土地资源成本。土地资源给企业带来的经济成本，主要反映为城市工商业地价。我国的地价是以土地使用权出让、转让为前提，一次性支付的多年地租的现值总和，是土地所有权在经济上的实现形式。国内土地价格因区域发展水平和用地类型差异，具有显著的差别。总体来看，参考全国100个大中城市土地楼面均价，最新的工业用地价格为358元/平方米，

---

① http：//www.ndrc.gov.cn/fzggz/jggl/zhdt/201711/t20171103_866236.html.
② 再生水是指废水或雨水经适当处理后，达到一定的水质指标，满足某种使用要求，可以进行有益使用的水。和海水淡化、跨流域调水相比，再生水具有明显的优势。

商业用地价格为 1913 元/平方米。① 北京市国土资源管理部门则会定期依据国家级和市级样地的价格水平,测算土地价格的变化情况,见表 2-4。

表 2-4   2017 年北京市城市地价动态监测结果

单位:%,元/建筑平方米

时间	内容	国家级样点			市级样点		
		平均	商业	工业	商业 (规划新城)	办公 (规划新城)	办公 (市区)
第一季度	地价环比增长率	3.45	1.92	1.58	2.09	2.49	1.58
	地价水平值	14477	19099	24429	9825	7669	16894
第二季度	地价环比增长率	3.40	2.00	1.68	2.86	3.56	2.94
	地价水平值	14969	19481	24839	10106	7942	17391
第三季度	地价环比增长率	2.98	2.11	1.72	2.39	1.96	2.04
	地价水平值	15415	19892	25267	10348	8098	17745
第四季度	地价环比增长率	1.71	1.78	1.43	1.65	1.32	1.16
	地价水平值	15679	20246	25628	10518	8205	17951

资料来源:北京市规划和国土资源委员会,2018 年 3 月。

(三)产出端的环境经济成本估算:环境容量部分

2014 年 4 月 24 日,第十二届全国人民代表大会常务委员会第八次会议修订、自 2015 年 1 月 1 日起施行的《中华人民共和国环境保护法》,对企业非法排污规定了严厉的法律责任,包括罚款、限产关停和侵权责任。由于限产关停往往会对企业生产经营活动进行重大限制甚至直接注销企业经营资格,尤其是后者的后果相当于直接摧毁企业的资产负债表,已经超越单纯的环境经济成本估算的范畴,因此我们重点关注罚款和侵权责任两部分。

罚款。新《环保法》第五十九条用三款规定,推出了空前严厉的罚

---

① 数据来源于 Wind,获取日期为 2018 年 3 月 23 日。

款措施。第一款规定:"企业事业单位和其他生产经营者违法排放污染物,受到罚款处罚,被责令改正,拒不改正的,依法作出处罚决定的行政机关可以自责令改正之日的次日起,按照原处罚数额按日连续处罚。"第二款要求:"前款规定的罚款处罚,依照有关法律法规按照防治污染设施的运行成本、违法行为造成的直接损失或者违法所得等因素确定的规定执行。"第三款进一步明确:"地方性法规可以根据环境保护的实际需要,增加第一款规定的按日连续处罚的违法行为的种类。"这三款规定将在预期管理方面大大超越《水污染防治法》《大气污染防治法》和《固体废弃物污染防治法》等单项法规[1][2][3]针对违法排放污染物设定的 10 万~100 万元的罚款上限,实行按日连续计罚、不设上限的罚款措施,企业如果不及时纠正自己的行为,将大大增加其违法排放污染物的经济成本。以北京为例,2016 年全市查处水环境违法行为 220 起,处罚金额达 3981.81 万元;其中,全市连续按日计罚案例共 4 起,罚款金额 89 万元。[4]

侵权责任。除了行政罚款之外,新《环保法》还规定了违法排放污染物的企业必须承担民事赔偿责任。第六十四条规定:"因污染环境和破坏生态造成损害的,应当依照《中华人民共和国侵权责任法》的有关规定承担侵权责任。"为了呼应该条规定,加大对企业违法排污行为的社会监督力度,第五十八条还引入了公益诉讼制度:"对污染环境、破坏生态,损害社会公共利益的行为,符合下列条件的社会组织可以向人民法院提起诉讼:(一)依法在设区的市级以上人民政府民政部门登记;(二)专门从事环境保护公益活动连续五年以上且无违法记录。符合前款

---

[1] 资料来源:国务院办公厅,《水污染防治行动计划》[Z]. 国发〔2015〕17 号,2015 – 04 – 02.

[2] 资料来源:国务院办公厅,《土壤污染防治行动计划》[Z]. 国发〔2016〕31 号,2016 – 05 – 28.

[3] 资料来源:国务院办公厅,《大气污染防治行动计划》[Z]. 国发〔2013〕37 号,2013 – 09 – 10.

[4] 资料来源:中新网,http://www.chinanews.com/gn/2017/02 – 10/8146141.shtml,2017 – 02.

规定的社会组织向人民法院提起诉讼,人民法院应当依法受理。"虽然第五十八条第三款要求"提起诉讼的社会组织不得通过诉讼牟取经济利益",含蓄否决了国际上环境公益诉讼通常采取的惩罚性赔偿诉求,但仍然无法排除公益诉讼基于企业污染环境和破坏生态等侵权责任所要求的损害赔偿和环境修复两大诉求。这两大诉求同时也意味着企业必须承担高额的经济成本。例如中国生物多样性保护与绿色发展基金会诉宁夏瑞泰科技股份有限公司等腾格里沙漠污染系列民事公益诉讼,2017 年 8 月在宁夏中卫市中级人民法院一审调解结案,宁夏瑞泰科技股份有限公司等 8 家污染企业将投入 5.69 亿元用于修复和预防土壤污染,并承担环境损失公益金 600 万元。①

三、环境合规成本

(一)环境合规成本的构成及分类

环境合规成本的构成。环境合规成本是政府为了生态环境保护目标,针对企业在自然资源和环境容量两方面的消耗行为所采取的经济管控手段,包括资源环境税费和环境权益交易两大类,其中资源环境税费包含企业在自然资源消费和环境容量消耗两方面承担的税费。近年来随着费改税的不断推进,原来征收的排污费等逐渐被环境保护税取代。

资源环境税负。目前,企业在自然资源方面承担的税负,主要包括依据国务院通过的《中华人民共和国资源税暂行条例》征收的资源税(涵盖一次能源和矿产),依据财政部、国家税务总局发布的《关于全面推进资源税改革的通知》在试点地区征收的水资源税,以及依据国务院通过的《中华人民共和国城镇土地使用税暂行条例》征收的土地使用税。在环境容量方面承担的税负,则是依据《中华人民共和国环境保护

---

① 中国法院网,https://www.chinacourt.org/article/detail/2017/01/id/2502915.shtml。

税法》征收的环境保护税,主要涵盖各类污染物排放空间;针对温室气体排放空间的碳税原本包含在内,但全国人大常委会最终通过的法案暂未纳入。

环境权益交易。"十二五"规划、党的十八大报告、中共中央和国务院关于《生态文明体制改革的总体方案》、"十三五"规划纲要等政策文件,分别要求开展碳排放权、排污权、节能量/用能权、水权等四类环境权益交易试点及相关市场建设,2017 年,财政部、国家发展改革委、国家能源局又联合推出可再生能源绿色电力证书交易制度。① 至此,我国初步建立起覆盖自然资源和环境容量两个维度的环境权益交易制度,前者包括水权、用能权、绿色电力证书三类交易制度,后者包括碳排放权和排污权两类交易制度,分别从市场机制层面为企业带来了新的环境合规成本。

(二) 资源环境税负

1. 能源及矿产资源税

政策规定。根据国务院 2011 年 9 月修订发布的《中华人民共和国资源税暂行条例》,资源税税目包括原油、天然气、煤炭、其他非金属矿原

---

① 资料来源:国家发展和改革委员会. "十二五"规划纲要,人民网,2011 – 03 (http://finance. people. com. cn/GB/14164290. html)。

党的十八大报告 [OL]. 人民网,2012 – 11 (http://cpc. people. com. cn/n/2012/1118/c64094 – 19612151 – 1. html)。

党的十八届三中全会决议 [OL]. 人民网,2013 – 11 (http://politics. people. com. cn/n/2013/1116/c1001 – 23560979. html)。

中共中央、国务院. 《关于加快推进生态文明建设的意见》[OL]. 中国政府网,2015 – 03 (http://www. gov. cn/xin wen/2015 – 05/05/content2857363. htm)。

中共中央、国务院. 《生态文明体制改革总体方案》[OL]. 中国政府网,2015 – 09 (http://www. gov. cn/guowuyuan /2015 – 09/21/content2936327. htm)。

"十三五"规划纲要 [OL]. 新华网,2016 – 03 (http://www. xinhuanet. com/politics/2016lh/2016 – 03/17/c111836632212. htm)。

国务院办公厅,《国务院关于印发"十二五"控制温室气体排放工作方案的通知》(国发〔2011〕41 号),中国政府网,2011 – 12 – 01。

矿、黑色金属矿原矿、有色金属矿原矿、盐等七大类。其中，前三类属于一次能源，后四类属于矿产资源；新的资源税暂行条例同时规定了上述税目各自基于销售额或消费量的税率。2016年，《财政部、国家税务总局关于全面推进资源税改革的通知》发布，对"资源税税目税率幅度表"中列举的21种资源品目和未列举名称的其他金属矿实行从价计征，资源税税目税率及税率幅度分别如表2-5和表2-6所示。

表2-5　　　　　　　　　资源税税目税率

一、原油		销售额的5%~10%
二、天然气		销售额的5%~10%
三、煤炭	焦煤	每吨8~20元
	其他煤炭	每吨0.3~5元
四、其他非金属矿原矿	普通非金属矿原矿	每吨或者每立方米0.5~20元
	贵重非金属矿原矿	每千克或者每克拉0.5~20元
五、黑色金属矿原矿		每吨2~30元
六、有色金属矿原矿	稀土矿	每吨0.4~60元
	其他有色金属矿原矿	每吨0.4~30元
七、盐	固体盐	每吨10~60元
	液体盐	每吨2~10元

资料来源：《中华人民共和国资源税暂行条例》，中华人民共和国国务院令第605号。

表2-6　　　　　　　　　资源税税目税率幅度表

序号	税目		征税对象	税率幅度
1	金属矿	铁矿	精矿	1%~6%
2		金矿	金锭	1%~4%
3		铜矿	精矿	2%~8%
4		铝土矿	原矿	3%~9%
5		铅锌矿	精矿	2%~6%
6		镍矿	精矿	2%~6%
7		锡矿	精矿	2%~6%
8		未列举名称的其他金属矿品	原矿或精矿	税率不超过20%

续表

序号	税目		征税对象	税率幅度
9		石墨	精矿	3%~10%
10		硅藻土	精矿	1%~6%
11		高岭土	原矿	1%~6%
12		萤石	精矿	1%~6%
13		石灰石	原矿	1%~6%
14		硫铁矿	精矿	1%~6%
15		磷矿	原矿	3%~6%
16		氯化钾	精矿	3%~8%
17	非金属矿	硫酸钾	精矿	6%~12%
18		井矿盐	氯化钠初级产品	1%~6%
19		湖盐	氯化钠初级产品	1%~6%
20		提取地下卤水晒制的盐	氯化钠初级产品	3%~15%
21		煤层（成）气	原矿	1%~2%
22		粘土、砂石	原矿	每吨或立方米0.1~5元
23		其他	原矿或精矿	从量税率每吨或立方米不超过30元；从价税率不超过20%
24		海盐	氯化钠初级产品	1%~5%

资料来源：财政部、国家税务总局，《关于全面推进资源税改革的通知》，财税〔2016〕53号。

违规处罚。《中华人民共和国资源税暂行条例》第十四条规定，资源税的征收管理，依照《中华人民共和国税收征收管理法》及该条例有关规定执行。纳税人、扣缴义务人编造虚假计税依据的，由税务机关责令限期改正，并处5万元以下的罚款。纳税人、扣缴义务人逃避、拒绝或以其他方式阻挠税务机关检查的，由税务机关责令改正，可以处1万元以下的罚款；情节严重的，处1万元以上5万元以下的罚款。

2. 水资源税

政策规定。2016年5月10日，财政部、国家税务总局联合发布

《关于全面推进资源税改革的通知》，决定自 2016 年 7 月 1 日起率先在河北开展水资源税改革试点工作。同年 7 月 1 日河北省人民政府发布《关于印发河北省水资源税改革试点实施办法的通知》①，将地表水和地下水纳入征税范围，实行从量计征：（1）非发电企业应纳税额＝适用税额标准×实际取用水量；（2）水力发电及火电冷却取用企业应纳税额＝适用税额标准×实际发电量。在总结试点经验基础上，财政部、国家税务总局、水利部 2017 年 11 月 24 日印发《扩大水资源税改革试点实施办法》，自 2017 年 12 月 1 日起在北京、天津、山西、内蒙古、山东、河南、四川②、陕西、宁夏 9 个省（自治区、直辖市）扩大水资源税改革试点。

北京市水资源税改革试点。北京市人民政府于 2017 年 12 月 19 日印发了《关于〈北京市水资源税改革试点实施办法〉的通知》③，规定开征水资源税后，水资源费征收标准降为零。水资源税的征收对象为地表水和地下水，实行从量计征，应纳税额的计算公式为：（1）非发电企业应纳税额＝实际取用水量×适用税额；（2）水力发电和火力发电贯流式冷却取用水应纳税额＝实际发电量×适用税额。《实施办法》对水力发电、火力发电、农业用水等的应税标准进行了相应规定。纳税人超过水行政主管部门规定的计划（定额）取用水量，对超出规定计划（定额）20%（含）以下、20%～40%（含）、40% 以上的部分，分别按照水资源税适用税额的 2 倍、2.5 倍、3 倍标准加征，北京市水资源税适用税额如表 2-7 所示。

---

① 资料来源：河北省人民政府关于印发河北省水资源税改革试点实施办法的通知［OL］.2016.
② 资料来源：四川省人民政府，《四川省水资源税改革试点实施办法》，川府发〔2017〕67 号，2018-01-09.
③ 资料来源：《北京市水资源税改革试点实施办法》，2017 年。

表 2-7　　北京市水资源税适用税额

单位：元/立方米

类别	取水户			适用税额
地表水	农业生产者（超规定限额）	粮食		0.06
		其他		0.12
	供农村人口生活用水的集中式饮用水工程单位	农村人口		0.1
		居民		0.1
		非居民	城六区	2.3
			其他区域	1.8
		特种行业		0.1
		其他		153
地下水	农业生产者（超规定限额）	粮食		0.08
		其他		0.16
	供农村人口生活用水的集中式饮用水工程单位	农村人口		0.2
		居民		0.2
		非居民	城六区	4.3
			其他区域	3.8
		特种行业		160
	自建设施供水单位和个人	居民		2.61
		非居民	城六区	4.3
			其他区域	3.8
		特种行业		160
城镇公共供水	城镇公共供水单位	居民		1.57
		非居民	城六区	2.3
			其他区域	1.8
		特种行业		153
其他用水	水力发电企业			
	火力发电贯流式冷却取用水企业			
	疏干排水的单位和个人	回收利用		0.6
		直接外排		4.3
	地源热泵使用者	回收利用		0.6
		直接外排		4.3

资料来源：北京市人民政府，《北京市水资源税改革试点实施办法》，2017年12月。

违规处罚。根据《扩大水资源税改革试点实施办法》，未经水行政主管部门批准擅自取水的单位或个人，水行政主管部门按照《水法》进行处理处罚并核定取水量；主管税务机关根据水行政主管部门核定的取水量追缴税款。拒不缴纳、拖延缴纳或者拖欠水资源费的，由县级以上人民政府水行政主管部门或者流域管理机构依据职权，责令限期缴纳；逾期不缴纳的，从滞纳之日起按日加收滞纳部分千分之二的滞纳金，并处应缴或者补缴水资源费一倍以上五倍以下的罚款。

3. 土地使用税

政策规定。2006—2019 年，《中华人民共和国城镇土地使用税暂行条例》经过了前后三次修订。依据《条例》，在城市、县城、建制镇、工矿区范围内使用土地的单位和个人，为城镇土地使用税的纳税人，应当依照该条例的规定缴纳土地使用税。土地使用税只在县以上城市开征，非开征地区城镇使用土地不征税。土地使用税以纳税人实际占用的土地面积为计税依据，依照土地的等级划分，按规定税额计算征收。土地使用税每平方米年税额如下：（1）大城市 1.5 元至 30 元；（2）中等城市 1.2 元至 24 元；（3）小城市 0.9 元至 18 元；（4）县城、建制镇、工矿区 0.6 元至 12 元。土地使用税的征收管理，依照《中华人民共和国税收征收管理法》及该条例的规定执行。省、自治区、直辖市人民政府应在该条例规定的税额幅度内，根据市政建设状况、经济繁荣程度等条件，确定所辖地区的适用税额幅度；市、县人民政府应根据实际情况，将本地区土地划分为若干等级，在省、自治区、直辖市人民政府确定的税额幅度内，制定相应的适用税额标准，报省、自治区、直辖市人民政府批准执行；经省、自治区、直辖市人民政府批准，经济落后地区土地使用税的适用税额标准可以适当降低，但降低额不得超过该条例第四条规定最低税额的 30%。经济发达地区土地使用税的适用税额标准可以适当提高，但须报经财政部批准。

违规处罚。土地使用税的征收管理，依照《中华人民共和国税收征收管理法》及《中华人民共和国城镇土地使用税暂行条例》的规定执行。纳税人、扣缴义务人编造虚假计税依据的，由税务机关责令限期改正，并处五万元以下的罚款；纳税人、扣缴义务人逃避、拒绝或以其他方式阻挠税务机关检查的，由税务机关责令改正，可以处一万元以下的罚款；情节严重的，处一万元以上五万元以下的罚款。

4. 环境保护税

政策规定。2013年11月，党的十八届三中全会的决议要求推进环境保护费改税；2016年12月，十二届全国人大常委会第二十五次会议通过《中华人民共和国环境保护税法》，2018年1月1日起正式施行，自施行之日起，依照该法规定征收环境保护税，以替代执行了近40年的排污收费。环境保护税应税污染物分为四大类，包括大气污染物、水污染物、固体废物、噪声；应税大气污染物按照污染物排放量折合的污染当量数确定，应税水污染物按照污染物排放量折合的污染当量数确定，应税固体废物按照固体废物的排放量确定，应税噪声按照超过国家规定标准的分贝数确定。大气污染物每污染当量的税额为1.2~12元，水污染物每污染当量的税额为1.4~14元，固体废物依据类型分为5元/吨、15元/吨、25元/吨、1000元/吨等不同标准，工业噪声依据分贝等级分为从350~11200元/月等不同标准，环境保护税税目税额如表2-8所示。

表2-8　　　　　　　　　环境保护税税目税额

单位：元

税目		计税单位	税额
大气污染物		每污染当量	1.2~12
水污染物		每污染当量	1.4~14
固体废弃物	煤矸石	每吨	5
	尾矿	每吨	15
	危险废物	每吨	1000
	冶炼渣、粉煤灰、炉渣、其他固体废弃物（含半固态、液态废物）	每吨	25

续表

税目		计税单位	税额
噪声	工业噪声	超过 1~3 分贝	每月 350
		超过 4~6 分贝	每月 700
		超过 7~9 分贝	每月 1400
		超过 10~12 分贝	每月 2800
		超过 13~15 分贝	每月 5600
		超过 16 分贝以上	每月 11200

资料来源：《中华人民共和国环境保护税法》，2016 年。

优惠政策与处罚措施。我国《环境保护税法》针对部分情况设置了减税规定，鼓励工业企业主动减排、增加环保设施：对大气或水污染物排放浓度低于国家和地方标准的 30%，按照 75% 征收环保税；低于排放标准的 50%，按照 50% 征收环保税。在设置优惠措施的同时，该法还规定在环境保护税征收标准方面地方有以十倍为上限的上调空间。截至目前，全国已有 30 个省区确定了适用税率，其中京津冀地区的征收标准全国最高，总体来看，大部分地方政府改变了原来"税费平移"的态度，环境保护税较以前的排污收费有所提高。根据《环境保护税法》，对于超过标准排放污染物的企业，环境保护部门会对其超出标准部分进行处罚。[①] 如果依法设立的污水集中处理、生活垃圾集中处理场所排放应税污染物超过标准排放，超过部分不能免税。税务部门会对申报数据进行对比，并将相关数据传递给环境保护部门，对于发现的疑点数据，税务部门会提请环境保护部门进行复核。

---

① 资料来源：中国工商银行、Trucost.《环境成本内部化与环境风险分析——以中国铝行业为例》，中国金融学会绿色金融专业委员会，2017-03-30。

（三）环境权益交易

环境权益交易是用市场机制解决环境问题的政策工具，通过对环境权益进行市场化定价，把环境成本内化到企业的成本结构之中。这既为节能环保优秀企业创造了市场化的激励机制，也为普通企业带来了新的环境合规压力，倒逼它们进行节能减排。作为一种合规成本，环境权益交易给企业带来的环境成本主要包括两部分：一是环境权益的市场化定价带来的履约成本；二是违反履约规定可能导致的处罚成本。[①]

1. 碳排放权交易

政策规划及市场建设进展。"十二五"规划明确提出要积极应对气候变化，逐步建立碳排放权交易市场。2011年10月，为落实"十二五"规划要求，国家发展改革委批准北京、天津、上海、重庆、湖北、广东和深圳七个省市开展碳排放权交易试点工作，七省市试点于2013年相继启动。2014年底，国家发展改革委发布《碳排放权交易管理暂行办法》。2015年9月，习近平主席在《中美元首关于气候变化的联合声明》中郑重宣布，中国将于2017年启动全国碳排放权交易体系，覆盖钢铁、电力等六大重点排放行业。2017年12月，国家发展改革委印发《〈全国碳排放权交易市场建设方案（发电行业）〉的通知》，正式宣布启动全国碳排放权交易体系，初期将纳入发电行业，并于2020年正式开展交易。

市场定价情况。由于全国碳市场尚未正式开始交易，目前只有七个试点省市实现了市场化的碳定价。自2013年北京碳市场启动以来，截至2017年12月，环境交易所平台共完成配额交易超过2012.54万吨，交易额约7.11亿元，均居全国七个试点地区前列。2014年6月，北京市发展

---

① 资料来源：北京环境交易所、北京绿色金融协会，《北京碳市场年度报告2017》，2018年2月。

改革委公布《北京市碳排放权交易公开市场操作管理办法（试行）》，提出引入碳排放配额的拍卖和回购机制，用于调节碳配额的市场价格，并控制在 20~150 元/吨的区间。从线上配额成交情况来看，北京碳交易试点的成交均价在七省市试点中处于相对稳定状态，且均价一直保持在 50 元/吨左右的高位。截至 2017 年 12 月 31 日，深圳和湖北碳交易试点的成交均价为 36 元/吨左右，上海碳交易试点的成交均价为 32 元/吨左右，广州成交均价为 30 元/吨左右，天津碳交易试点的成交均价为 25 元/吨左右，重庆碳交易试点的成交均价为 8 元/吨左右。

违规处罚。北京市重点排放单位应于每年 6 月 15 日前完成上一年度的碳排放配额清缴工作（履约），未按规定完成履约的重点排放单位，将依据北京市人大常委会的《关于北京市在严格控制碳排放总量前提下开展碳排放权交易试点工作的决定》和《关于规范碳排放权交易行政处罚自由裁量权的规定》（京发改规〔2014〕1 号）进行处罚。重点排放单位超出配额许可范围排放的，除需限期履行控排责任外，可根据其超出配额许可范围的碳排放量，按照市场均价的 3~5 倍予以处罚；未按规定报送碳排放报告或第三方核查报告且逾期未改正的，可以对排放单位处以 5 万元以下的罚款。

2. 排污权交易

政策规划及市场进展。"九五"时期，我国将污染物排放总量控制列为环境保护的考核目标，总量控制政策正式开始在全国范围内推行，为我国开展排污权交易奠定了制度基础。"十二五"规划、党的十八大报告、中共中央和国务院关于《生态文明体制改革总体方案》等相继提出，要推进资源有偿使用，建立排污权交易制度。2014 年，国务院办公厅出台《关于进一步推进排污权有偿使用和交易试点工作的指导意见》，2015 年财政部等部门出台《排污权出让收入管理暂行办法》，2016 年国务院印发《控制污染物排放许可制实施方案》，明确了排污许可制在固定污染源环境管理制度中的核心地位。目前全国共有 28 个省份开展了排污权交易试点，其中有 11 个省份是国家级试点，其余的都是各个省区自行开展的试点。试点工作总体取得了初步成效，但排污权交易法律法规支撑还不足，排污权核定、定价的前提工作不配套，相关省市的二级市场不够活跃，大多是政府主导的一级市场。下面以黑龙江省哈尔滨市排污权交易市场为例，概述排污权交易定价及违约处罚相关情况。[①]

市场定价情况。根据 2017 年 3 月 1 日起正式实施的《哈尔滨市重点污染物排放总量控制条例》，哈尔滨市可交易排污权标的物包括化学需氧量、氨氮、二氧化硫、氮氧化物等四项主要污染物，排污权的有效期一般为五年。根据黑龙江省物价监督管理局和财政厅共同发布的《关于主要污染物排污权有偿出让有关问题的批复》，哈尔滨市四种主要污染物排污权的出让底价为二氧化硫、氮氧化物每年每吨 2800 元，化学需氧量、氨氮每年每吨 1500 元。从 2017 年哈尔滨排污权交易市场成交价格情况看，二氧化硫均价为 14000 元/吨，氮氧化物均价为 14000 元/吨，氨氮均价为 7500 元/吨，化学需氧量均价为 7500 元/吨。

违规处罚。《哈尔滨市重点污染物排放总量控制条例》针对相关主管部门及其工作人员、排污单位、其他情形等三方面设定了处罚措施。其中，排污单位违反条例规定，有下列情形之一的，应由环境保护主管部门责令改正，并按照下列规定予以处罚："一、未按照排污许可证载明的污染物种类、排放方式和排放去向排放污染物的，处以五万元以上十万元以下罚款；二、未按照规定变更排污许可证的，处以二万元以上十万元以下罚款；三、未按照规定报送上一年度总量控制完成情况的，处以五千元罚款。"

3. 水权交易

政策规划及市场进展。2002 年 10 月 1 日，第九届全国人民代表大会

[①] 资料来源：孙鹏程、贾婷、成钢等：《排污权有偿使用》，化学工业出版社，2017。

常务委员会第二十九次会议修订通过施行《中华人民共和国水法》；2006年4月15日起，国务院印发施行《取水许可和水资源费征收管理条例》；2008年2月1日起，水利部印发施行《水量分配暂行办法》；党的十九大报告、中共中央和国务院《关于加快推进生态文明建设的意见》和《生态文明体制改革总体方案》对建立完善水权制度、推行水权交易、培育水权交易市场均提出了明确要求；2016年4月19日，水利部印发实施《水权交易管理暂行办法》，对可交易水权的范围和类型、交易主体和期限、交易价格形成机制等作出了具体规定。目前，全国共有7个省份开展2~3年的水权试点工作，但水权交易需要政府主管部门前置审批后才能进行交易，水量的总量控制、水量计量等工作均由政府主管部门（水利厅/局）承担。①

市场定价情况。区域间交易的价格若有明确政策指导（如《关于南水北调水量交易价格的指导意见》等）则遵照执行，否则可根据地方集中输水管理费用测算形成；行业企业间的价格多由地方水利相关部门（如水科院等）建议形成。根据中国水权交易所提供的交易信息，区域水权/取水权的交易价格为0.29~1.2元/立方米；灌溉用水户水权的交易价格为0.2~0.3元/立方米。截至2017年12月31日，全国水权交易市场累计成交水量约14.43亿立方米，成交额约8.99亿元。目前区域水权的交易多发生在政府之间，成交类型多为协议转让，成交价格在0.3~0.9元/立方米，交易期限为1年到3年；取水权交易多发生在企业之间，成交类型有协议转让和公开交易两种，成交价格在0.6~1.2元/立方米，交易期限比较长，5年到25年；灌溉用水户水权交易多产生在灌溉用户和水利局之间，成交类型多为公开交易，成交价格偏低为0.2元/立方米，交易

---

① 资料来源：水利部．关于印发《水权交易管理暂行办法》的通知（水政法〔2016〕156号），中国政府网，2016-04-19.

期限多为1年,成交水量是三种形式中最多的。①

违规处罚。《水权交易管理暂行办法》中对相关主管部门及其工作人员、转让方或者受让方、水权交易平台的行为规范进行了规定,但并未对转让方和受让方的违规行为作出具体的经济处罚规定。②

4. 用能权交易

政策规划及市场进展。2015年《生态文明体制改革总体方案》首次提出了用能权交易;2015年11月《中共中央关于制定国民经济和社会发展第十三个五年规划的建议》也提出,建立健全用能权初始分配制度,创新有偿使用、预算管理、投融资机制,培育和发展交易市场;2016年4月,工业和信息化部通过的《工业节能管理办法》提出,"科学确立用能权、碳排放权初始分配,开展用能权、碳排放权交易相关工作";2016年9月23日,国家发展改革委发布《用能权有偿使用和交易制度试点方案》③,基本确立用能权交易制度,并明确了未来用能权交易的发展规划:2016年做好试点顶层设计和准备工作;2017年开始试点,并根据情况不断完善实施方案;到2019年,试点任务取得阶段性成果,形成可复制可推广的经验、做法和制度;2020年,开展试点效果评估,总结提炼经验,视情况逐步推广。根据规划,共有浙江、福建、河南、四川四省开展用能权交易试点,但目前都还处于市场机制方案的研究设计阶段,尚未启动正式交易。

5. 绿色证书交易

政策规划。2017年1月底,财政部、国家发展改革委、国家能源局三部委联合发布《关于试行可再生能源绿色电力证书核发及自愿认购交

---

① 资料来源:沈满洪、陈锋. 我国水权理论研究述评 [J]. 浙江社会科学,2005 (9):175 - 180.
② 资料来源:水利部. 水权交易管理暂行办法 [Z]. 水政法 [2016] 156号,2016 - 04 - 19.
③ 资料来源:国家发展改革委. 关于开展用能权有偿使用和交易试点工作的函(发改环资〔2016〕1659号)[OL]. 国家发改委网站,2016 - 07 - 28.

易制度的通知》，提出在全国范围内试行可再生能源绿色电力证书核发和自愿认购，自 2017 年 7 月 1 日起开始绿色电力证书自愿认购，并于 2018 年适时启动绿色电力配额考核和证书强制交易。① 目前，受绿色证书不能二次交易等制度影响，市场远未形成规模。

市场定价情况。价格方面，绿色电力证书的认购价格不高于证书对应电量的可再生能源电价附加资金补贴金额，由买卖双方自行协商或者通过竞价确定。风电、光伏发电企业出售可再生能源绿色电力证书后，相应的电量不再享受国家可再生能源电价附加资金的补贴。绿色电力证书经认购后不得再次出售，国家可再生能源信息管理中心负责对购买绿色电力证书的机构和个人核发凭证。截至目前，风电类绿证累计交易量为 23365 MWh 结算电量，光伏类绿色电力证书累计交易量为 125 MWh 结算电量。其中，每个光伏类绿色电力证书交易均价约为 690.5 元，每个风电类绿色电力证书交易均价约为 163.3 元。②

第二节 环境效益评估[③]

一、能源环境核算体系概述

（一）绿色信贷环境效益测算体系

为了更好地发挥金融在资源配置当中的基础性作用，通过金融政策促

---

① 资料来源：国家发展改革委、财政部、国家能源局. 关于试行可再生能源绿色电力证书核发及自愿认购交易制度的通知（发改能源 [2017] 132 号）[OL]. 国家能源局网站，2017 - 01 - 18.

② 资料来源：http://www.greenenergy.org.cn/gctrade/shop/index.html，查询日期截至 2018 年 1 月 9 日。

③ 本节作者：沈双波，中国诚信信息管理股份有限公司副总裁；高卫涛，中国诚信信用管理股份有限公司绿色金融事业部总经理助理；李占宇，中国诚信信用管理股份有限公司绿色金融事业部总经理助理；崔子骁，中国诚信信用管理股份有限公司绿色金融事业部市场总监。

进产业结构调整和经济发展方式转变，实现银行业监管政策与产业政策紧密结合，推动国家节能减排战略实施，在金融领域继续深化绿色信贷政策，原银监会于2012年发布《绿色信贷指引》（银监发〔2012〕4号）。2013年银监会统计部进一步建立绿色信贷统计报告制度，发布《关于开展绿色信贷统计报表试填报的通知》（银监统通〔2013〕9号），组织开展绿色信贷试填报工作。2013年7月，银监会办公厅发布《关于报送绿色信贷统计表的通知》（银监办发〔2013〕185号），正式实施绿色信贷填报工作。

2014年，中国银行业协会编著《绿色信贷》，并由中国金融出版社出版。书中依照原银监会绿色信贷185号文附件对绿色信贷报送行业范围的规定，对绿色信贷涵盖的行业范围：绿色农业开发项目，绿色林业开发项目，工业节能节水环保项目，自然保护、生态修复及灾害防控项目，资源循环利用项目，垃圾处理及污染防治项目，可再生能源及清洁能源项目，农村及城市水项目，建筑节能及绿色建筑、绿色交通运输项目，节能环保服务，采用国际惯例或国际标准的境外项目等12类行业，发布了环境效益测算方法。对照中国金融学会绿色金融专业委员会（以下简称绿金委）《绿色债券支持项目目录（2015年版）》项目覆盖范围与绿色信贷项目范围具有较强的重合度，因此对指标设计、主要测算行业及项目确定、测算方法设计及基准参数的选择具有借鉴意义。

（二）绿色发展指标体系

2016年12月，国家发展改革委、国家统计局、环境保护部、中央组织部制定了《绿色发展指标体系》，将《国民经济和社会发展第十三个五年规划纲要》确定的资源环境约束性指标、《国民经济和社会发展第十三个五年规划纲要》和《中共中央、国务院关于加快推进生态文明建设的意见》等提出的主要监测评价指标、绿色发展重要监测评价指标纳入绿色发展指标体系。

绿色发展指标体系采用综合指数法进行测算,"十三五"期间,以 2015 年为基期,结合"十三五"规划纲要和相关部门规划目标,测算全国及分地区绿色发展指数和资源利用指数、环境治理指数、环境质量指数、生态保护指数、增长质量指数、绿色生活指数 6 个分类指数。绿色发展指数由除"公众满意程度"之外的 55 个指标个体指数加权平均计算而成。

绿色发展指标按评价作用分为正向和逆向指标,按指标数据性质分为绝对数和相对数指标,需对各个指标进行无量纲化处理。具体处理方法是将绝对数指标转化成相对数指标,将逆向指标转化成正向指标,将总量控制指标转化成年度增长控制指标,然后再计算个体指数。

(三)温室气体排放清单及核算体系

根据《联合国气候变化框架公约》要求,所有缔约方应按照 IPCC 国家温室气体清单指南编制各国的温室气体清单。中国于 2004 年向《联合国气候变化框架公约》缔约方大会提交了《中国气候变化初始国家信息通报》,2008 年启动了 2005 年国家温室气体清单编制工作。2010 年 9 月,国家发展改革委办公厅正式下发《关于启动省级温室气体清单编制工作有关事项的通知》,并组织相关单位编写了《省级温室气体清单编制指南(试行)》。2013 年,国家发展改革委又组织编制完成了《中国发电企业温室气体排放核算方法和报告指南(试行)》《中国钢铁企业温室气体排放核算方法和报告指南(试行)》等十个行业的温室气体排放核算方法和报告指南(试行)。行业范围包括发电、电网、钢铁、化工、电解铝、镁冶炼、建材、民航等行业。

(四)清洁发展机制(CDM)

清洁发展机制(CDM)是《京都议定书》规定的三种灵活机制之一。

它允许联合国气候变化框架公约（UNFCCC）附件一所列的发达国家在非附件一发展中国家投资实施温室气体（GHG）减排项目，并据此获得所产生的经核证的减排量（CERs），以便帮助其遵守他们在议定书中所承担的约束性减排义务。CDM 以项目为基础核算温室气体减排量，并开展温室气体减排（碳排放权）交易。

为确保（CDM）项目活动产生真实、可测量和长期的温室气体（GHG）减排效益，CDM 机制发展了一系列温室气体自愿减排方法学。国家发展改革委也对联合国清洁发展机制执行理事会目前已经批准的 CDM 方法学进行了评估，首先选择使用频率较高，在国内适用性较好的 52 个方法学，转化成适合于国内自愿减排交易的方法学。其中包括：《可再生能源联网发电》《回收煤层气、煤矿瓦斯和通风瓦斯用于发电、动力、供热/或通过火炬或无焰氧化分解》《供应侧能源效率提高—生产》《需求侧高效照明技术》《废能回收利用项目（废气/废热/废压）》等类型项目温室气体减排量核算方法学。

（五）固定资产投资项目节能报告

为加强固定资产投资项目节能管理，促进科学合理利用能源，从源头上杜绝能源浪费，提高能源利用效率，国家发展改革委根据《中华人民共和国节约能源法》和《国务院关于加强节能工作的决定》，2010 年制定颁布了《固定资产投资项目节能评估和审查暂行办法》，并于 2016 年对其修订，发布《固定资产投资项目节能审查办法》。年综合能源消费量 5000 吨标准煤以上（改扩建项目按照建成投产后年综合能源消费增量计算，电力折算系数按当量值，下同）的固定资产投资项目，其节能审查由省级节能审查机关负责。其他固定资产投资项目，其节能审查管理权限由省级节能审查机关依据实际情况自行决定。年综合能源消费量不满 1000 吨标准煤，且年电力消费量不满 500 万千瓦时的固定资产投资项目，以及用能工艺简单、节能潜力小的行业（具体行业目录由国家发展改革委制定并公布）的固定资产投资项目应按照相关节能标准、规范建设，不再单独进行节能审查。

项目节能报告应包括下列内容：分析评价依据；项目建设方案的节能分析和比选，包括总平面布置、生产工艺、用能工艺、用能设备和能源计量器具等方面；选取节能效果好、技术经济可行的节能技术和管理措施；项目能源消费量、能源消费结构、能源效率等方面的分析；对所在地完成能源消耗总量和强度目标、煤炭消费减量替代目标的影响等方面的分析评价。

节能报告对项目能耗水平的分析评估主要采用标准对照法、类比分析法、专家判断法等方法。标准对照法即将项目能效指标与相关行业规划、准入条件及节能设计标准、相关能耗限额标准等标准和规范进行对比；类比分析法是指在缺乏相关标准规范的情况下，将项目能效与同行业处于领先能效水平的既有工程能效进行对比；专家判断法是指在没有相关标准规范和类比工程的情况下，利用专家经验、知识和技能，对项目能源利用是否科学合理进行分析判断的方法。

（六）节能量审核

为支持企业进行节能技术改造，2007年财政部、国家发展改革委联合出台了《节能技术改造项目财政奖励资金管理办法》提出采用奖励资金与实际节能量挂钩的方式对企业节能技术改造项目进行奖励，节能量由第三方机构进行审核。2008年发布了《节能项目节能量审核指南》，对节能量的审核原则、依据、内容、程序等作出规定。

在节能量审核中，节能量以项目节能改造前能耗水平为基准核算。项目节能量等于项目范围内各产品（工序）实现的节能量之和扣除能耗泄漏（指项目节能措施对项目范围以外能耗产生的正面或负面影响）。单个产品（工序）的节能量可通过计量监测直接获得，不能直接获得时，可通过单位产量能耗的变化进行计算确定。利用废弃能源资源节能项目（如余热余压利用项目等）的节能量，根据最终转化形成的可用能源量确定。

节能量审核在实践中积累了较为成熟的节能量计算方法学，并制作了典型项目节能量确定方法及案例作为审核工作的参考。主要的节能量确定方法及案例包括：工业锅炉（窑炉）节能技改项目、余热、余压利用项目（含发电、利用废气生成新能源、余热、余压生产工序利用等）、电机系统节能项目、能量系统优化项目等。

（七）中国环境统计指标体系

一个环境统计指标只能从某一方面反映环境现象的某个特征，要全面反映环境现象的整体特征，就必须把一系列相互联系的环境统计指标结合使用，因此环境统计指标体系就是由一系列相互联系、相互制约的环境统计指标所构成的整体。

我国现行的环境统计指标体系框架和各项指标，是根据我国环境管理工作实际情况和发展需要，从相关性、科学性和可行性的原则出发，经过多次的调整和修改而确定的。随着环境管理工作的进一步发展，环境统计的范围和内容在不断地发生着变化，为了适应发展的需要，对环境统计指标体系也在不断地修改和完善。

中国现行环境统计指标体系包括工业污染与防治、生活及其他污染与防治、农业污染与防治、环境污染治理投资、自然生态环境保护、环境管理及环保系统自身建设等七个方面。根据每一个方面的行业状况，都提出了具体的统计指标。

二、绿色项目环境效益评估内涵

(一) 绿色项目环境效益指标设定

根据《国民经济和社会发展第十三个五年规划纲要》资源环境约束性目标和《"十三五"节能减排综合性工作方案》节能减排控制目标，与国家节能减排政策目标相一致，确定绿色项目环境效益评估指标共 7 项，分别为项目节能量、二氧化碳减排量、化学需氧量削减量、氨氮削减量、二氧化硫削减量、氮氧化物削减量、节水量。同时考虑行业特点，在一级指标基础上下设二级指标，例如，可按照项目节能特点，将节能量指标下二级指标分为直接节能量、间接节能量、替代化石能源量，以直接节能量指标反映节能改造等直接节能项目的节能量，以间接节能量反映再生资源回收加工等资源综合利用项目节能量，以替代化石能源量反映新能源项目节能量。通过一级指标与二级指标相互衔接，实现多层次、全方位地反映绿色项目的节能环保效益。

绿色项目环境效益评估指标可以体现项目建成投产后预期形成的年节能减排能力。融资所形成的年节能减排量按照融资额占项目的总投资的比例计算。

(二) 评估的基本原则

1. 科学有效原则

绿色项目环境效益测算，应依据国家主管部门制定的相关法律、法规、规章、制度，并借鉴国家标准、行业标准等节能减排测算原则，必要时聘请行业专家对方法进行评判，以保证其科学有效性。

2. 全覆盖原则

绿色项目环境效益测算方法学尽可能覆盖所有绿色项目。根据绿金委

《绿色债券支持项目目录（2015 年）》，其共分为 6 大类，针对性地设计适应具体行业的测算指标和测算方法，测算方法覆盖全面，形成绿色项目节能环保效益测算方法学体系。对于暂不具备条件建立成熟测算方法学项目，则继续深化研究，在条件成熟时予以补充完善。

3. 数据易获取原则

测算数据必须真实、可靠易获取，因此测算使用的基础数据均为项目及其所属行业基本经济技术参数，在行业内应用普遍，可从项目前期资料（如可研报告、环评报告、能评报告、建筑节能设计报告书等）中查寻获得，或从国家相关部门、行业协会公开发布数据中查寻获得，测算用基础数据易获取、可验证，权威性强。

4. 测算易操作原则

测算易操作原则指项目节能环保效益测算公式应用限制和约束条件相对较少、测算时使用的基础数据数量相对较少，测算用基础数据概念便于理解。

5. 持续改进原则

随着项目类型的增加或调整、新技术应用和行业测算方法的进步，不断调整和完善测算方法学，并根据国家政策调整和规范、标准的更新，定期更新基准参数数据库和调整测算方法学，坚持方法学体系的持续改进和完善。

（三）测算基准参数取值

测算基准参数按照如下原则取值：

1. 依据项目立项文件、可研报告、环境影响评价报告、节能评估报告等文件确定的基准参数数值取值。

2. 在项目资料（可研报告、环评报告等）无法提供完整基准参数的条件下（例如新建项目本身不存在改造前单位产品综合能耗），则按照国家权威部门普查或公开发布标准等数据取值。

3. 对于上述两种方式仍不能确定取值的基准参数，采用专家论证法，组织相关行业专家研究取值。

4. 对于不具备成熟条件确定基准参数的行业和项目，暂不确定其基准参数，不测算项目相关节能环保效益。

对于按照统一标准取值的基准参数，原则上采用全国通用标准数据，对于地方差异性较大的数据，则针对不同区域取值。例如对于燃煤平均硫分的取值，根据项目燃煤来源的不同，按照相应省市产出煤炭的平均硫分取值。按统一标准取值的基准参数可根据政策调整和行业技术发展情况适时调整、更新，以保证测算所用基准参数的权威性。

三、绿色项目环境效益测算方法

（一）绿色项目环境效益测算方法概述

1. 节能量

依据《节能量测量和验证技术通则》（GB/T 28750—2012）、《企业节能量计算方法》（GB/T 13234—2009）、《综合能耗计算通则》（GB/T 2589—2008）等标准，参考节能量审核及固定资产投资项目节能评估方法，本方法中节能量测算采用如下原则：

（1）采用技术改造措施实现节能效果的项目，采用前后对比法，即以改造前产品产量乘以改造前、后单位产品能耗差额核算项目节能量。

为简化测算，上述测算方法测算时以项目改造前能耗作为基准线。如节能改造对其他工序能耗产生影响（即存在能耗泄漏因素影响），则以适当扩大项目边界的方法消除该能耗泄漏影响。

（2）余热余压回收利用项目，以项目供电、供热等产出二次能源量核算项目节能量。

项目节能量测算以无项目作为测算基准线，并扣除项目自用能，避免能耗泄漏因素影响。测算时不考虑项目边界以外能耗泄漏因素影响（例如电力、热力的输配损耗）。

（3）太阳能发电及供热，风电、水电、地热能、生物质能利用等可再生能源项目，以项目产出电力、热力等二次能源测算项目替代化石能源量。

项目替代化石能源量测算以无项目作为测算基准线，并扣除项目自用能避免能耗泄漏因素影响。

2. 二氧化碳减排量

（1）具有节能量效益的项目，以项目节能量为基准，乘以项目节约主要能源品种的二氧化碳排放系数核算项目减排量。需求侧节电项目以该项目所在省份电力排放因子进行测算。

（2）可再生能源项目，以项目供电量、供热量或其他产出二次能源量为基准，计算项目替代化石能源量（标准煤），然后乘以替代化石能源的二氧化碳排放系数核算项目减排量。

以燃煤火电机组和工业锅炉排放因子作为可再生能源二氧化碳减排测算的基准线。对可再生能源发电、供热项目，分别按照全国火电平均供电煤耗和集中供热锅炉平均供热煤耗核算项目替代化石能源量（标准煤），再折算为原煤，然后按照单位热值原煤二氧化碳排放系数乘以替代化石能源量（折算为原煤）核算项目二氧化碳减排量。

3. 化学需氧量、氨氮削减量

化学需氧量、氨氮削减量测算主要参照《主要污染物总量核算细则》中治理设施建设新增削减量的计算方法，并且不考虑结构调整、关停、淘汰落后工艺的污染物削减量测算。

（1）污水治理设施形成的化学需氧量、氨氮的削减采用有无对比法测算，即以处理前污水化学需氧量、氨氮平均浓度分别与污水治理设施设计（或实际）出水化学需氧量、氨氮浓度相减后差额，乘以污水处理设施设计年污水处理量计算项目化学需氧量和氨氮削减量。

以无项目作为项目污染物削减测算基准线。为简化测算方法，污染物削减量计算中不考虑治理设施耗能及因此引起的污染物排放。

（2）因生产工艺改造减少化学需氧量和氨氮排放量的项目，通过改造前后工艺排放污染物的浓度差额及废水产生量差额，采用前后对比法核算项目化学需氧量和氨氮削减量。

4. 二氧化硫、氮氧化物削减量

新建脱硫、脱硝设施二氧化硫、氮氧化物削减量测算主要参照《主要污染物总量核算细则》治理设施建设新增削减量计算方法，并不考虑结构调整、关停、淘汰落后工艺的污染物削减量测算。

（1）脱硫、脱硝设施建设项目，通过设施效率核算项目该类污染物削减量。即以主体生产装置生产工艺的产污系数为基准，乘以设施脱硫、脱硝效率，核算经过设施治理后该类污染物的削减量，或者以设施前后烟气污染物浓度差额，乘以烟气排放量计算项目该类污染物削减量。

（2）具有节能效益的项目，以项目节能量乘以相应生产工艺的污染物产污系数，核算项目因减少化石燃料消耗而间接削减的污染物排放。

（3）可再生能源项目，以项目替代化石能源量（折算为原煤）为基准，然后按照全国火电（燃煤）机组单位燃料消耗量污染物平均产污系数核算项目所协同削减的该类污染物排放量。

5. 节水量

节水量的测算，采用前后对比法，以改造前、后单位产品水耗差额乘以改造前产品产量核算项目节水量，或以项目年供水量乘以改造前、后单位供水量漏失率差额计算项目节水量。对于非常规水源利用项目，以项目非常规水源利用量作为项目节水量。

（二）分行业环境效益测算方法

1. 节能

（1）工业节能

①重点工业行业装置/设施建设运营

项目范围：主要指国家颁布单位产品/工序能源消耗限额标准的行业，装置/设施产品能耗或工序能耗≤国家单位产品能源消耗限额标准先进值的项目。

环境效益：环境效益表现形式以符合国家能耗准入标准的项目为基准所具有的节能量、二氧化碳减排量，以年产品产量、单位产品综合能耗，对比国家能耗准入标准的单位产品能耗，计算节能量。

②热电（冷）联产项目

项目范围：指燃煤火力发电机组中容量≥300MW超超临界或超临界热电（冷）联产机组和背压式供热机组（背压式供热机组无机组容量限制）建设运营项目。

环境效益：相对于常规燃煤火电项目，该类项目具有显著的节能量、二氧化碳减排量及二氧化硫、氮氧化物削减量环境效益。以项目供电量、供热量，对照全国供电平均煤耗，全国集中供热平均煤耗计算节能量，对照全国燃煤火电机组平均二氧化碳排放系数以及二氧化硫和氮氧化物排污系数，计算二氧化碳、二氧化硫及氮氧化物减排量。

③特高压电网项目

项目范围：采用特定高效低耗技术，按特定技术直接认定特高压电网项目。

环境效益：项目具有间接节能量、二氧化碳减排量等环境成本效益。但该类项目环境效益的影响因素较为复杂，不适宜统一基准定量评价建议由第三方机构依据项目具体技术指标测算核证。

④生物质、低热值燃料供热发电等项目

项目范围：生物质、低热值燃料供热发电等项目主要指生物质等低热值燃料发电、供热项目。

环境效益指标：该类项目建成投入生产后，可替代电力、热力生产常规化石能源消耗，以项目供电量、供热量，对照全国供电平均煤耗，全国集中供热平均煤耗计算替代化石能源量。

⑤LED 照明等高能效产品利用项目

项目范围：包括 LED 照明、非晶合金节能变压器等高能效产品应用项目。

环境效益：以设计年照明电耗量、LED 照明相对普通照明的节能率计算节能量。

⑥节能技术改造项目

项目范围：被改造装置/设施/设备节能改造后满足如下标准之一：a. 装置/设施产品能耗或工序能耗≤国家单位产品能源消耗限额标准先进值；b. 改造后装置/设施/设备节能率≥相应行业/领域节能应用推广技术平均节能率/节能能力。采用《国家重点节能低碳技术推广目录（节能部分）》节能技术的改造项目，"上大压小、等量替换"集中供热改造项目，以及工业、交通、通信等领域其他类型节能技术改造项目。

环境效益：该类项目具有节能量、二氧化碳减排量等效益。另外，以一次能源作为主要生产原料、且污染物产生过程为燃烧过程的行业，根据项目节能量，增加二氧化硫、氮氧化物削减量评价指标。以年产品产量、改造前后能源实物量年消耗量或改造前后单位产品综合能耗计算节能量，根据二氧化碳排放系数计算二氧化碳减排量。

（2）可持续建筑

①新建绿色建筑

项目范围：指新建达到《绿色工业建筑评价标准》（GB/T 50878—

2013）二星级及以上标准的工业建筑和达到《绿色建筑评价标准》（GB/T 50378—2006）二星级及以上标准的住宅及公共建筑。

环境效益：项目具有节能量、替代化石能源量（适用于配套可再生能源利用设施的项目）、二氧化碳减排量、节水量等环境效益。以项目单位面积能耗、单位面积水耗计算节能量、节水量，根据二氧化碳排放系数计算二氧化碳减排量。

②既有建筑节能改造

项目范围：建筑围护结构节能改造、供热系统、采暖制冷系统、照明设备和热水供应设施节能改造等项目。

环境效益：该类项目具有节能量、二氧化碳减排量等环境效益。根据建筑面积、改造前后建筑单位面积能耗指标计算节能量，根据二氧化碳排放系数计算二氧化碳减排量。

（3）能源管理中心

项目范围：指采用自动化、信息化技术和集中管理模式，对企业能源系统生产、输配和消耗各环节（不限定包含所有环节）实施集中扁平化动态监控和数字化管理，改进和优化能源平衡，实现系统性节能降耗的能源管理管控一体化系统。

环境效益：该项目具有节能量、二氧化碳减排量等环境效益。对于管理的主体生产装置能源消费过程主要为燃料燃烧过程，且生产原料加工工艺过程不存在二氧化硫释放过程的项目，同时核算因节能附加的二氧化硫、氮氧化物削减量。以能源管理中心管理范围内生产装置年能源消费量（三年平均或装置设计年能耗）、能源管理中心预计实现的节能率计算节能量，根据二氧化碳排放系数计算二氧化碳减排量。

（4）具有节能效益的城乡基础设施建设

项目范围：包括但不限于以下类别：①城市地下综合管廊项目；②按照城市内涝及热岛效应状况，调整完善地下管线布局、走向以及埋藏深度的建设及改造项目；③根据气温变化调整城市分区供暖、供水调度方案，提高地下管线的隔热防潮标准的建设及改造项目。

环境效益：项目因统一规划，减少地下管线、电缆建设施工量及维修施工量，以及减少地下管线运行中能源损耗等原因，具有节能及二氧化碳减排等环境效益，但项目环境成本效益受气候、管廊利用情况等项目外部因素影响，不确定性较大，不适宜通过统一标准定量评价。

2. 污染防治

（1）污染物处理设施建设运营

项目范围：污水、污水处理副产污泥、大气污染物、城镇生活垃圾等固体废物（含危险废物、医疗垃圾等）处理、综合治理等污染处理、治理设施及最终处置设施等（含管网、收集中转储运等配套设施建设运营）。

①污水处理设施建设运营项目

环境效益：该类项目具有化学需氧量消减量、氨氮消减量、节水量等环境效益。依据污水处理量，进出水化学需氧量浓度、氨氮浓度计算化学需氧量消减量、氨氮消减量，依据中水产量计算节水量。

②污泥、垃圾处理设施项目

环境效益：具有污泥、垃圾无害化处理的环境效益。另外，污泥、垃圾焚烧发电、供热设施建设运营项目还具有节能效益。垃圾焚烧供电量、供热量，对照全国供电平均煤耗，全国集中供热平均煤耗计算替代化石能源量。

③水域综合治理项目

项目范围：包括污水处理设施建设、污染源关停或搬迁、水体清淤、河道整治（非航运目的）、饮用水源地保护等类型的水域污染综合治理项目。

环境效益：具有化学需氧量、氨氮消减，水域生态环境改善等环境效益。环境效益的影响因素较复杂，不确定性较大，不适宜以统一标准定量评价。

④大气污染物治理设施建设运营项目

环境效益：作为烟尘排放物终端处理设施，项目具有二氧化硫、氮氧化物消减和粉尘消减的环境效益。以设施年运行小时，处理前后烟气二氧化硫、氮氧化物浓度、粉尘浓度计算二氧化硫消减量、氮氧化物消减量和粉尘消减量。

⑤危险废弃物处置

项目范围：包括所有列入《国家危险废物名录》的危险废弃物无害化处理、最终处置项目。

环境效益：项目具有消除或隔绝危险废弃物影响的环境效益。环境效益评价指标为危险废弃物无害化处置量。

⑥农村面源污染等环境综合治理项目

项目范围：包括畜禽养殖、农药和化肥施用等农业生产污染防治、农村生活污水和垃圾处理设施建设、农村生产生活环境整治等类型环境综合治理项目。

环境效益：项目具有农村生产、生活垃圾无害化处理，农药、化肥施用污染管控等污染物排放减量化环境效益。另外，对于畜禽养殖配套沼气生产利用等类型项目，还具有替代化石能源量额外环境效益。项目环境效益的影响因素较复杂，不确定性较大，不适应通过统一标准定量评价。

（2）环境修复工程

①城市黑臭水体综合整治项目

项目范围：包括城市截污管道、污水收集管道建设项目、河道清淤工程项目、河湖岸带修复等生态修复工程项目以及其他水环境修复综合整治项目。

环境效益：该类项目虽无直接的节能量等效益，但是生态、环境等方面的环境和社会效益显著。项目定量环境效益难以精确评估。

②矿山土地复垦与生态修复项目

项目范围：包括煤矿等各类型矿产资源开发、开采造成的地表植被破坏、地面塌陷、土壤环境污染等损坏土地的植被恢复生态利用、耕地复垦恢复利用、建设用地开发利用等类型土地复垦与生态修复项目。

环境效益：该类项目虽无直接的节能量等效益，但是生态、环境等方面的环境和社会效益显著，环境效益主要体现在（耕地、林地、建设用地等）土地恢复及利用面积等方面。

③土壤污染治理及修复项目

项目范围：包括工业"三废"排放综合治理；农药、化肥使用控制；垃圾、污水无害化处理等土壤污染防治项目及采用物理、化学、生态修复等工程措施转移、吸收、降解、转化土壤中污染物有害物质，使土壤有害污染物浓度达到符合安全标准的土壤修复项目。

环境效益：该类项目虽无直接的节能量等效益，但是生态、环境等方面的环境和社会效益显著，符合安全利用标准的（耕地、林地、建设用地等）土地恢复及利用面积。

（3）煤炭清洁利用

①煤炭洗选和提质加工项目

项目范围：选煤厂建设运营项目、现有煤矿选煤厂技术升级改造项目、井下选煤厂示范工程项目以及全密闭煤炭优质化加工和配送中心建设运营等项目。

环境效益：项目具有提升煤炭品质、促进煤炭分级分质合理利用，减少二氧化硫污染物排放、减少粉尘污染及运输能耗等环境效益，但是该类项目环境效益的影响因素较为复杂，不适于统一标准定量评价。

②超低排放燃煤发电建设项目及现役燃煤机组超低排放升级改造项目

项目范围：指符合超低排放标准的燃煤电厂建设运营项目和技术升级

改造项目。

环境效益：对于超低排放燃煤发电建设项目，通过设计烟气中二氧化硫浓度、氮氧化物浓度、烟尘浓度，对比火力发电锅炉及燃气轮机组大气污染物排放浓度限值（二氧化硫、氮氧化物、烟尘）计算二氧化硫削减量、氮氧化物削减量、粉尘削减量；对于现役燃煤机组超低排放升级改造项目，根据改造后烟气二氧化硫浓度、氮氧化物浓度、烟尘浓度，对比改造前烟气二氧化硫浓度、氮氧化物浓度、烟尘浓度，计算二氧化硫削减量、氮氧化物削减量、粉尘削减量。

③传统煤化工改造提升项目

项目范围：煤焦化、煤制合成氨、电石等传统煤化工"上大压小""等量替代"项目，焦炉煤气、煤焦油、电石尾气等副产品高质高效利用项目。

环境效益：对比改造前后年产品产量、能源实物量年消耗量、二氧化硫年排放量、氮氧化物年排放量或改造前后单位产品综合能耗、单位产品二氧化硫排放量、氮氧化物排放量等计算项目的节能量、二氧化碳排放量、二氧化硫削减量、氮氧化物削减量。

3. 资源节约与循环利用

（1）节水及非常规水源利用

项目范围：工业节水技术改造、农牧业节水灌溉工程、城市供水管网改造以及水资源综合利用和非常规水源利用（含海水淡化、苦咸水、微咸水、再生水和矿井水处理利用等）设施建设运营；以及海绵城市配套设施建设运营项目。

①工业节水技术改造及非常规水源利用项目

环境效益：该类项目具有节水效益，对于工业节水技术改造项目，通过改造前后单位产品水耗及改造前产品产量等数据计算节水量；对于非常规水源利用项目，以项目非常规水源利用量作为项目节水量。

②农牧业节水灌溉项目

环境效益：该类项目具有节水效益，通过灌溉面积、实施前单位灌溉面积年平均耗水量、项目节水率等数据计算节水量。

③城市供水管网改造项目

环境效益：项目具有节水效益，通过供水管网改造前年平均供水量、改造前后管网漏失率计算节水量。

（2）尾矿、伴生矿再开发及综合利用

项目范围：指以提高资源利用率为目的的矿产资源尾矿、伴生矿再开发利用、资源高效利用以及回灌及综合利用等装置/设施建设运营。

环境效益：该类型项目具有尾矿、伴生矿再开发的资源利用环境效益，以（铜、铁等）资源回收量作为环境效益评价指标。

（3）工业固废、废气、废液回收和资源化利用

①工业固体废弃物回收和资源化利用

项目范围：包括燃煤火电粉煤灰、炼钢、有色冶金炉渣等工业生产固体废弃物，以及矿山开采煤矸石等固体废弃物回收生产建筑材料等固废资源化利用项目。

环境效益：项目具有工业固废资源化利用的环境效益，以固废利用量、固废资源化利用产品产量作为评价指标。

②工业废气、废液回收和资源化利用项目

项目范围：包括余热、余压、余能回收发电、供热及能源产品生产项目，废水回收处理循环利用项目等。

环境效益：余热、余压、余能回收发电、供热及能源产品生产项目，因能量回收利用，减少能源损失，具有直接节能效益及因节能带来的间接二氧化碳、二氧化硫及氮氧化物减排效益，以项目供电量、供热量，对照全国供电平均煤耗，全国集中供热平均煤耗计算节能量。以项目节能量（节电量）计算间接二氧化碳、二氧化硫及氮氧化物减排效益；废水回收

处理循环利用项目，以回收利用水量作为环境效益指标。

（4）再生资源回收加工及循环利用

项目范围：指工业等领域金属、非金属生产加工废料、碎屑的回收体系建设运营；报废汽车、废弃电器电子产品、废塑料、废钢铁、废有色金属等"城市矿产"资源回收、分拣、拆解体系、加工装置设施建设运营。

环境效益：项目具有资源循环利用的环境效益。以（铜、铁等）资源回收量作为环境效益评价指标。

（5）机电产品再制造

项目范围：指汽车零部件、工程机械、机床等机电产品再制造装置、设施建设运营。

环境效益：再制造产品相对于新产品具有节能效益，以再制造产品品种、再制造产品产量、再制造产品单位产品能耗，对比新产品能耗计算节能量。

（6）生物质资源回收利用

①非粮生物质液体燃料、生物燃气生产项目

项目范围：包括利用农作物秸秆、林业废弃物等非粮农林副产物生产燃料乙醇、丁醇、生物燃气等产品项目。

环境效益：项目具有生物质资源利用，替代化石能源消费的环境效益。以年生物质燃料产品产量、品种、低位热值，并扣除项目能源消费量计算替代化石能源量。

②农林生物质发电、供热项目

项目范围：包括利用农业秸秆、林业废弃物发电、供热等类型项目。

环境效益：项目具有替代化石能源环境效益，以年供电量、年供热量，对照全国供电平均煤耗，全国集中供热平均煤耗计算替代化石能源量，对于掺烧常规能源，需扣除掺烧常规能源消耗量。

③餐厨废弃物资源化利用项目

项目范围：包括利用餐厨垃圾、城乡生活垃圾等生物质废弃物资源生产生物柴油等能源产品以及发电、供热等项目。

环境效益：项目具有替代化石能源量环境效益，以年生物柴油量、年供电量、年供热量等，对照全国平均柴油能耗、全国供电平均煤耗，全国集中供热平均煤耗计算替代化石能源量。

4. 清洁交通

（1）铁路交通

项目范围：指铁路线路及场站、专用供电变电站等设施建设运营（含技术升级改造项目）。

环境效益：铁路运输是低能耗、低排放的运输方式，统计研究表明，铁路运输方式的单位运输量能耗强度一般低于公路运输方式，对于新建项目，以公路客运、货运为模拟基准线，测算项目间接节能量；对于铁路技术升级改造项目，以改造前后设施实际运输量单耗对比、运输量计算节能量。

（2）城市轨道交通

项目范围：指城市地铁、轻轨等轨道交通设施建设运营。

环境效益：统计研究表明，相对于城市私人小客车及城市公交运输，城市地铁、轻轨等轨道交通平均单位运输工作量能耗相对较低，城市轨道交通具有间接节能效益，以城市地铁、轻轨等客运工作量、平均人公里能耗，对照当地小客车及城市公交运输平均人公里能耗，计算间接节能量。

（3）城乡公路运输公共客运

项目范围：指公共客运运营所需的公共汽车、电车等公共交通车辆购置。

环境效益：统计研究表明，公共客运车辆虽然以车辆为衡量基准的单车百公里能耗（油耗）公交远高于私人小客车，但是以载客量为衡量基准的平均人均运输能耗（人公里）远低于私人小客车，发展公共交通，提高公交出行率，可形成客运运输结构调整形成的相对于私人小客车出行、出租车出行方式的间接节能量,以公共客运工作量、平均人公里能耗,对照当地小客车、出租车平均人公里能耗,计算间接节能量。

(4) 水路交通

①船舶购置

项目范围:更新淘汰老旧船舶,购置内河标准化船舶以及全面满足国际新规范、新公约、新标准沿海和远洋运输船舶;LNG 燃料动力内河船舶、海船、天然气动力客船、货船等。

环境效益:项目提升船舶性能,优化航运结构,可产生运输方式优化后的节能效益。船舶购置数量,设计油耗,设计荷载乘客数量,设计年运营里程等数据计算节能量。

②航道整治

项目范围:指内河高等级航道疏浚、整治工程项目。

环境效益:该类项目环境效益的影响因素较为复杂,不适于统一标准定量评价。

(5) 清洁燃油

项目范围:建设运营满足国Ⅴ汽油和国Ⅳ柴油生产工艺要求的高清洁性标准燃油生产装置/设施或既有汽、柴油生产装置清洁性标准提升技术改造项目(升级改造后满足国Ⅴ汽油、国Ⅳ柴油生产工艺要求)。生产符合国Ⅴ汽油标准的汽油产品和符合国Ⅳ柴油标准的柴油产品;以及抗爆剂、助燃剂等清洁燃油添加剂产品生产。

环境效益:油品品质的提高,对车辆满足第五阶排放限额指标具有基础保障作用,间接减少交通车辆氮氧化物排放,具有氮氧化物减排的环境效益。但该效益通过交通车辆对清洁油品的应用间接发生作用,在油品生产供应端难以依据统一标准定量评价。

(6) 新能源汽车

①零部件生产及整车制造

项目范围:指电动汽车、燃料电池汽车、天然气燃料汽车等新能源汽车整车制造、电动机制造、储能装置制造以及其他零部件、配件制造。

环境效益：新能源汽车（整车制造项目）具有相对于传统燃料汽车的二氧化碳减排、氮氧化物减排环境效益。以典型城市相应类型燃油车辆单车污染物排放和年行驶里程作为构造模拟基准线，核算项目相应环境效益。

②配套设施建设运营

项目范围：指新能源汽车配套充电、供能等服务设施建设运营。

环境效益：该类项目环境效益主要在新能源汽车应用中体现。

（7）交通领域互联网应用

项目范围：指以移动通信终端、通信基站、卫星定位设备、互联网等设备、设施为依托，应用物联网感知、大数据等技术开发建设的实现信息全面沟通、共享互通和资源统筹管理，直接以物流和交通设施为服务对象，提升现有交通、物流等设施服务能力和运营效率的软硬件设施和系统。

环境效益：该类项目环境效益的影响因素较为复杂，不适于统一标准定量评价。

5. 清洁能源

（1）风力发电

项目范围：指风力发电场建设运营（含配套风能监测、风电场功率预测系统、风电场群区集控系统等）。

环境效益：该类项目建成投入生产后，可替代电力生产常规化石能源消耗，具有替代化石能源消耗的间接节能效益以及由于减少化石能源消耗协同减少的二氧化碳排放和二氧化硫、氮氧化物等污染物削减效益。以项目供电量对照全国供电平均煤耗，计算替代化石能源量。以项目供电量对照全国燃煤火电机组平均二氧化碳排放系数以及二氧化硫和氮氧化物排污系数，计算二氧化碳、二氧化硫及氮氧化物减排量。

第二章　环境成本与环境效益

（2）太阳能光伏发电

项目范围：太阳能光伏发电站、太阳能高温热发电站（不含分布式太阳能光伏发电系统）建设运营。

环境效益：该类项目建成投入生产后，可替代电力生产常规化石能源消耗，具有替代化石能源消耗的间接节能效益以及由于减少化石能源消耗协同减少的二氧化碳排放和二氧化硫、氮氧化物等污染物削减效益。以项目供电量对照全国供电平均煤耗，计算替代化石能源量。以项目供电量对照全国燃煤火电机组平均二氧化碳排放系数以及二氧化硫和氮氧化物排污系数，计算二氧化碳、二氧化硫及氮氧化物减排量。

（3）智能电网及能源互联网

项目范围：指能够提高供、需负荷平衡和响应能力，显著改善电网综合能效、降低输变电损耗及增强可再生能源接入能力电网建设运营和技术升级改造项目。

环境效益：项目环境效益受电网内电源结构、负荷特征及结构等因素影响，不确定性较大，虽有显著环境效益，但不适宜统一基准定量评价。

（4）分布式能源

项目范围：指区域能源站（包括天然气区域能源站）、分布式光伏发电系统等分布式能源设施建设运营以及分布式能源接入及峰谷调节系统、分布式电力交易平台等能源管理系统建设运营。

环境效益：实践中大部分为天然气热电冷联产区域能源站、光伏发电项目，可参照热电联产及光伏发电计算方法核算环境效益。

（5）太阳能热利用

项目范围：指太阳能热利用装置/设施建设运营。

环境效益：此类项目相比燃煤锅炉及电供热，具有替代化石能源量、二氧化碳减排量等环境效益，以项目太阳能光热利用规模、单位利用规模折算标煤量计算替代化石能源量。

(6) 水力发电

项目范围：指以水力发电为目的的水库大坝、水工隧洞、电站厂房、发电机组等水利发电设施建设运营。

环境效益：此类项目建成投入生产后，可替代电力生产常规化石能源消耗，具有替代化石能源消耗的间接节能效益以及由于减少化石能源消耗协同减少的二氧化碳排放和二氧化硫、氮氧化物等污染物削减效益。以项目供电量对照全国供电平均煤耗，计算替代化石能源量。以项目供电量对照全国燃煤火电机组平均二氧化碳排放系数以及二氧化硫和氮氧化物排污系数，计算二氧化碳、二氧化硫及氮氧化物减排量。

(7) 其他新能源利用

项目范围：指利用地热能、海洋能及其他可再生能源发电的工程设施建设运营。

环境效益：此类项目建成投入生产后，可替代电力生产常规化石能源消耗，具有替代化石能源消耗的间接节能效益以及由于减少化石能源消耗协同减少的二氧化碳排放和二氧化硫、氮氧化物等污染物削减效益。以项目供电量对照全国供电平均煤耗，计算替代化石能源量。以项目供电量对照全国燃煤火电机组平均二氧化碳排放系数以及二氧化硫和氮氧化物排污系数，计算二氧化碳、二氧化硫及氮氧化物减排量。

6. 生态保护和适应气候变化

(1) 自然生态保护及旅游资源保护性开发设施建设运营

项目范围：自然保护区建设工程、生态修复及植被保护工程，以及自然生态保护前提下的旅游资源开发建设运营。

环境效益：此类项目具有良好的社会效益和环境效益，但环境效益的影响因素较为复杂，不适宜统一基准定量评价。

(2) 生态农牧渔业

项目范围：包括农牧渔良种育繁推一体化项目、农牧渔业有机产品生产等项目（含设施建设运营）。

环境效益：此类项目具有良好的社会效益和环境效益，但环境效益的影响因素较为复杂，不适宜统一基准定量评价。

（3）林业开发

项目范围：指森林抚育经营、可持续的林业开发等类型项目。

环境效益：该类项目需根据林业碳汇方法学开发公式，测算碳汇效益。

（4）灾害应急防控

项目范围：指灾害监测预警和应急系统、重要江河堤防及河道整治工程、水土流失治理、草原、森林生态保护等工程设施建设运营。

环境效益：此类项目具有良好的社会效益和环境效益，但环境效益的影响因素较为复杂，不适宜统一基准定量评价。

第三章 ESG 评估[①]

第一节 ESG 的定义、起源及发展

一、定义和起源

环境、社会和公司治理（Environmental, Social and Governance, ESG）是三个基于价值的评估因素，即业务和投资活动对环境的影响、对社会的影响，以及公司治理是否完善等。除公司治理因素这一所有投资者都会关注的长期影响因素外，高盛公司在《高盛2007年环境报告》中，把环境、社会责任因素与之整合在一起，提出了新的投资理念——ESG 投资，即指将影响环境、社会和公司治理的因素纳入投资决策之中。

在中国，ESG 投资也称三优投资[②]，即 ESG 投资的中文名称，类似于每个中国人都熟知的"三好学生"概念。"三好学生"是指在所有学生当中，挑选出思想品德好、学习好、身体好的优秀学生，授予其"三好学生"的称号。三优投资主要是指投资者在进行投资时，除考虑投资对象的财务指标因素外，还选择在环境、社会责任和公司治理（ESG）方面表现优秀的公司进行投资。

[①] 本章作者：王遥，中央财经大学绿色金融国际研究院院长、教授；施懿宸，中央财经大学绿色金融国际研究院助理院长、教授；黄湘黔，中央财经大学绿色金融国际研究院研究员、博士。感谢中证金融研究院马险峰副院长提供的论文资料，以及商道融绿董事长郭沛源博士提供的资料支持。

[②] 马险峰. 三优投资——投资理论与实践上的一场革命[M]. 北京：中国金融出版社，2018.

从定义上看，三优（ESG）投资理念，汇聚了包括道德投资、社会责任投资、社会影响力投资、绿色投资和可持续投资五个方面的投资理念。①

（一）道德投资

投资者开始明确将财务要素之外的因素纳入投资决策的起源，最早来自宗教对道德的诉求。"道德投资"期初是指不投资与酒、香烟、赌博甚至军火相关的企业，有的宗教组织早期宣布其会员不得从武器和奴隶交易中获益。伊斯兰教要求自己的宗教信仰者不得投资涉及猪肉生产、色情、赌博等企业。

（二）社会责任投资

19世纪末期，伴随工业化快速发展，一些企业间的并购重组增加，一些大型垄断企业在西方国家不断涌现，掌控这些企业的资本家及其家族逐步成为"敛财大亨"，劳资双方矛盾加剧。这迫使国家政府出台诸多法令，明确商业企业所要对社会承担的责任范围，用以限制企业及资本家在社会、经济甚至政治参与上的快速扩张。随着社会各界对种族问题、工人权益、环境保护问题的关注也越来越多，政府也开始要求企业除对股东负责以外，还必须对员工、消费者及周边环境负责。

20世纪80年代，专业社会责任评级机构和相关金融产品的出现促进形成了新的责任投资方法，也使得原来有着"社会责任投资理念"的投资者从"不为赚钱、只为社会责任"的投资意识向"社会责任和财务回报兼顾"的方向转变。由此开始盛行的投资理念可被称为现代"社会投资理念"，即在财务考量之外，将环境、社会等因素以多种方式纳入投资

---

① 五个方面的投资理念内容均摘自：马险峰. 三优投资——投资理论与实践上的一场革命[M]. 北京：中国金融出版社，2018.

评估和决策中。

1983 年英国 EIRIS 公司、1988 年美国 KLD 研究与分析有限公司等专业社会责任评级机构先后设立。1990 年全球第一只责任投资指数 Domini400 Social Index 的问世,"同类最佳投资"① 投资方式随后出现。全球报告倡议组织（GRI，2000 年成立）和联合国责任投资原则组织（UNPRI，2006 年成立）先后成立。2000 年英国立法出台社会责任投资养老信息披露监管制度。2001 年挪威石油基金实施一些社会责任投资政策。目前全球已有超过 1800 个组织加入 PRI，资产管理金额超过 68 万亿美元。

（三）社会影响力投资

21 世纪以来，国际上一些投资者开始将推动生态环境保护、帮助贫困人民获取医药、住房、教育和卫生保健等社会资源、降低失业率等更多社会因素纳入其投资决策中。2007 年洛克菲勒基金会提出"社会影响力投资"理念，并在 2010 年联合摩根大通将其定义为一种新的可供市场选择的资产类别。

目前，世界上一些重要的慈善基金会，以及一些主流投资银行，都先后开展社会影响力投资。全球社会影响力投资金额也在不断提升。全球影响力投资网络（全称为 Global Impact Investing Network，GIIN）的调查显示，投资机构承诺的影响力投资金额从 2015 年的 150 亿美元达到 2016 年的 177 亿美元。英国、美国政府已开始通过财税政策支持影响力投资。

---

① "同类最佳投资"，强调投资的多元化（不排除任何行业）、公司的领先地位（只投资在各行业表现最好的公司）以及定量测量方法（通过可持续发展指标给公司打分）。评价公司不再基于绝对指标，而是基于与同类公司的比较。在强调最优公司的理念下，这种投资方法大大提高了社会价值和财务价值的实现，同时鼓励公司争相履行企业社会责任。

（四）绿色投资

按照中国人民银行等七部委联合发布的《关于构建绿色金融体系的指导意见》（2016 年 8 月 31 日），绿色投资是指为支持环境改善、应对气候变化和资源节约高效利用的投资活动。绿色投资理念的形成是绿色经济发展的必然结果。"绿色经济"一词源自美国经济学家皮尔斯于 1989 年出版的"Blueprint for a Green Economy"。该书主张经济发展必须是自然环境和人类自身可以承受的，不会因盲目追求生产增长而造成社会分裂和生态危机，不会因为自然资源耗竭而使经济无法持续发展。

（五）可持续投资

可持续投资理念可以说是借鉴自联合国的可持续发展理念。2015 年 9 月，世界各国领导人在联合国峰会上通过了 2030 年可持续发展议程，该议程涵盖 17 个可持续发展目标。可持续发展指在不损害后代人满足其自身需要的能力的前提下满足当代人的需要的发展。要实现可持续发展，必须协调经济增长、社会包容和环境保护三大核心要素，消除贫穷是实现可持续发展的必然要求。可持续投资理念的核心也可以说就是 ESG 投资，即三优投资（见表 3 - 1）。

表 3 - 1　　　　　　　　2030 年可持续发展目标

目标	内容摘要
目标 2：促进可持续农业	建立可持续农业系统以适用气候变化、极端天气等
目标 6：可持续管理水和卫生环境	改善水质，减少污染和化学污水排放，提高全球回收利用比例
目标 7：人人负担得起可持续的现代能源	加强国际合作，促进获取新的清洁、可持续能源的研究和技术，促进对能源基础设施和清洁能源技术的投资

续表

目标	内容摘要
目标 8：促进持久，包容性和可持续经济增长	到 2030 年逐步改善消费和生产中的全球能源效率，努力使经济增长和环境退化脱钩
目标 9：建设有复原力的基础设施，促进具有包容性的可持续产业化	到 2030 年，所有国家根据自身能力采取行动，增加资源利用的效率，更多采用清洁和华宝技术及产业流程
目标 12：确保可持续消费和生产方式	通过预防、减排、回收再利用，减少废物产生；实现自然资源可持续管理和有效利用；鼓励各公司采取可持续做法，把可持续信息纳入周期报告
目标 13：采取紧急行动应对气候变化	将应对气候变化纳入国家政策、战略和规划
目标 14：保护和可持续利用海洋	防止和显著减少所有类型的海洋污染，可持续管理和保护海洋
目标 15：保护、恢复和促进可持续利用陆地生态系统	可持续管理森林，防治荒漠化，制止和扭转土地退化现象，遏制生物多样性丧失

资料来源：联合国官网，可持续发展目标——17 个目标改变我们的世界［EB/OL］.2017 - 12 - 10. http：//www. un. org/sustainabledevelopment/zh/sustainable - development - goals/.

二、ESG 的应用与发展[①]

（一）国际 ESG 系列指数

ESG 这一概念产生以后，被投资界所广泛接受，并迅速开始流行起来。包括明晟（MSCI）、标准普尔公司等在内各指数编制机构相继推出各类 ESG 指数产品，各资产管理机构也陆续推出相应的指数投资产品，这使得 ESG 系列指数的影响力日益增强。据统计，MSCI 公司近年来基于全

---

① 马险峰. 三优投资——投资理论与实践上的一场革命［M］. 北京：中国金融出版社，2018.

球 5500 多家上市公司编制了 100 多只 ESG 指数，以满足不同责任投资人的需要，欧洲斯托克指数（Stoxx）也与 ESG 研究服务机构 Sustainalytics 合作，开发了基于 ESG 评级的指数系列。除了针对特定企业的 ESG 评级之外，MSCI、Sustainalytics 等机构还开发了针对特定国家和特定行业的评级产品，为地区和行业的可持续发展提供评价依据。据统计，2016 年全球 ESG 投资基金的资产规模约为 23 万亿美元，占总管理资产的 26%。ESG 投资已经从边缘型的投资策略转变为主流的投资策略。

实践表明，ESG 指数具有良好的长期表现。从 2007 年 9 月 28 日至 2017 年 7 月 31 日近十年间，MSCI 新兴市场 ESG 领先指数平均年化收益率为 5.53%，高于 MSCI 新兴市场指数 1.48% 达 4.05 个百分点。同一时期，MSCI 全球市场 ESG 指数平均年化收益率为 4.98%，高于 MSCI 全球市场指数 4.26% 达 0.72 个百分点。

（二）国际 ESG 信息披露指引

与此同时，为应对全球气候变化、满足投资者不断发展的信息需求，更好地管理非财务绩效和应对环境及社会风险，国际上已有多家交易所、证券监管机构或者一些非政府组织提出要求上市公司披露 ESG 相关信息，有的交易所还推出了专门的信息披露指引，明确指导上市公司发布 ESG 报告。

在联合国层面，联合国负责任投资原则（UNPRI）长期致力于推动责任投资，贸发委、全球契约、环境规划署金融倡议和负责任投资原则于 2009 年共同发起成立了联合国可持续证券交易所倡议（以下简称 UN-SSE），致力于为全球的证券交易所、投资者、监管机构和企业之间提供有效沟通的平台，推动建设可持续的资本市场，加强上市公司 ESG 信息披露，推动可持续投资活动的开展。2015 年，UNSSE 发布了供交易所自愿采纳、面向上市公司的 ESG 信息披露指引。截至 2017 年 12 月 3 日，全球共有 67 家证券交易所（包括上交所、深交所）成为联合国可持续证券交易所倡仪的合作伙伴，承诺推动资本市场可持续发展。

(三) 国内 ESG 的实践与规范

在我国，随着社会对生态环境破坏、自然资源稀缺、食品安全、消费者维权的关注越来越多，以及西方社会责任投资理念的引进，我国开始自上而下推动"社会责任投资"理念。2005 年，国资委中国企业改革和发展研究会成立了"中国企业社会责任联盟"。2006 年，深交所发布了《上市公司社会责任指引》，明确上市公司在经营活动中应当遵纪守法，遵守商业道德，履行应尽的社会责任，如应当承担起职工、股东、债权人、供应商、客户及消费者权益保护、环境保护、社区关系和社会公益保护等多方面的责任。

与此同时，一些投资管理机构开始意识到具备社会责任意识的企业也意味着较低的投资风险。一些社会责任指数也开始发布。包括中银、兴全、建信、汇添富、财通等基金管理公司，相继推出社会责任基金产品。截至 2017 年 11 月 22 日，我国基金管理机构已推出以环保、低碳、新能源、清洁能源、可持续、治理、社会责任为主题的公募基金产品 101 只，基金规模达 784 亿元。但从整体上看，我国社会责任投资还处于发展初期，社会责任生态初步形成，一些大型机构投资者还处于观望状态，责任投资规模有待进一步扩大。

第二节 ESG 对评级和不同资产类别的影响[1]

在过去相当长一段时期，投资者着重关注的是企业财务指标，在选择

---

[1] 本节内容主要摘自：(1) 中国工商银行、汇丰银行在 2017 年 9 月发布的《2017 中英绿色金融中期报告》中所撰写的"ESG 因素对融资成本的影响"的主要内容。(2) 中央财经大学绿色金融国际研究院 2018 年 4 月发布的《中国上市公司 ESG 表现与财务绩效相关性研究》。(3) 中央财经大学绿色金融国际研究院 2018 年 10 月发布的《中国上市公司 ESG 表现与企业债券违约相关性研究》。

投资资产时看重公司未来创造现金流的能力及其折为现值是否高于其现行市场价格，对自然资源的使用几乎没有成本和风险。然而，随着全球进入可持续发展时代，自然资源已成为稀缺资源，环境和社会要素不能再无限供给，仅关注企业的财务指标进行投资将面临更多的不确定性和更大的风险。越来越多的研究表明，ESG 不仅会影响公司的融资成本，即股权融资成本和债券融资成本，也会影响个人投资者和机构投资者的投资收益。

一、ESG 因素对评级的影响

标普全球评级（SPGR）以 2013 年 11 月 19 日至 2015 年 10 月 21 日期间 300 个企业评级和监测报告为样本，研究了 ESG 风险对于评级的影响。在这些案例中，ESG 因素对评级回顾（ratingrevision）或评级本身均产生了重要影响。ESG 因素使得其中的 56 个案例发生了评级修订、评级观察或评级展望的变动，其中有 44 个案例（近 80%）是负面的。换言之，不利的 ESG 因素导致了评级的负面变动。迄今为止，ESG 风险敞口最大的行业是炼油和石油营销、公用事业以及电力和天然气行业。此外，MSCI 的研究也发现，国家 ESG 表现与总体金融风险指标表现差距越大的国家，未来几年被标普 S&P 降级的概率越大。

尽管有许多公司都声称将 ESG 因素纳入了经营决策，但真正将 ESG 融入信用风险分析却并非易事。目前，信用评级是否应当以及如何将 ESG 因素纳入考量，依然是一个颇具争议的问题。一些投资者希望对评级体系进行修订，以涵盖传统财务风险和违约风险之外的 ESG 风险，但另外一些则担心在信用评级中引入 ESG 因素会降低评级的有效性，使信用评级衡量偿债能力的目标受到其他因素的干扰。其实，上述问题可能与信用评级所关注的时间跨度有关。与投资经理（PM）相比，ESG 分析师往往更注重影响长期发展的因素。为了促进 ESG 信息的统计和披露，信用评级机构需要在 ESG 行业分类标准的制定中发挥关键作用。

二、ESG 因素对债券定价的影响

对债券投资者来说，如何按照传统的信用风险定价模式对 ESG 风险进行定价是一项挑战。一些信用投资者和金融机构正在寻求开发方法来准确地评估 ESG 风险。

例如，赫米斯公司（Hermes）开发了一套 ESG 风险度量指标——QESG 评分，研究该指标和四个信用违约互换（CDS）指数之间的关系[1]，QESG 评分中考虑了对公司当前和未来 ESG 风险的预期。通过将每个发行债券公司的 QESG 评分与其 CDS 的价差进行比较，可以发现：QESG 评分最低的公司往往拥有最大的 CDS 价差（见图 3-1）。尽管对于同一信用评级的公司而言，QESG 评分的差别很大，但公司的 QESG 评分与 CDS 利差之间的相关性表明，信用评级不能完全反映 ESG 风险，因此前者不能作为 ESG 风险的一个充分替代品。

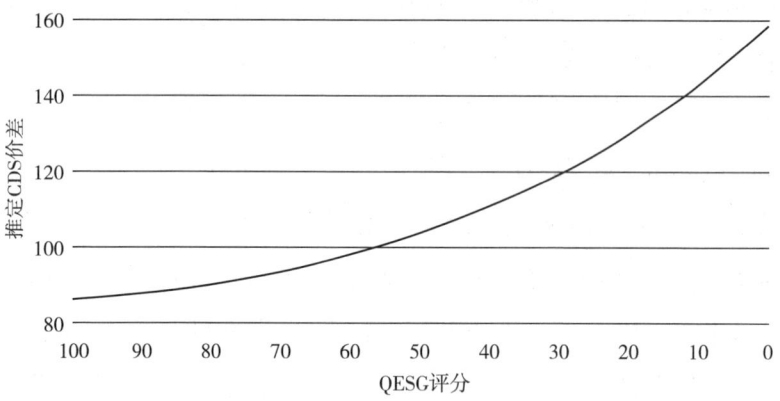

图 3-1　QESG 评分与企业 CDS 价差

MSCI 的研究发现，在许多情况下，ESG 表现较好国家的主权债收益

---

[1]　资料来源：彭博（Bloomberg）数据终端。

率比 ESG 表现不佳的国家更高（见图 3-2）。

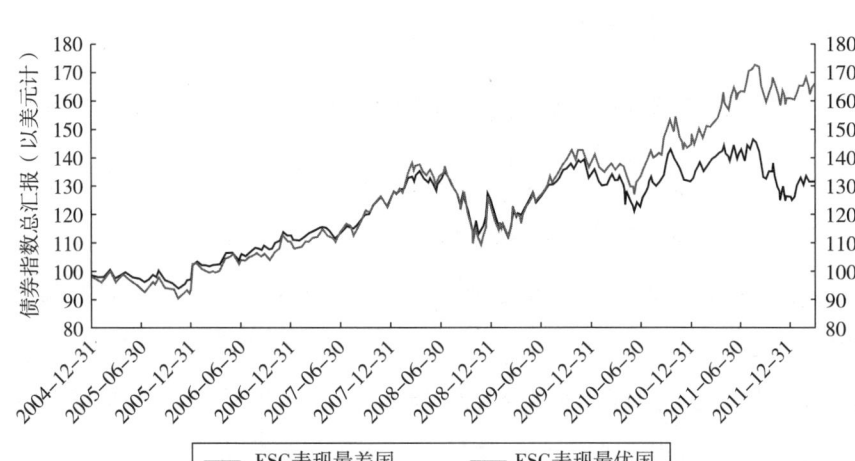

图 3-2 主权债券指数与 ESG 表现

以公司债券为例，布莱金瑞奇咨询公司（Breckinridge Capital Advisors）将 ESG 评分作为企业固定收益投资决策的主要参考依据。[①] 通过对哈雷摩托车和皮博迪能源两个案例的研究发现，ESG 因素是一项重要的财务可持续性指标。在哈雷摩托车案例中，他们发现尽管宏观因素会对不同行业带来不同的影响，但公司的 ESG 评分与期权调整价差（OAS）的变动之间却呈正相关关系。尽管相关性不等于因果关系，但哈雷投资者确实从管理层在 ESG 方面的努力中得到了回报。

中央财经大学绿色金融国际研究院研究团队使用自主开发的绿色和 ESG 评估体系对中国上市公司——沪深 300 进行绿色和 ESG 评分，并使用沪深 300 企业绿色和 ESG 评分作为数据库，进行实证研究。研究结果显示：（1）ESG 水平越高，企业债券违约或降级的概率越低；（2）绿色表现越好，企业债券违约或降级的概率越低；（3）ESG 水平越高，企业

---

① 资料来源：Breckinridge Capital Advisors［EB/OL］. www.bcorporation.net. 2017-07-22.

债券收益率越高;(4)绿色表现越好,企业债券收益率越高;(5)ESG水平越高,企业越倾向于发行绿色债券。

三、ESG因素对股权投资收益的影响

ESG因素对股权融资成本和市场的股价预期来说非常重要。ESG因素中的积极表现会对股权表现产生正面影响。

根据美银美林对美国股市的研究①,ESG度量已经成为预测股票未来波动性、收益风险、价格下跌和公司破产的有用指标。该银行基于2005—2015年的美国标普500数据的分析显示,"基于ESG的投资能够在规避美国股票的价格风险、收益风险甚至破产风险方面为长期股权投资者提供重要的好处"。详见图3-3。

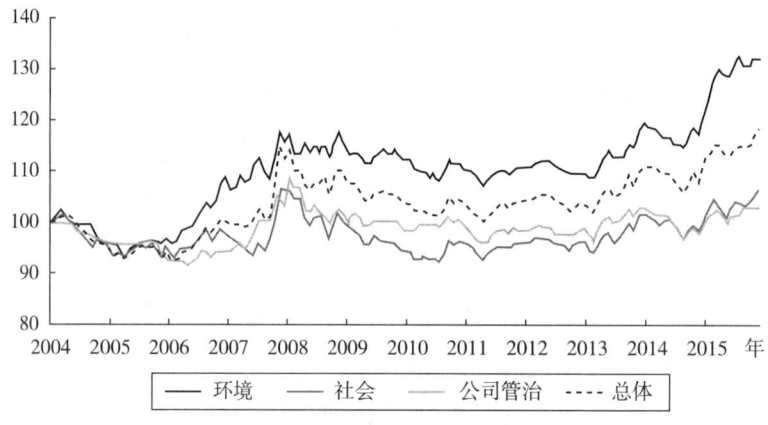

图3-3 ESG评分与企业股价的相对表现

中国工商银行(ICBC)最近的一份报告中,以企业环境保护处罚和彭博数据平台提供的ESG评级模型结果作为企业ESG表现的代理变量,研究了ESG因素同企业融资成本之间的关系,发现以下结论:沪深300

---

① 数据来源:汤森路透。根据ESG评分,排名前30%与排名后30%企业股价均值之比。2005年至2015年底,以美银美林集团评级范围以及ESG评级相关信息为基础。

成分股企业的环境处罚与股票走势呈现负相关关系,全部 A 股企业 ESG 表现越好,公司财务的长期绩效表现也越好。

基于工商银行 ESG 绿色评级体系,工商银行绿色金融课题组构建了上证 180 投资指数,发现自 2015 年以来,该指数优于上证 180 股票指数的表现,表明了 ESG 投资策略在中国资本市场的潜力(见图 3 – 4)。

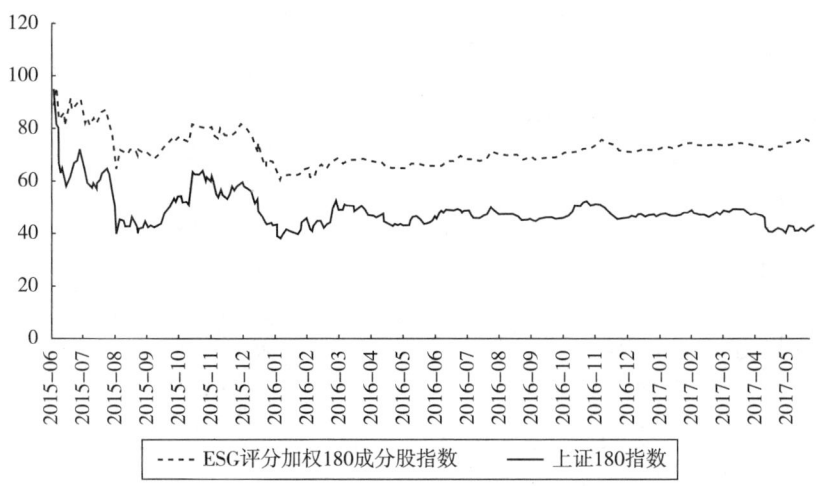

图 3 – 4　工商银行上证 180 投资指数与上证 180 指数变动走势

2017 年中央财经大学绿色金融国际研究院与中证指数有限公司、卢森堡证券交易所共同发布"沪深 300 绿色领先股票指数"。在 2017 年,沪深 300 绿色领先股票指数累计收益率在国内 29 只 ESG 指数中排名第三,在绿色股票指数中排名第一,年收益率达 25.85%,比沪深 300 指数年收益率高 4.07%。该指数收益为绿色表现能创造财务收益提供了有利的市场证据(见表 3 – 2)。

表 3 – 2　　　　　　2017 年 ESG 相关指数累计收益率排名

单位:%

排名	指数	代码	累计收益率
1	国证治理指数	399322.SZ	44.11
2	中小板治理指数	399650.SZ	32.17

续表

排名	指数	代码	累计收益率
3	沪深300绿色领先股票指数	931037.CSI	25.85
4	中证财通中国可持续发展100（ECPIESG）指数	000846.SH	25.5
5	中国低碳指数	H11113.CSI	24.14
6	上证社会责任指数	000048.SH	23.76
7	沪深300指数	000300.SH	21.78
8	中证ECPIESG可持续发展40指数	000970.SH	21.16
9	上证180公司治理指数	000021.SH	20.51
10	中证内地低碳经济主题指数	000977.SH	19.79
11	泰达环保指数	399358.SZ	18.54
12	中证环保产业50指数	930614.CSI	17.50
13	中证绿色投资股票指数	930956.CSI	16.55
14	上证绿色城镇指数	H50031.SH	16.08
15	中证内地新能源主题指数	000941.SH	14.80
16	中证绿色城镇指数	H30139.CSI	11.84
17	上证可持续发展产业主题指数	000114.SH	11.80
18	上证180碳效率指数	950081.CSI	9.26
19	中证新能源指数	399808.SZ	8.15
20	中证新能源汽车指数	399976.SZ	4.3
21	中证阿拉善生态主题100指数	399817.SZ	1.55
22	中证水环境治理主题指数	930854.CSI	1.12
23	中证大气治理主题指数	931022.CSI	-0.58
24	中证环保产业指数	000827.SH	-1.04
25	中证海绵城市主题指数	930853.CSI	-1.33
26	上证环保产业指数	000158.SH	-2.06
27	中证新能源产业指数	930771.CSI	-2.28
28	中证水杉环保专利50指数	930835.CSI	-6.13
29	中证环境治理指数	399806.SZ	-6.79

同时，以沪深300ESG领先指数为基础，选取由ESG分数排名前100的股票构成投资组合。对于两组指数在2015年1月1日到2016年12月1日进行投资，回测结果显示：沪深300指数期初投资100元，期末回收93.69元；而沪深300 ESG领先指数（按市值权重、等值权重、分数权重

不同的方式构建）期初投资 100 元，期末分别能回收 106.73 元、118.83 元和 121.40 元。由此可见，沪深 300 ESG 领先指数的投资收益远远高于沪深 300 指数（见图 3 - 5 至图 3 - 7）。

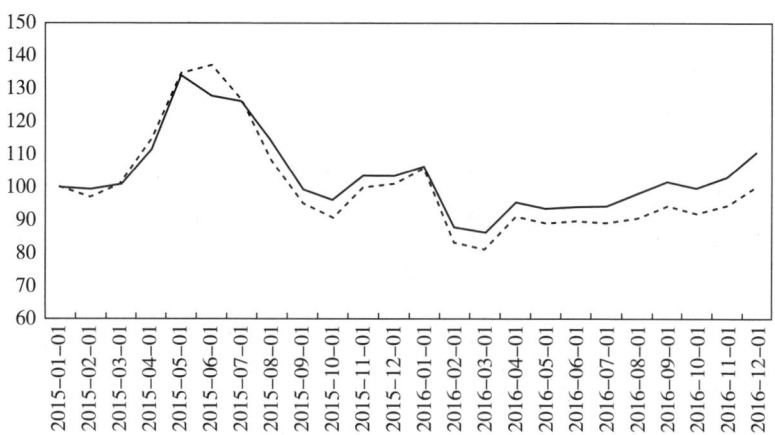

注：实线表示沪深 300 ESG 领先指数，期初投资 100 元，期末回收 106.73 元。虚线表示沪深 300 指数，期初投资 100 元，期末回收 93.69 元。

图 3 - 5　沪深 300 指数与沪深 300 ESG 领先指数投资组合收益对比（市值权重）

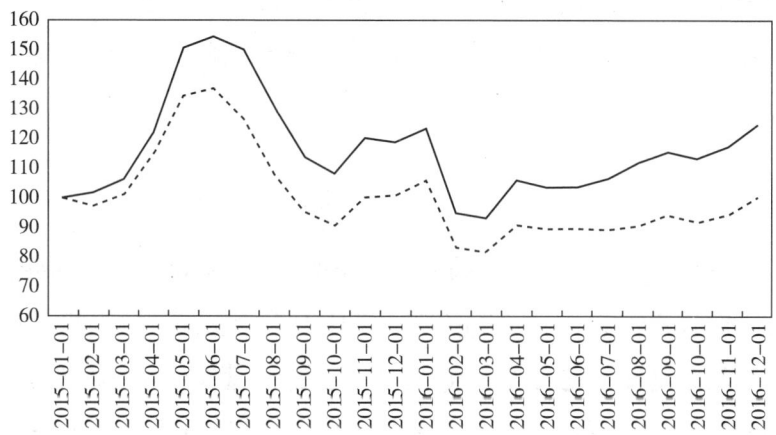

注：实线表示沪深 300 ESG 领先指数，期初投资 100 元，期末回收 118.83 元。虚线表示沪深 300 指数，期初投资 100 元，期末回收 93.69 元。

图 3 - 6　沪深 300 指数与沪深 300 ESG 领先指数投资组合收益对比（等值权重）

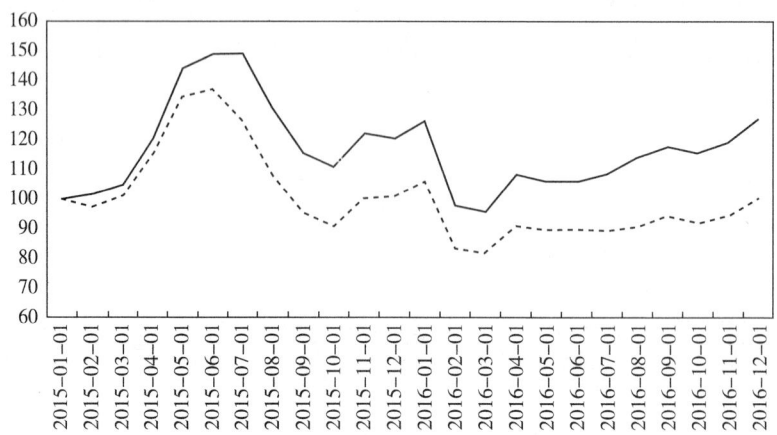

注：实线表示沪深 300 ESG 领先指数，期初投资 100 元，期末回收 121.40 元。虚线表示沪深 300 指数，期初投资 100 元，期末回收 93.69 元。

图 3-7　沪深 300 指数与沪深 300 ESG 领先指数投资组合收益对比（分数权重）

2018 年 4 月，基于自主研发的绿色、ESG 评估体系，中央财经大学绿色金融国际研究院使用中国数据开展关于 ESG 表现与财务绩效相关性的实证研究，为企业践行 ESG 提供了学术依据。研究结果显示：ESG 表现优异的上市公司能获得更高的股票收益、更低的股票风险以及更好的财务回报（资产收益率和净资产收益率）。

四、小结

通过分析可以看出，ESG 因素会影响评级，并影响到企业的融资成本和投资者的投资收益。应提升市场对 ESG 因素的认识，尽早将 ESG 因素纳入资产配置过程，决策者（政府、中央银行、监管机构）、投资者和其他的市场参与者需要采取更为具体的行动。建议监管者就 ESG 风险及其财务影响发出更积极的信号，鼓励更多的评级机构将 ESG 因素纳入传统信用评估中，制定一致的、可比较的方法推动上市公司对 ESG 表现进行披露，制定并推广可行的 ESG 评级标准框架，为公众和投资者提供可比较的企业 ESG 表现信息。对投资者来说，仍有大量投资者还未意识到 ESG 因素对其日益增加的重要性，应对 ESG 风险进行主动管理，并将结果整合到投资管理和绩效评估体系中。对企业来说，应前瞻性地判断 ESG 因素对其长期前景、估值和资本成本的积极影响，将 ESG 战略更加有效地整合到其组织中。

第三节 ESG 的信息披露规范

随着资本市场越来越关注上市公司的可持续发展能力，ESG 信息披露提上日程。当前，对 ESG 的信息披露规范，既有国际组织提出的相关指引，如联合国可持续责任投资倡议（UNPRI）对公司 ESG 信息披露的指引，联合国可持续证券交易所倡议（UNSSE）在 2015 年发布的供交易所自愿采纳的上市公司 ESG 信息披露指引，也有交易所发布的强制信息披露办法，如我国香港联合交易所 2015 年 12 月发布的《环境、社会及管治报告指引》，要求部分指标"不遵守即解释"；上海证券交易所发布《上市公司环境信息披露指引》《〈公司履行社会责任的报告〉编写指引》，深圳证券交易所发布的《上市公司社会责任指引》等，都释放出中国资本市场推进可持续发展的积极信号。

一、联合国责任投资原则（UNPRI）的公司 ESG 信息披露指引

联合国责任投资原则（UNPRI）由联合国前任秘书长科菲·安南于 2006 年发起，是联合国环境规划署金融倡议（UNEPFinance Initiative）和联合国全球契约（UNGlobal Compact）协作的一项投资者倡议。全球超过 540 家机构联名签署，旨在号召决策人将环境、社会和治理（ESG）因素纳入投资决策当中。UNPRI 共包含六项具体原则：一是将环境、社会和治理（ESG）议题纳入投资分析和决策过程中；二是成为积极的资产所有

者，将 ESG 议题整合至所有权的政策和实践中；三是要求投资机构适当披露 ESG 资讯；四是促进投资业接受并实施 PRI 原则；五是建立合作机制，提升 PRI 原则实施的效能；六是汇报 PRI 原则实施活动与进程。UN-PRI 鼓励投资者自发、自愿参与，而非强制实施。这项原则的问世也为个人和机构投资者进行 ESG 投资提供了理论基础和实践指导（见表3-3）。

表3-3 联合国责任投资原则（PRI）对公司 ESG 信息披露的指引

要素	披露内容
环境	气候变化；温室气体（GHG）排放；资源枯竭，包括水资源；固废和污染，森林砍伐。
社会	工作条件和工作流程，客户/员工待遇；当地社区，冲突；健康和安全；员工关系及多样性。
公司治理	高管薪酬；贿赂和腐败；政治游说和捐款；董事会构成及多样性；税收政策。

资料来源：Principles for Responsible Investment（2016）［EB/OL］.2017-12-15. http://www.unpri.org/about.

二、联合国可持续交易所（SSE）倡议的 ESG 信息披露指引

联合国可持续证券交易所（SSE）倡议由联合国秘书长潘基文于2009年发起，联合国下的贸发会议、全球契约、负责任投资原则（UNPRI）和环境署金融倡议（UNEPFI）联合设立。SSE 倡议是一个点对点的学习平台，探讨交流决策者、监管机构、投资者和公司之间如何合作，共同促进负责任的投资及可持续发展。世界各地的证券交易所都被邀请加入这一倡议，签署一项自愿的公共承诺，在其市场上推广可持续的商业行为。SSE 编制了《向投资者报告环境，社会和治理（ESG）信息的示范指南》，该报告是证券交易所的自愿技术工具（见表3-4）。

表3-4　　联合国可持续交易所倡议的 ESG 信息披露指南内容

ESG	指标	衡量标准（年度，如无特殊说明）
环境	直接和间接温室气体排放	总排放量，吨
	碳排放强度	总排放量相对于总销售收入
	直接和间接能源消耗	总排放量，MWh
	能源强度	每 M^3 使用的直接能源总量
	初级能源	标明直接使用的具体的能源种类
	可再生能源强度	直接能源消耗占可再生资源的比例
	水资源管理	消耗、重复利用和回收的水的总量
	废物管理	产生、重复利用和回收的废物的种类和总量
	环境政策	公司是否发布和遵守了环境政策：是，否
	环境影响	公司是否在法律/规范上被要求承担环境影响责任：是，否
社会	CEO 薪酬比例	比例：CEO 工资和奖金比全职员工（FTE）工资中位数
	性别薪酬比例	比例：男性工资中位数比女性工资中位数
	员工流动比率	全职员工、合同工、顾问人数的改变百分比
	性别多样性	全职员工、合同工、顾问人数中女性占比
	临时工比例	兼职员工、合同工、临时工占据的百分比
	无犯罪	公司是否发布和遵守无犯罪政策：是，否
	受伤率	受伤，意外死亡人数占总员工的人数的比例
	国际健康	公司是否发布和遵守职业性和全球健康问题的政策：是，否
	童工和强迫劳工	公司是否在供应链端禁止使用童工和强制劳工：是，否
	人权政策	公司是否发布了人权政策或说明：是，否
	人权侵犯	侵权事件的存档、处理和解决的件数
治理	董事会——多样性	独立董事和女性在董事会的比例
	董事会——权力分离	公司是否允许 CEO 进入董事会、出任主席职位或者领导董事会
	董事会——秘密投票	公司董事会投票是否会公开：是/否
	有激励制度的薪酬	公司的高管是否被激励地去践行 ESG：是，否
	劳工公平制度	公司（或供应商）是否禁止员工成立组织：是，否
	供应商选择准则	公司是否公布和遵守供应商选择标准：是，否
	道德准则	公司是否公布和遵守道德准则：是，否
	反腐/反贿赂准则	公司是否公布和遵守反腐/反贿赂：是，否
	税务透明	公司是否公布和遵守一个被董事会监管的税务准则：是，否
	可持续报告	公司是否公布可持续发展报告：是，否
	整体框架披露	公司是否公布 GRI、CDP、SASB 或者 UNGC 披露
	外部检验/担保	公司的 ESG 披露是否有独立第三方检验或担保：是，否

资料来源：WFEESG Recommendation Guidanceandmetrics，世界证券交易所联合会 ESG 披露建议和指南［EB/OL］．［2017-12-10］．http：//www.sseinitiative.org/．

三、香港联合交易所的 ESG 报告指引

2015 年 12 月 21 日，香港联合交易所（以下简称联交所）正式发布《环境、社会及管治报告指引》（以下简称《指引》）咨询结果，要求所有在港上市公司于 2016 年财政年度开始参照修订后《指引》发布环境、社会及管治（ESG）报告。因为企业管治（治理）已于《主板上市规则》附录十四披露，《指引》分为环境和社会两个主要范畴，包括 11 个层面共 43 个一般披露及关键绩效指标，其中 23 个指标分阶段提升至"不遵守即解释"。《指引》要求，上市公司的 ESG 报告既可以登载在年报中，也可以独立成一份报告，或登在发行人网站上（见表 3-5）。

表 3-5　　　　香港《环境、社会及管治报告指引》的内容

主要范畴、层面、一般披露及关键绩效指标		
	不遵守就解释	建议披露
A. 环境		
层面 A1：排放物	一般披露 有关废气及温室气体的排放；向水及土地的排污；有害及无害废弃物的产生等的： (a) 政策，及 (b) 遵守及严重违反相关准则、规则及规例的资料 注：废气排放包括氮氧化物、硫氧化物及其他受国家法律及规例规管的污染物。 温室气体包括二氧化碳、甲烷、氧化亚氮、氢氟碳化合物、全氟化碳及六氟化硫。 有害废弃物指国家规例所界定者。	
	关键绩效指标 A1.1	排放物种类及相关排放数据
	关键绩效指标 A1.2	温室气体总排放量（以吨计算）及（如适用）密度（如以每产量单位、每项设施计算）

续表

		不遵守就解释	建议披露
层面A1：排放物	关键绩效指标A1.3	所产生有害废弃物总量及密度	
	关键绩效指标A1.4	所产生无害废弃物总量	
	关键绩效指标A1.5	描述减低排放量的措施以及取得的成果	
	关键绩效指标A1.6	描述处理有害及无害废弃物的方法，减低产生量的措施及取得的成果	
层面A2：资源使用	一般披露： 有效使用资源（包括能源、水及其他原材料）的政策。 注：资源可用于生产、储存、运输、楼宇及电子设备等。		
	关键绩效指标A2.1	按类型划分的直接及间接能（如电、气或油）总耗量（以千个千瓦时计算）及密度（如以每产量单位、每项设施计算）	
	关键绩效指标A2.2	总耗水量及密度（如以每产量单位、每项设施计算）	
	关键绩效指标A2.3	描述能源使用效益计划及所得成果	
	关键绩效指标A2.4	描述求取适用水源上刻有任何问题，以及提升水效益的计划及所得成果	
	关键绩效指标A2.5	制成品所用包装材料的总数（以吨计算）及（如适用）每生产单位占量	

续表

	不遵守就解释		建议披露
层面 A3：环境及天然资源	一般披露：减低营运对于环境及天然资源的重大影响政策		
	关键绩效指标 A3.1	描述业务活动对于环境及天然资源的重大影响及已采取管理有关影响的行动	

主要范畴、层面、一般披露及关键绩效指标			
	不遵守就解释		建议披露
B. 社会			
雇佣及劳工常规			
层面 B1：雇佣	一般披露：有关薪酬及解雇，招聘及晋升，工作时数，假期，平等机会，多元化及其他待遇福利的：(a) 政策，及(b) 遵守及严重违反相关准则、规则及规例的资料	关键绩效指标 B1.1	按雇佣类型，年龄组别及地区划分的雇员总数
		关键绩效指标 B1.2	按年龄组别及地区划分的雇员流失比例
层面 B2：健康与安全	一般披露：有关提供安全工作环境及保障雇员避免职业性危害的：(a) 政策，及(b) 遵守及严重违反相关准则、规则及规例的资料	关键绩效指标 B2.1	因工作关系而死亡的人数和比例
		关键绩效指标 B2.2	因工伤损失的工作日数
		关键绩效指标 B2.3	描述所采纳的职业健康与安全措施，以及相关执行及监察方法
层面 B3：发展及培训	一般披露：有关提升雇员履行工作职责的知识及技能的政策，描述培训活动。注：培训指职业培训，可包括由雇主付费的内外课程。	关键绩效指标 B3.1	按雇员类别（入高级管理层，中级管理层等）划分的受训雇员百分比
		关键绩效指标 B3.2	按雇员类别划分，每名雇员完成受训的平均时数

续表

	不遵守就解释	建议披露	
层面B4：劳工准则	一般披露： 有关防止童工或强制劳工的： (a) 政策，及 (b) 遵守及严重违反相关准则、规则及规例的资料	关键绩效指标B4.1	描述检讨招聘惯例的措施以及避免童工和强制劳工
		关键绩效指标B4.2	描述在发现违规情况时消除有关情况采取的步骤
运营惯例			
层面B5：供应链管理	一般披露： 管理供应链的环境及社会风险政策	关键绩效指标B5.1	按地区划分的供应商数目
		关键绩效指标B5.2	描述有关聘用供应商的惯例，向其执行有关管路的供应商数目及有关管路的执行及监管方法
层面B6：产品责任	一般披露： 有关所提供产品和服务的健康与安全、广告、标签及私隐事宜及补救方法的： (a) 政策，及 (b) 遵守及严重违反相关准则、规则及规例的资料	关键绩效指标B6.1	已售或已运送产品总数中因安全与健康利用而回收的百分比
		关键绩效指标B6.2	接收关于产品及服务的投诉数目以及应对方法
		关键绩效指标B6.3	描述与维护及保障知识产权的惯例
		关键绩效指标B6.4	描述质量检定过程及产品回收程序
		关键绩效指标B6.5	描述消费者资料保障及隐私政策，以及相关执行及监察方法
层面B7：反贪污	一般披露： 有关防止贿赂、勒索、欺诈及洗黑钱的： (a) 政策，及 (b) 遵守及严重违反相关准则、规则及规例的资料	关键绩效指标B7.1	关于汇报期内对发行人或其雇员提出并已审结的贪污诉讼案的数目及诉讼结果
		关键绩效指标B7.2	描述防范措施及举报流程，以及相关执行及监察方法

续表

	不遵守就解释	建议披露	
层面 B8：社区投资	一般披露：有关以社区参与来了解营运所在社区需要和确保其业务活动会考虑社区利益的政策	关键绩效指标 B8.1	专注贡献范畴（如教育、环境事宜、劳工需求、健康、文化、体育）
		关键绩效指标 B8.2	在专注范畴所动用资源（如金钱或时间）

资料来源：香港联合交易所．环境、社会和管治报告指引（2016） ［EB/OL］．http：//www.sseinitiative.org/esg-guidance/.2017-12-12.

四、国内证券交易所涉及 ESG 的信息披露规范

目前，中国证监会和证券交易所正在研究制定 ESG 信息披露规范。此前，已分别有环境和治理相关的指引。其中，2002 年 1 月，中国证监会和原国家经贸委联合发布了《上市公司治理准则》（以下简称《准则》），这份《准则》阐明了我国上市公司治理的基本原则、投资者权利保护的实现方式，以及上市公司董事、监事、经理等高级管理人员所应当遵循的基本的行为准则和职业道德等内容。除此之外，上海证券交易所和深圳证券交易所分别公布了与环境信息披露和企业社会责任有关的规范。

（一）上海证券交易所有关 ESG 的信息披露规范

2008 年 5 月，上海证券交易所发布《关于加强上市公司社会责任承担工作暨发布〈上海证券交易所上市公司环境信息披露指引〉的通知》，上海证券交易所在《公司履行社会责任的报告》编制指南中，鼓励上市公司编制和披露社会责任、可持续发展、环境责任、企业公民等报告，其鼓励重点关注的内容包括：

1. 公司在促进社会可持续发展方面的信息，例如对员工健康及安全的保护、对所在社区的保护及支持、对产品质量的把关等；

2. 公司在促进环境及生态可持续发展方面的信息，例如如何防止并减少污染、如何保护水资源及能源、如何保证所在区域的适合居住性，以及如何保护并提高所在区域的生物多样性等；

3. 公司在促进经济可持续发展方面的信息，例如如何通过其产品及服务为客户创造价值、如何为员工创造更好的工作机会及未来发展、如何为其股东带来更高的经济回报等。

同时，在披露时必须保证报告内容不存在任何虚假记载、误导性陈述或重大遗漏，公司董事会及全体董事对其内容的真实性、准确性和完整性承担个别及连带责任。上海证券交易所也鼓励上市公司聘请独立第三方对报告的真实性进行验证。

（二）深圳证券交易所上市公司社会责任指引

深圳证券交易所于 2006 年发布了《深圳证券交易所上市公司社会责任指引》。该指引一共分为八个章节，38 项条例，分别对上市公司关于股东和债权人权益保护；职工权益保护；供应商、客户和消费者权益保护；环境保护与可持续发展；公共关系和社会公益事业；制度建设与信息披露等方面进行了规范（见表 3-6）。

表 3-6　　　深圳证券交易所上市公司社会责任指引

章节	重点条例
股东和债权人权益保护	➢ 公司应完善治理结构 ➢ 定期召开股东大会 ➢ 制定长期和相对稳定的利润分配政策 ➢ 确保公司财务稳健 ➢ 严格按照有关法律、法规、规章和本所业务规则的规定进行信息披露 ➢ 及时向债权人通报与其债权权益相关的重大信息

续表

章节	重点条例
职工权益保护	➢ 公司应依法保护职工的合法权益 ➢ 尊重职工人格和保障职工合法权益，关爱职工 ➢ 建立、健全劳动安全卫生制度，最大限度地防止劳动过程中的事故，减少职业危害 ➢ 建立职业培训制度 ➢ 不得干涉员工信仰自由 ➢ 建立起职工董事、职工监事选任制度，确保职工在公司治理中享有充分的权利
供应商、客户和消费者权益保护	➢ 公司应对供应商、客户和消费者诚实守信 ➢ 保证其提供的商品或者服务的安全性 ➢ 敦促客户和供应商遵守商业道德和社会公德 ➢ 严格监控和防范职工与客户和供应商进行的各类商业贿赂活动 ➢ 妥善保管供应商、客户和消费者的个人信息 ➢ 提供良好的售后服务
环境保护与可持续发展	➢ 公司应指派具体人员负责公司环境保护体系的建立、实施、保持和改进 ➢ 尽量采用资源利用率高、污染物排放量少的设备和工艺 ➢ 排放污染物的公司，应依照国家环保部门的规定申报登记 ➢ 定期指派专人检查环保政策的实施情况
公共关系和社会公益事业	➢ 在经营活动中，公司应充分考虑社区的利益 ➢ 在力所能及的范围内，积极参加所在地区的公益活动 ➢ 主动接受政府部门和监管机关的监督和检查
制度建设与信息披露	➢ 公司应根据本指引的要求建立社会责任制度 ➢ 将社会责任报告与年度报告同时对外披露

资料来源：深圳证券交易所，《深圳证券交易所上市公司社会责任指引》［EB/OL］2006－09－25. http://www.szse.cn/main/disclosure/bsgg_front/9299.shtml.

第四节 ESG 评估方法

随着 ESG 越来越受到各个部门，包括企业、投资者以及政府的重视，如何衡量企业 ESG 表现变得尤为重要。随着 ESG 的不断发展，国际 FTSERusselESG 排名、MSCIESG 评级、道琼斯可持续指数和富时指数的 ESG 评估方法受到更多关注。同时，国内也出现了多个 ESG 评估体系，包括已公布的中国工商银行 ESG 评价体系、融绿—财新 ESG 美好 50 指数的 ESG 评估方法；中国证券基金业协会正在开展对于上市公司和基金业的 ESG 评价研究；中央财经大学绿色金融国际研究院在其应用于指数的"绿色评估"体系基础上，已开发"企业 ESG 评估方法"并将其应用于 ESG 指数。此外，一些评级机构、咨询公司均在开展相关的研究。这些评估评级方法利用公司社会责任报告、公司年报、新闻等多个渠道收集信息，对公司的环境、社会和治理进行量化评分评级，希望为投资者提供企业 ESG 表现的参考。

一、FTSERussell 的 ESG 排名方法[①]

FTSERussell 的 ESG 排名方法由 3 个支柱、14 个主题和超过 300 个指标构成，其通过数据模型，使投资者能从多个维度，全面了解公司的 ESG 现状。其中，3 个支柱即环境、社会和治理。环境支柱下的主题包括：生物多样性、气候变化、污染和资源、供应链、水的使用。社会支柱下的主题包括：对顾客的责任、健康与安全、人权与社区、劳工标准、供应链。治理支柱下包含的主题有：反腐、政府治理、风险管理、税收透明程度。每个主题下还包含若干指标，一共有超过 300 个具体的

---

① 资料来源：FTSE Russell ESG Ratings［2017 – 12 – 11］. http：//www.ftse.com/products/indices/f4g – esg – ratings.

细化指标。

FTSERussell 的 ESG 排名方法平均对每个公司使用超过 125 项指标。每个公司的评分由该公司在每个支柱和主题上的评分和公司在该主题的曝露程度（exposure）共同决定。例如，公司 A 是一个化工类公司，那 A 公司在环境支柱上的评分权重会高于其他两个支柱，因为 A 公司在环境支柱上的曝露程度更高，环境事件与公司的 ESG 排名相关程度更高。当前，FTSERussell 通过对全球 46 个发达和发展中国家的超过 4100 只股票进行排名，形成了 FTSEAll – World 指数、FTSEAll – Share 指数和 Russell1000 指数（见表 3 – 7）。

表 3 – 7 　　　　　　　　FTSERussell 的 ESG 评分体系

ESG 指标						构成
环境		社会		治理		
评分：评估公司在环境事件上的管理质量	曝露程度：衡量环境事件与公司的相关程度	评分：评估公司在社会事件上的管理质量	曝露程度：衡量环境事件与公司的相关程度	评分：评估公司在治理事件上的管理质量	曝露程度：衡量治理事件与公司的相关程度	3 个支柱
生物多样性，气候改变，污染和资源，供应链，水的使用		对顾客的责任，健康与安全，人权与社区，劳工标准，供应链		反腐，政府治理，风险管理，税收透明程度		14 个主题
平均对每个公司排名使用超过 125 个指标						300 + 个指标

二、MSCI 的 ESG 评级方法[①]

MSCIESG 评级是由 140 多位经验丰富的分析师，关注公司所处的行

---

① 资料来源：MSCI ESG Research LLC，[EB/OL]［2017 – 12 – 10］. https：//www.msci.com/esg – ratings.

业面临的机遇和挑战，通过对 37 项指标和成千上万的数据进行分析，作出的公司评级。公司相对于行业平均，排名等级从 AAA～CCC 级。AAA 级代表最好，CCC 级代表最差。

（一）数据来源

MSCI 的 ESG 评级来源于其庞大的数据库支持，包括：第一，宏观数据，科研机构、政府和非盈利机构的数据库，如 World Bank，USEPA。第二，公司数据，来自于公司年报、可持续报告、代理投票权报告、AGM 结果等。第三，政府数据库，来自于 1600 多家媒体和其他利益相关者资源。

（二）评级方法

MSCIESG 评级方法是衡量每个公司在环境、社会和治理 3 个支柱下的 10 个主题，以及 37 项 ESG 关键事项下的表现。同时关注每个公司所在的行业在每个主题的风险曝露程度和对该项风险的转移策略。风险曝露程度分为 0～10 共 11 个级别，0 代表公司在该项指标下没有风险曝露，10 代表风险曝露程度最高。根据公司在每个指标的风险曝露程度和风险转移策略的加权平均进行评级。

例如，A 公司和 C 公司同样是供电公司，A 公司采用传统发电的方法，C 公司采用新能源发电。A 公司在碳排放这一项的风险曝露程度高（例如 A 公司是 8，C 公司是 4），如果 A 公司和 C 公司在碳排放减少这件事上的策略，或努力程度是一样的，A 公司的评级会更低，因为 A 公司的风险曝露程度高。同时，如果 C 公司想获得和 A 公司一样的评级，C 公司可以在碳排放减少这件事上付出的努力少于 A 公司（见表 3-8）。

表 3-8　　　　　　　　　MSCI 的 ESG 评级体系

3 个支柱	10 个主题	37 个 ESG 关键事项
环境	气候改变	碳排放，产品碳足迹，融资环境影响，气候变化脆弱性
	自然资源	水资源压力，生物多样性和土地使用，原材料来源
	污染和浪费	废气排放和浪费，包装材料和浪费，电力资源浪费
	环境机会	清洁科技，绿色建筑，可持续能源
社会	人力资本	劳动力管理，安全和健康，人力资本开发，供应链和劳工标准
	产品责任	产品安全与质量，金融产品安全，化学安全，保密和数据安全，责任投资，健康和人口统计风险
	利益相关者反对	有争议的采购
	社会机遇	沟通，融资渠道，社保，健康与营养
治理	公司治理	董事会，薪酬，所有权，会计制度
	公司行为	公司道德，税务透明，腐败和不稳定，财务系统的不稳定，反竞争行为

在 37 个 ESG 关键事项中，碳排放、水资源压力、废气排放和浪费、劳动力管理、安全和健康、公司道德、税务透明、反竞争行为这些事项适用于所有公司。公司治理主题下的董事会，薪酬，所有权，会计制度四项适用于所有公司，并在 ESG 评分模型中对应不同的比重。

三、道琼斯可持续指数的 EES 评估方法①

道琼斯可持续指数是由道琼斯指数公司与可持续资产管理公司于 1999 年共同编制，是第一只全球企业可持续指数。道琼斯可持续指数通过对公司发送问卷调查，研究公司的公开信息，对媒体报道和利益相关者提供的信息进行分析以及和公司直接接触等方法，使用三大评估维度，经济（Economic）、环境（Environmental）和社会（Social），简称 EES，以及这三大维度之下包含若干个标准和子标准，对公司的社会责任表现进行

---

① 资料来源：Dow Jones Sustainability Indices ［EB/OL］［2017-12-20］. http：//www. sustainability-indices. com/index-family-overview/djsi-family-overview/index. jsp.

评估，其中公司治理因素包含在经济评估维度之中（见表3－9）。

表3－9　　　　　　　道琼斯可持续指数的EES评估体系

维度 (dimension)	标准 (criteria)	子标准 (sub-criteria)
经济 (economic)	公司治理	董事会结构 非执行董事/首席董事 责任与委员会 公司治理政策 审计的利益冲突 多样性：性别 董事会效率 组织缩减条款 高级经理人薪酬 媒体与利益相关者分析（MSA）
	风险和危机管理	风险治理 风险最佳化 风险地图 风险回顾 风险策略 媒体与利益相关者分析（MSA）
	行为守则/遵循/ 贪污与贿赂	行为守则：焦点 行为守则：系统/过程 贪污与贿赂：政策范畴 行为守则：对违反事项提出报告 行为守则/反贪污贿赂：商业关系 媒体与利益相关者分析（MSA）
	产业特定规范	品牌管理，消费者关系管理，创新管理， 天然气组合（gasportfolio）， 太阳能与市场电力等价（gridparity） 等，媒体与利益相关者分析（MSA）

续表

维度 (dimension)	标准 (criteria)	子标准 (sub-criteria)
环境 (environmental)	环境报告书	验证（assurance） 范围（coverage） 环境报告书：定性资料 环境报告书：量化资料
	产业特定规范	环境管理系统、气候策略、生物多样性、气候策略、产品管理工作、生态效益等， 媒体与利益相关者分析（MSA）
社会 (social)	人力资本发展	人力资源技能规划和发展过程 人力资本绩效指标 个人和组织的学习和发展
	人才的 吸引和留用	绩效评估 与绩效相关的薪酬百分比 以公司绩效和个人绩效计算的变动薪酬的权衡 与绩效相关的薪酬公司指标 个人绩效评估的形式 高级经理人绩效 绩效相关的薪酬支付类型 员工满意度的趋势 媒体与利益相关者分析（MSA）
	员工培训指标	解决不满的方案 员工关键绩效指标 媒体与利益相关者分析（MSA）
	企业公民 与慈善事业	跨群体决策——着重财务投入 利益的衡量 慈善事业活动类型
	社会报告书 (social reporting)	验证（assurance） 范围（coverage） 环境报告书：定性资料 环境报告书：量化资料
	特定产业规范	社会整合、职业健康与安全、健康生活、生物伦理、供应商标准等 媒体与利益相关者分析（MSA）：选定产业特定规范

四、FTSE4Good 指数的 ESG 评价方法[①]

富时指数是伦敦证券交易所于 2001 年 2 月公布，列入 FTSE4Good 指数的企业来自欧洲、美国以及全球，该指数同时兼顾环境可持续性、发展利益相关者的关系以及实践国际人权规定三大原则的企业，并将与烟草、核武器制造相关的企业排除在外。

2014 年 9 月，富时开始执行新的 ESG 评价方法，新模型包含 300 个指标。该模型包含 3 大支柱：环境（Environment）、社会（Social）和公司治理（Governance）。每个支柱下包含若干主题和具体指标（见表3-10）。

表 3-10　　　　FTSE4GOOD 指数的 ESG 评价方法

3 个支柱	14 个主题	指标
环境	气候变化	300 项具体指标
	生物的多样性	
	水资源的使用	
	污染和资源使用	
	供应链	
社会	员工的健康与安全	
	劳工标准	
	人权和社区	
	顾客责任	
	供应链	
治理	公司治理	
	风险管理	
	税收透明	
	反腐	

[①] 资料来源：FTSE4Good Index Series [EB/OL] [2017-12-22], http://www.ftse.com/products/indices/FTSE4Good.

五、中国工商银行的 ESG 评估方法①

2017 年，中国工商银行构建了 ESG 评级指标体系，分为三个层次：第一层次将评级所包含的内容分为环境表现（E）、社会责任（S）和公司治理（G）三类大项；第二层次包含了每个大项对应的 17 个具体方面，是对第一层次三个维度所包含概念的具体化；第三层次则是能够具体反映受评对象在每个方面上表现的代理指标，即关键业绩指标。

（一）ESG 评价指标体系

表 3-11　　　　　　中国工商银行的 ESG 评估方法

第一层次（3 大类）	第二层次（17 项概念具体化）	第三层次（关键业绩指标）
环境表现	公司的环境友好程度分类	未公布
	企业生产过程中各类污染物的排放强度	
	政府的环保处罚和突发环境事件给企业声誉和经营带来的影响	
	表征企业主动管理风险的能力的相关制度与信息披露水平	
	供应链	
社会责任	社会责任综合评价	
	劳动保护	
	工会与培训	
	社会公益	
	突发事件	
	社会信息披露	
公司治理	公司治理综合评价	
	企业经营足迹	
	反腐败	
	税收透明	
	商业道德	
	合规经营	
	公司治理信息披露	

---

① 资料来源：中国工商银行绿色金融课题组，组长：张红力；副组长：周月秋、殷红. ESG 绿色评级及绿色指数研究［J］. 中国金融，2017-09.

（二）数据来源

工商银行的 ESG 评级指标体系数据来源有三个方面：一是通过与中证指数公司以及标普旗下 Trucost 公司的合作，在环境污染排放和社会责任等维度方面获得了不少有益的量化指标；二是除了权威的公开数据之外，其在关键业绩指标的整理过程中还充分依托工商银行数据系统的优势，对工商银行内部的相关数据进行深度挖掘；三是工商银行企业客户信息数据系统已与海关、公安机关和监察机关实现了数据共享，在数据的存储和更新方面已实现自动化和实时化。

（三）评估方法

工商银行以打分卡作为获得最终 ESG 评分的方式。为方便比较，将所有关键业绩指标的权重进行了归一化，使得最终得到的企业 ESG 评分和环境、社会与公司治理三个项下的得分均是处在 [0，1] 区间。为了体现评级的实效性，课题组对指标体系中的量化指标和突发事件给予了较大权重。经过处理和权重调整，ESG 评分在不同行业以及时点上具有较强的可比性。

六、融绿—财新 ESG 美好 50 指数的 ESG 评估方法[①]

2017 年 12 月，商道融绿与财新传媒共同发布"融绿—财新 ESG 美好 50 指数"（SGCXESG50Index）。该指数所运用的融绿—财新上市公司 ESG 评级系统，系通过收集公司的 ESG 信息，对 ESG 信息进行量化评估，最终将 ESG 信息转化为投资者可以便捷使用的可持续发展绩效分数。

---

① 数据来源：商道融绿提供。

（一）ESG 评估指标体系

融绿 ESG 信息评估体系共包含三级指标体系。一级指标为环境、社会和公司治理三个维度；二级指标为环境、社会和公司治理下的 13 项分类议题；三级指标将会涵盖具体的 ESG 指标，有 127 项三级指标评估体系，分为通用指标和行业特定指标。通用指标适用于所有上市公司，行业特定指标是指各行业特有的指标，只适用于本行业分类内的公司（见表 3-12）。

（二）信息来源

融绿—财新上市公司 ESG 评级系统包括对正面和负面两大部分的信息来源，其中正面信息主要来自企业自主披露，包括企业网站、年报、可持续发展报告、社会责任报告、环境报告、公告、媒体采访等；负面信息来自企业自主披露、媒体报道、监管部门公告和社会组织调查等。

（三）评估方法

通过专业新闻监控系统，针对环境、社会和公司治理下的二级指标进行 ESG 负面信息检索，分析师会根据负面事件的严重程度和影响对负面信息进行评价和打分。如果公司出现了负面 ESG 信息，分析师则会在相应的指标进行减分。在 ESG 评估体系中，根据不同的指标对于企业的重要及影响程度，每项 ESG 评估指标将依据行业的不同被赋予不同的权重。在对 ESG 信息进行评价打分后，评估体系将会加权计算出一家公司的整体 ESG 绩效分数。

表 3–12　　　　　融绿—财新上市公司 ESG 评估指标体系

一级指标	二级指标	三级指标	
环境表现（E）	E1 环境管理	通用指标	环境管理目标
			环境管理组织和人力配置
			环境管理体系认证
			员工环境保护培训
			环境问题内外部沟通
			节能和可再生能源政策
			节水目标
			温室气体排放管理体系
			绿色采购政策
			……
		行业指标	绿色产品（服务）与收入
			环境绩效记录与监控
			生物多样性保护
			可持续农（渔）业等
			……
	E2 环境披露	通用指标	能源消耗量和节能量
			能源强度（单位产值能耗）
			总耗水量及节水量
			温室气体排放量及减排量
			……
		行业指标	废水排放量及减排量
			废气排放量及减排量
			危险废弃物排放量及减排量
			废弃物综合利用率
			产品平均二氧化碳排放量
			……
	E3 环境负面事件	通用指标	水污染负面事件
			大气污染负面事件
			固废污染负面事件
			其他环境合规负面事件

续表

一级指标	二级指标		三级指标
社会责任（S）	S1 员工	通用指标	集团谈判
			反强迫劳动
			禁止雇用童工
			同工同酬
			女性员工比例
			员工离职率
			非正式员工比例
			员工培训……
		行业指标	职业健康与安全
			因工死亡人数
			事故损失工时……
	S2 供应链责任	通用指标	负责任的供应链管理
			供应链监督体系……
	S3 客户	行业指标	客户信息保密
			……
	S4 社区	通用指标	人权
			……
		行业指标	社区沟通
			……
	S5 产品	行业指标	公平贸易产品
			……
	S5 公司慈善	通用指标	企业基金会
			捐赠
			员工公益活动……
	S7 社会负面事件	通用指标	员工负面事件
			供应链负面事件
			客户负面事件
			社区负面事件
			产品负面事件

续表

一级指标	二级指标	三级指标	
公司治理（G）	G1 商业道德	通用指标	反腐败和贿赂政策
			举报制度
			可持续发展承诺
			纳税
		行业指标	反洗钱
			普惠金融
			责任投资
			动物福利[①]
	G2 公司治理	通用指标	ESG 信息披露
			董事工资
			董事会多样性
			董事长和 CEO 分权
			董事会独立性
			独立薪酬委员会
			独立审计委员会
			CEO 和员工工资比例
			董事和高管薪酬
			审计独立性
	G3 公司治理负面事件	通用指标	商业道德负面事件
			公司治理负面事件

七、中央财经大学绿色金融国际研究院 ESG 评估方法[②]

2016 年，中央财经大学绿色金融国际研究院（以下简称绿金院）首先围绕环境因子（E）创新开发了衡量上市公司绿色水平的评估体系，包括定性指标、量化指标和负面环保行为三个部分。2017 年，在此基础上，绿金院研究团队开发出了 ESG 评估体系。

---

① 动物福利英文原文为 animal welfare，指的是不要用动物做实验，减少使用动物皮毛等。
② 数据来源：中央财经大学绿色金融国际研究院提供。

中财绿金院 ESG 指标体系包含 3 个一级指标：环境（E）、社会（S）和治理（G），22 项二级指标以及超过 160 项三级指标。研究团队将所有上市公司的行业划分为 3 大类，30 个子类，并据此制定了一般行业指标和特色指标，不同行业三级指标数量略有不同。

（一）ESG 评估体系

中财绿金院 ESG 评估体系从环境保护、社会责任、公司治理三个维度，采用定性与定量指标，结合负面行为与风险的方法来全面衡量企业 ESG 水平。

相对国内外传统 ESG 指标，绿金院 ESG 指标具有三大标志性特征：一是 E、S、G 三个维度都分别包含定性指标和定量指标。二是这三个维度都有对应的"扣分项"，形成第四部分的负面行为与风险。这两大特征同时是绿金院 ESG 指标的两大优势。三是部分指标例如财务报表品质，由学术成果转化而来，方法学具有学术支持（见表 3-13）。

表 3-13　　　　　　　　中财绿金院 ESG 评估指标体系

指标维度	定性指标	定量指标
环境保护维度"E"	节能减排	环境风险
	污染处理	绿色收入
	绿色供应链	环境量化信息
	绿色生产	
	绿色办公	
	绿色设计	
	绿色环保宣传	
	绿色技术	
社会责任维度"S"	综合	社会责任风险
	供应商	社会责任量化信息
	扶贫及其他慈善	
	社区	
	员工	
	消费者	

续表

指标维度	定性指标	定量指标
公司治理维度"G"	组织结构	公司治理风险
	投资者关系	公司治理量化信息
	信息透明度	
	技术创新	
	风险管理	
	商业道德	

（二）数据来源

中财绿金院的 ESG 评估体系数据来源有三个方面：一是上市公司公开信息，包括公司年度企业社会责任报告、年报、半年报、季报、官方网站、公司公告等；二是环保处罚信息，信息来源主要是国家和各地方环保局对企业的环保处罚公告以及各监管单位金融处罚公告；三是环境、社会和治理三个维度的负面信息，信息来源主要采用网络爬虫技术，统计上市企业在各主流媒体上的负面新闻报道。

（三）评估方法

中财绿金院 ESG 评估方法主要分为六个步骤。第一步划分行业，将所有上市公司的行业划分为三大行业，并据此制定了 ESG 一般行业指标和特色指标。第二步编制行业 ESG 评分表，根据环境保护、社会责任、公司治理、负面行为与风险四个方面对三大行业的行业特性分别编制各行业的评分表。第三步是根据 ESG 评分表对上市公司进行评分。第四步对负面行为与风险过滤，为防止一些公司在做出提升 ESG 表现的同时，又拥有大量的负面新闻和违法行为。第五步将"两高一剩"企业和含有火电业务的特殊企业进行扣分。第六步量化汇总，将环境保护、社会责任、公司治理、负面行为与风险四方面得分采用计量方法汇总。

第四章 绿色债券评估与评级[①]

绿色债券作为一种既可以满足发行方发展绿色项目的融资需求,又可以满足投资方积极致力于环境保护与履行社会责任的双赢手段,不断受到国内外资本市场的持续关注。据中国人民银行预计,"十三五"期间,我国的绿色产业投资需求年均将超过2万亿元,绿色融资缺口巨大。绿色债券对于我国发展绿色经济,实现经济、社会和环境的协调发展意义重大。绿色债券评估承担着判别募投项目的绿色属性、监督绿色债券募集资金投向以及规范后续信息披露的角色,是绿色债券市场应对"漂绿"的利器。绿色债券评级将自然环境因素纳入评级框架,探索环境效益和环境成本内生化对债券偿债能力和评级级别的影响,能有效引导资金投向,降低绿色产业项目融资成本,促进绿色债券可持续发展。绿色债券评估体系和评级方法的不断规范和完善在绿色债券市场良性发展方面起着越来越重要的作用。

本章主要阐述了国内外绿色债券的发展概况,分析比较国内外绿色债券标准的异同以及评估方法,结合具体案例阐述绿色债券评估和评级的方法体系。

[①] 本章作者:李睿,东方金诚国际信用评估有限公司分析师;武慧斌,东方金诚信用管理(北京)有限公司绿色金融部分析师;詹晓青,东方金诚信用管理(北京)有限公司绿色金融部分析师。感谢中诚信、大公国际、中债资信、上海新世纪、鹏元资信、联合资信、安永提供的资料支持。

第一节 绿色债券发展概况

一、绿色债券的定义和分类

(一) 绿色债券的定义

绿色债券通常是指募集资金直接或间接支持有利于改善气候、空气、水、土壤、生态、能源消耗等环境友好型项目债券融资工具。国际和国内诸多机构均对绿色债券作出了界定（见表4-1）。各机构在定义绿色债券时各有侧重，但不管是强调环境治理还是应对气候变化，将募集资金专门用于符合可持续发展的绿色项目是绿色债券的基本属性。

表4-1　　　　　　　　国内外绿色债券定义

	机构	绿色债券定义	文件依据
国际	国际资本市场协会（ICMA）	绿色债券是指募集资金专门用于符合规定条件的现有或新建绿色项目的债券工具，绿色项目包括但不限于可再生能源、节能、垃圾处理、节约用地、生态保护、绿色交通、节水和净水等七大类。	《绿色债券原则》（Green Bond Principles）
国际	气候债券倡议组织（CBI）	CBI认可的绿色项目类型包括太阳能、风能、快速公交系统、低碳建筑、低碳运输、生物质能、水资源、农林、地热能、基础设施环境适应力、废弃物管理、工业能效和其他可再生资源等，但明确排除了所有与化石燃料相关的项目。	《气候债券标准》（Climate Bond Standard）
国际	世界银行	向固定收益类投资者募集资金，专项用于缓释气候变化或帮助受此影响的人们适应变化的项目。	—
国内	中国国家发展和改革委员会	募集资金主要用于支持节能减排技术改造、绿色城镇化、能源清洁高效利用、新能源开发利用、循环经济发展、水资源节约和非常规水资源开发利用、污染防治、生态农林业、节能环保产业、低碳产业、生态文明先行示范实验、低碳试点示范等绿色循环低碳发展项目的企业债券。	《绿色债券发行指引》[发改办财金（2015）3504号]

续表

机构		绿色债券定义	文件依据
国内	证券交易所	绿色债券是指依照《公司债券管理办法》及相关规则发行的、募集资金用于支持绿色产业的公司债券。绿色产业项目范围可参考中国金融学会绿色金融专业委员会编制的《绿色债券支持项目目录（2015年版）》（详见附件）及经交易所认可的相关机构确定的绿色产业项目。	《关于开展绿色公司债券试点的通知》（上证发〔2016〕13号）；《关于开展绿色公司债券业务试点的通知》（深证上〔2016〕206号）
	中国证券监督管理委员会	绿色公司债券是指符合《证券法》《公司法》《公司债券发行与交易管理办法》及其他相关法律法规的规定，遵循证券交易所相关业务规则的要求，募集资金用于支持绿色产业项目的公司债券。	《中国证监会关于支持绿色债券发展的指导意见》（中国证券监督管理委员会公告〔2017〕6号）
	银行间市场交易商协会	绿色债务融资工具为境内外具有法人资格的非金融企业在银行间市场发行的、募集资金专项用于节能环保、污染防治、资源节约与循环利用等绿色项目的债务融资工具。	《非金融企业绿色债务融资工具业务指引》（交易商协会公告〔2017〕10号）

（二）绿色债券的分类

国际上根据资金用途和追索权的不同①，把绿色债券细分为绿色用途债券、绿色收入债券、绿色项目债券和绿色证券化债券（见表4-2）。从发行情况看，绿色用途债券在市场中占比相对较高。欧洲投资银行、世界银行等开发性金融机构发行的绿色债券基本都属于绿色用途债券，募集资金用于绿色标识项目但不指定具体项目。2015年10月，中国农业银行在境外发行的绿色债券也属于绿色用途债券，此次发行也是国内银行机构首次发行绿色债券。

---

① 资料来源：气候债券组织官网［EB/OL］.［2018-10-22］，https://cn.climatebonds.net/green-bonds。

第四章 绿色债券评估与评级

表 4-2 绿色债券的种类

债券种类	募集资金用途	债务追索权	典型案例
绿色用途债券（Green Use of Proceeds Bond）	绿色标识项目	向发行者全权追索，信用评级适用于发行者的所有债券	欧洲投资银行发行的气候意识债券（Climate Awareness Bond）
绿色收入债券（Green Use of Proceeds Revenue Bond）	绿色标识项目	对发行人无追索权，发行人以项目运营产生的现金流（包括费用、税收收入等）为抵押	美国夏威夷州发行的以电费收入为抵押的绿色债券
绿色项目债券（Green Project Bond）	限于作为基础资产的指定绿色项目	以指定项目的资产和收入为抵押	美国 Alta 风电公司发行的风电项目绿色债券
绿色证券化债券（Green Securitized Bond）	用于绿色项目或直接用于作为基础资产的项目组合	通常以一系列绿色项目资产或贷款为标的	加拿大北方电力公司（Northland Power）发行的太阳能电厂证券化债券

资料来源：气候债券倡议组织（CBI）。

特定用途绿色债券所募集的资金可用于发行人确定的绿色项目组合，并由发行人就其使用情况进行跟踪和报告。其投资人对发行人具有追索权，因此这类绿色债券与该发行人发行的其他债券具有相同的信用评级。大部分国际金融组织发行的绿色债券属于特定用途绿色债券，典型的例子是 EIB 所发行的"气候关注债券"（Climate Awareness Bond）。

特定用途绿色收益担保债券同样可用于发行人确定的绿色项目组合，并由发行人就其使用情况进行跟踪和报告。但其发行人以项目运行所取得的税费等收入作为担保，投资人对发行人并没有债券追索权。这种结构一般被绿色市政债券所采用，例如美国马萨诸塞州发展金融管理局（Massachusetts Development Finance Authority）于 2015 年 4 月发行的绿色债券，该债券以波士顿医疗中心（Boston Medical Centre）的现金流作为担保，所募集资金用于波士顿南部两座医院的整合。

绿色项目债券所募集的资金仅可用于作为基础资产的特定绿色项目，其投资人追索的范围限于该项目的资产，因而将直接承担项目风险。这种结构一般为绿色企业债券所采用，例如 NRGYield 于 2014 年 8 月发行的绿色债券，其募集资金明确规定用于收购位于加利福尼亚州的 Alta 风电场。

绿色资产支持债券的基础资产则是若干特定项目的组合，投资人追索的范围限于该项目组合的资产。其募集资金一般用于作为基础资产的项目组合，但按照约定在有些情况下也可以用于发行人确定的其他绿色项目用途。例如加拿大清洁能源企业 Northland Power 于 2014 年 11 月发行的绿色债券，其基础资产是六座地面光伏电站，还款现金流来自这些电站的售电收入，所募集资金将用于上述电站或公司确定的其他用途。我国绿色债券主要按照发行主体和监管机构等因素进行分类，主要可以分为非金融企业绿色债务融资工具、绿色金融债券、绿色企业债券、绿色公司债券、绿色资产支持证券等。目前，中国人民银行发布的《中国人民银行公告〔2015〕第 39 号》主要适用于金融机构发行的绿色金融债；上海证券交易所发布的《关于开展绿色公司债券业务试点的通知》和深圳证券交易所发布的《关于开展绿色公司债券业务试点的通知》主要适用于公司债券；银行间市场交易商协会发布的《非金融企业绿色债务融资工具业务指引》主要适用于发行绿色债务融资工具；国家发展和改革委员会发布的《绿色债券发行指引》则主要适用于发行企业债券等。

二、国际绿色债券市场发展概况

（一）国际绿色债券发展历史

绿色债券国际市场发展历史最早可追溯到 2007 年，欧洲投资银行（EIB）发行了全球首只绿色债券——"气候意识债券"（Climate Awareness Bond），开启了绿色债券的发展之路。在发展初期，绿色债券的概念尚为新兴，市场和投资者对其认识不足，整体发展进展较为缓慢。据统计，2007年到2012年的6年间，全球绿色债券累计发行规模仅67亿元，发行主体也局限于欧洲投资银行、世界银行（World Bank）、国际金融公司（IFC）等国际多边金融组织和政策性金融机构。

随着环境资源问题引发的投资风险日益凸显，责任投资理念的影响日渐广泛，投资者对绿色债券的关注度有所提升。2013年起，绿色债券进入快速发展阶段，发行数量和规模爆发式增长。扩大的市场需求也推动了绿色债券市场运行的逐步完善，包括绿色债券的界定和标识、绿色资金的投向监督和后续的信息披露规范以及绿色效益实现的预估测算等。在此背景下，2014年，国际资本市场协会（ICMA）联合包括绿色债券发行人、承销商和投资机构等在内的130多家机构组成绿色债券原则执行委员会（IEC），共同推出了绿色债券原则（Green Bond Principle，GBP），于2015年3月正式修订出版。作为自愿性指导原则，GBP为绿色债券发行人在绿色债券项目界定分类及范围、项目评估和选择流程、募集资金管理以及信息披露要求等方面给出了遵循标准指导。在GBP的框架下，气候债券组织（Climate Bond Initiative，CBI）进一步开发推出了气候债券标准（Climate Bond Standard，CBS），给出了绿色债券界定和后续管理的标准和要求，并对绿色认证机构认证资格、认证程序监督等提出具体指导方针。绿色债券统一标准的推出有效地推进了绿色债券市场的透明化和规范化发展，进一步推动绿色债券的增长。据CBI统计数据，2013—2017年，全球绿色债券从114亿元增长到1555亿元，年均复合增长率达92.2%（见图4-1）。[①]

（二）国际绿色债券市场发展现状

1. 绿色债券发行规模

2017年，全球绿色债券发行规模达到1555亿美元，比2016年的872亿美

[①] 数据来源：气候债券组织官网［EB/OL］.2017-12-19. http://www.climatebonds.net/.

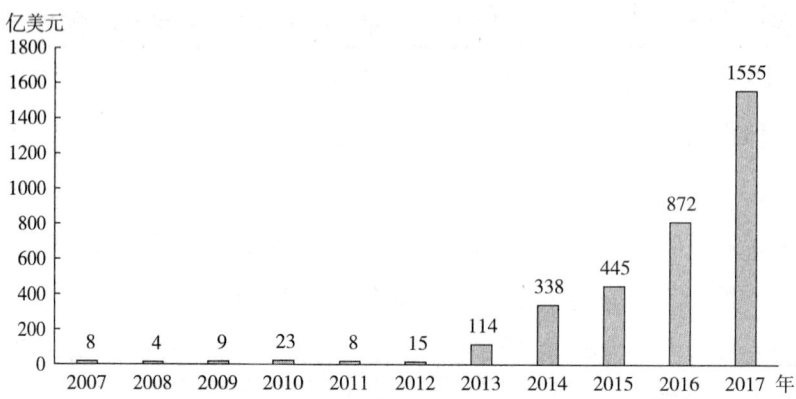

数据来源：气候债券倡议组织（CBI）。

图4-1 2007—2017年全球绿色债券市场发行规模

元增长78%。① 发行规模增长的同时，绿色债券发行主体、债券品种（期限、评级）、发行货币币种、募集资金投向各方面也更加多元化。根据CBI《债券与气候变化市场现状报告（2017）》，截至2017年6月28日，气候相关债券（贴标和非贴标绿色债券）市场存量规模达到8950亿美元，该市场由1128个发行人发行的3493只债券组成。其中"贴标"绿色债券存量达2210亿美元，占比将近1/4（25%），且该比重呈逐年增长趋势（见图4-2）。

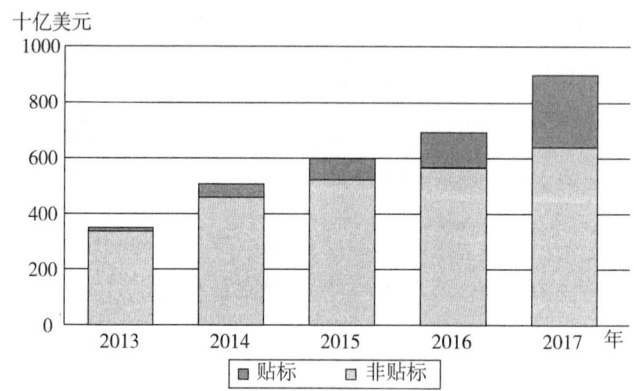

数据来源：气候债券组织。

图4-2 2013—2017年贴标与非贴标绿色债券发行规模

---

① 马俊. 我国绿色债券市场与发展前景［J］. 中国证券, 2018（2）.

第四章 绿色债券评估与评级

2. 绿色债券类型

贴标的绿色债券中，债券种类丰富。2016年后，商业银行金融债和公司债券类型发行规模和发行数量均超过了国际多边组织发展银行债券，成为发行主力。此外，2017年后国家绿色主权债券发行规模也快速增长，绿色项目收益债、绿色RMBS资产证券化等创新债券类型不断涌现（见图4-3）；债券期限方面，整体绿色公司债券平均期限为8年，较气候相关债券平均11年的期限相对较短，但整体仍以中长期为主。[①]

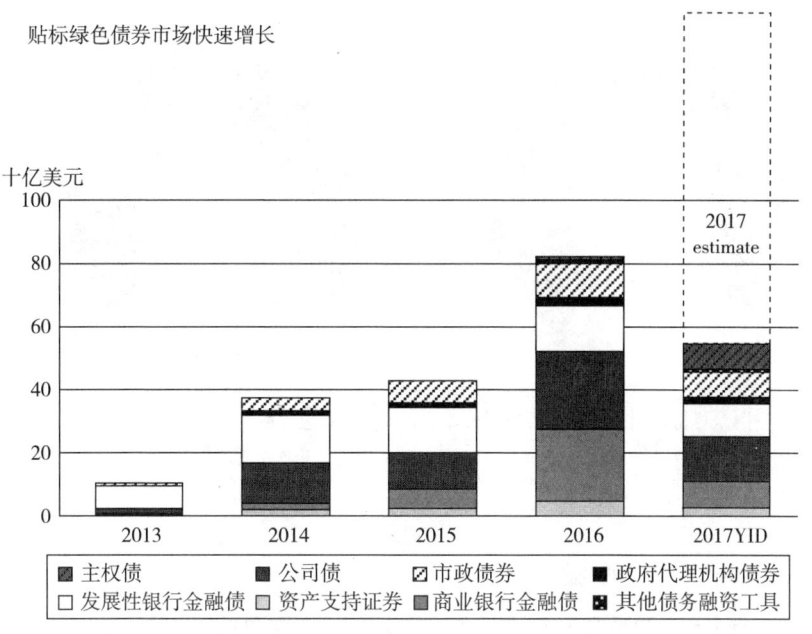

数据来源：气候债券倡议组织（CBI）。

图4-3　2013—2017年全球绿色债券各券种发行规模

3. 募集资金用途

募集资金投向方面，绿色债券资金用途广泛，其中用于可再生能源及

[①] 资料来源：气候债券倡议组织官网［EB/OL］［2017-12-19］.

绿色建筑与工业的占比最高（分别为33%和29%），低碳运输和水资源利用次之（占比15%和13%），废物处理、气候适应和土地利用类别分别占3%~5%（见图4-4）；发行币种方面，现有发行的绿色债券中已有27种计价货币，其中以美元和欧元计价的绿色债券分别占36%和38%，为发行主流，随着中国绿色债券市场的爆发式增长，人民币绿色债券占比有所上升；发行国家方面，中国、北美及欧洲绿色债券市场发展势头保持强劲，此外包括印度、巴西、南非等新兴市场不断涌现。①

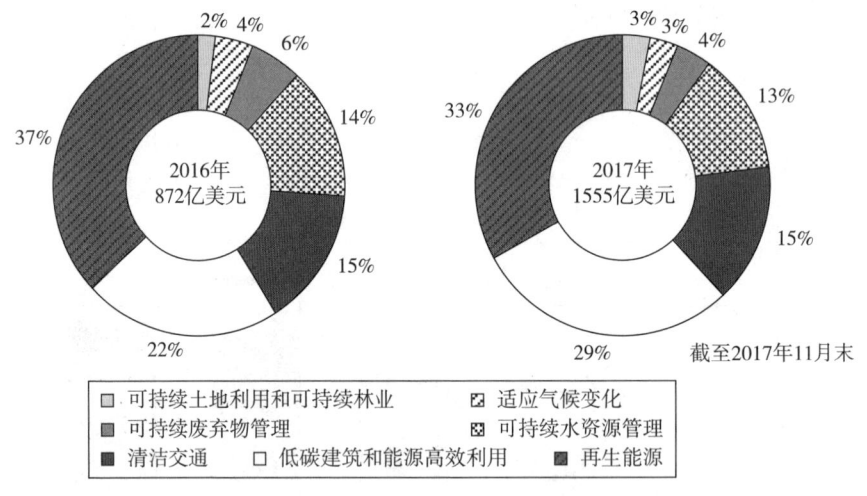

数据来源：气候债券倡议组织（CBI）。

图4-4　2016年和2017年全球绿色债券市场募集资金投向类别占比

随着可持续发展理念在越来越多国家的推广和普及以及绿色债券市场的规范标准化，预计在未来几年里，绿色债券将维持高速发展。根据CBI的预测，2020年，全球气候相关债券规模有望突破万亿美元。

---

① 资料来源：气候债券组织官网［EB/OL］［2017-12-19］. http://www.climatebonds.net/.

三、国内绿色债券市场发展概况

（一）中国绿色债券市场发展历史

2014年5月8日，中广核风电有限公司在国内银行间市场发行的"14核风电MTN001"，其定价模式创新性地与债券存续期内中广核5个风电场的核证自愿减排量收益相挂钩，成为我国国内首单"碳债券"，是中国绿色债券的初步尝试。2015年，新疆金风科技股份有限公司和中国农业银行在海外市场分别发行了中国首只绿色企业债券和首只绿色金融债券，为国内绿色债券市场的发展起到了良好的示范作用。2015年12月，《中国人民银行公告（2015）第39号》鼓励在银行间债券市场推出绿色金融债券，其募集资金用于支持绿色产业，绿色产业项目范围参考《绿色债券支持项目目录》。同月，中国金融学会绿色金融专业委员会（以下简称绿金委）发布《绿色债券支持项目目录（2015年版）》（以下简称《目录》），成为我国第一份关于绿色债券界定的文件。两份文件的发布，标志着国内绿色债券市场正式启动。2016年1月，兴业银行和浦发银行分别获准发行不超过500亿元人民币额度的绿色金融债券，我国国内绿色债券发行正式拉开帷幕。

中国绿色债券市场的标准由政府监管部门制定，体现了"自上而下"的顶层设计管理导向。自中国人民银行发布第39号公告后，国家发展和改革委员会同月出台了《绿色债券发行指引》（发改办财金〔2015〕3504号，以下简称《发行指引》），界定了绿色企业债支持项目范围和发行优惠条件，进一步释放了政策支持绿色债券发行的信号。2017年3月，在上交所、深交所开展绿色公司债试点的基础上，证监会正式发布了《关于支持绿色债券发展的指导意见》（证监会公告〔2017〕6号，以下简称《指导意见》），明确为绿色债券提供"即报即审"的专项审批通道，并对被认定为绿色的公司债券进行统一标识"G"标，积极引导交易所绿色债券市场支持绿色产业，对发行主体及信息披露提出明确要求。同月，中国银行间市场交易商协会发布《非金融企业绿色债务融资工具业务指引》（交易商协会公告〔2017〕10号，以下简称《业务指引》），对绿色债券披露和认证评估报告框架提出具体要求。自此，绿色金融债、绿色企业债、绿色公司债和绿色债务融资工具等绿色债券的主要类别都有了相应的业务指引或自律性规则，中国绿色债券政策体系不断完善。

（二）中国绿色债券市场发展现状

1. 绿色债券发行规模

在各类别绿色债券指引建立及配套的发行审批快、地方政府予以鼓励或贴息等政策支持的基础上，中国绿色债券发展迅猛。2016年，中国境内外发行的绿色债券58只，发行规模2369.7亿元，约占同期全球绿色债券发行规模的39.9%，中国跃居成为全球最大的绿色债券市场。2017年，中国境内外累计发行绿色债券（包括绿色债券与绿色资产支持证券）123只，规模达2486.8亿元（约占同期全球市场的22%），同比增长7.6%。[①]

2. 绿色债券类型

从发行主体看，2017年中国境内绿色债券（不包括绿色支持证券）的发行主体更加多元化，首次出现1年和2年期的绿色债券。债券类型方面，现有绿色债券市场中已发行了金融债、企业债、公司债、债务融资工具、ABS、ABN等各类别债券，其中绿色金融债券发行规模独大，发行数量和发行规模分别占发行总体的39.7%和72.2%。2017年后非金融机构绿色发行参与度明显提升，绿色企业债和绿色公司债券发行规模占比均达

---

① 数据来源：东方金诚2016年绿色债券市场年报：中国成最大绿色债券发行市场，环境效益和融资优势初显——2016年中国绿色债券市场发展回顾与展望［EB/OL］. 2017–03–15［2017–12–19］. http://greenfinance.xinhua08.com/a/20170315/1693706.shtml.

到 9.9%（见表 4-3）；绿色债券信用债平均债券期限为 4.80 年，整体以中长期为主。

表 4-3　2016.01—2017.12 中国境内绿色债券累计发行情况统计

绿色债券类型	发行规模（亿元）	发行规模占比（%）	发行数量（只）	发行数量占比（%）	平均单只债券发行规模（亿元）
绿色金融债	2814	68.6	66	39.5	42.6
绿色公司债	424.05	10.3	40	24.0	10.6
绿色企业债	452.5	11.0	26	15.6	17.4
绿色中期票据	156	3.8	14	8.4	11.1
绿色 PPN	43	1.0	6	3.6	7.2
绿色短融	2	0.0	1	0.6	2.0
绿色 ABS	164.717	4.0	12	7.2	13.7
绿色 ABN	45.84	1.1	2	1.2	22.9

数据来源：Wind 资讯。

3. 募集资金用途

在目前已发行的绿色债券市场中，募集资金投向类型丰富，在绿金委《目录》中的六大类别中均有涉及。根据统计，2016—2017 年，除去非公开发行未找到募集资金用途的绿色债券，各类别投放较均衡。用途占比最高的是清洁能源，占比 19.2%；清洁交通和污染防治次之，分别占 15.8% 和 15.1%；然后是节能和资源节约与循环利用，占比 14% 左右；生态保护和适应气候变化类别占比相对较低，占比 11.8%（见图 4-5）。

自中国绿色金融元年 2016 年至今，中国绿色债券市场发行规模突飞猛进，包括绿色金融债、绿色企业债、绿色公司债和绿色债务融资工具等绿色债券产品发行以及后续监管、第三方绿色认证评估的监管标准等绿色债券政策已经初成体系。但总体上，中国绿色金融发展仍处于发展初期，绿色债券规模在债券新发行债券市场的占比较低（2016 年占比为 0.55%，2017 年占比为 1.07%），未来仍有大幅的提升空间。

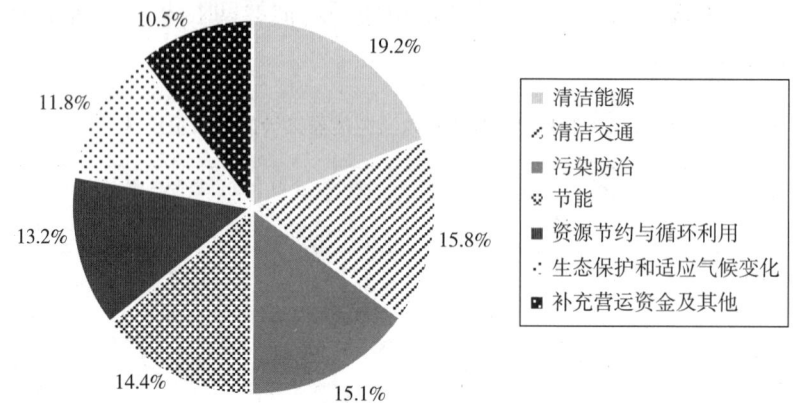

注：该统计除去非公开发行绿色债券。

数据来源：东方金诚不完全统计。

图4-5 2016.01—2017.12 中国绿色债券募集资金投向占比

第二节 绿色债券评估

一、绿色债券评估的定义和分类

（一）绿色债券评估的定义

绿色债券评估是与债券发行人无利益关系的第三方基于发行人提供的相关资料、公开资料以及现场调研资料等对债券的绿色属性及绿色程度作出独立的、客观的专业判断，包括发行前认证评估以及存续期的跟踪认证评估。不同于绿色债券信用评级，绿色债券评估旨在反映绿色债券在资金投向、管理及配置与绿色项目过程中所使用方法的有效性，及由此实现既定环境目标的可能性。[①]

[①] 袁荃荃. 2016年我国绿色债券市场发展与投资要点全解析，中国金融信息网[EB/OL]. [2017-12-19]. http://greenfinance.xinhua08.com/a/20170214/1687629.shtml. 2017-02-14.

(二) 绿色债券评估的分类

国际标准鼓励发行人聘请专业机构提供绿色债券评估，以解决绿色债券的绿色属性认定问题，从而增强绿色债券信息披露透明性，吸引更多投资者。国内监管机构也鼓励发行人提交由独立专业评估或认证机构出具的第三方认证报告。根据国际资本市场协会 ICMA 发布的《绿色债券原则2017》，绿色债券的外部评估形式主要分为以下四类。

顾问评审：发行人可以向具有环境可持续发展或其他与绿色债券发行相关方面经验的专家或机构征询意见，建立或复核发行人绿色债券框架。"第二方意见"可归为此类。第二方意见，是指外部专业环境研究机构（咨询顾问机构），帮助发行人对债券的绿色特征提供咨询意见，特别是环境可持续性方面的专业能力辅助，包括鉴别和筛选符合绿色债券要求的项目类别，以及项目评估和选择体系的完善，并在之后对发行人绿色项目评估和选择体系提供独立性审查报告。

验证（Verification）：指发行人可聘任有资质的中介机构（例如审计师）对其绿色债券、相关框架或基础资产进行独立验证。验证侧重于实际情况与发行人内部标准或对外声明的一致性。对基础资产的环境可持续发展特征的评估也可称为验证，可以参考外部标准。

认证（Certification）：指发行人可以根据外部评价标准对其绿色债券、相关框架或募集资金用途进行认证。外部评价标准必须明确，具备相应资质的第三方或认证机构将对实际情况与相应标准的一致情况进行认证。

评级：发行人可聘任有资质的第三方（例如专业研究机构或评级机构）对绿色债券或相关绿色债券框架评级。社会责任债券的评级独立于发行人的环境、社会和治理（ESG）评级，仅反映债项或发行人社会责任债券框架的情况。

尽管第二方意见和第三方独立鉴证都是通过向市场提供绿色债券项目

标准、项目筛选和评估、募集资金管理、信息披露等方面的细节信息，减少投资者与发行人的信息不对称性，提高债券绿色资质，但是，二者在评估目的、考察侧重点和投资者信息传递方面都有所区别（见表 4-4）。

表 4-4　　　　　　　　第二方意见和第三方独立鉴证的不同

对象	区别	类别	内容
发行人	目的	第二方意见	重点在"确保达标"：向外部机构获取环境可持续方面的专业建议，协助制定绿色债券标准和流程，达到债券发行适当的"绿色标准"
		第三方鉴证	重点在"验证达标"：按照既定标准，评估发行人各方面是否达到既定条件的标准
	考察侧重内容	第二方意见	重点复核发行人用来筛选资助项目的环境标准和信息披露体系
		第三方鉴证	涵盖项目评估筛选、项目环境效益目标、募集资金的管理、持续监察和信息披露等从发行前到发行后的环节
投资者	获得信息	第二方意见	鉴于外部机构和发行人的咨询顾问关系，投资者可以从第二方意见获取发行人债券标准和管理框架详细信息，而非"是否达标"的保证
		第三方鉴证	发行人各方面"是否达到"既定标准条件

（三）评估认证机构

目前国际上活跃的认证机构主要包括国际审计机构、科研机构、咨询公司、传统领域认证机构和评级机构。我国的绿色债券认证机构包括信用评级机构或其附属的征信与信用管理机构、审计机构、咨询公司、传统领域认证公司等，机构类型与国际上基本一致。评估认证机构类型见表 4-5。

表 4-5　　　　　　　　国内外评估认证机构类型

类型	机构简称
国际审计机构	安永（EY）、德勤（Deloitte）、普华永道（PWC）、毕马威（KPMG）
环境咨询机构	联合赤道、Bureau Veritas、DNV GL
传统认证机构	上海挪华威认证、必维认证
社会责任咨询机构	商道融绿、中节能咨询、Sustainalytics、Oekom Research、Vigeo Eiris
科研机构	中财绿融、CICERO
评级机构	穆迪、标普、惠誉、中诚信、东方金诚、中债资信、鹏元资信、新世纪评级、大公国际、联合资信

二、绿色债券的评估标准

(一) 国际绿色债券标准

目前,国际绿色债券标准主要包括绿色债券原则(The Green Principles,GBP)和气候债券组织标准(Climate Bond Standard,CBS)。

绿色债券原则(GBP)是由绿色债券发行人、投资机构和承销商组成的绿色债券原则执行委员会(GBP Initial Executive Committee)与国际资本市场协会(ICMA)合作推出的,旨在为增强绿色债券信息披露的透明度、促进绿色债券市场健康发展的自愿性指导方针。以绿色债券原则(GBP)为代表的主流绿色债券标准主要包括绿色项目的认定、债券收益的使用和管理、发行人的报告等三方面内容。

气候债券倡议组织(Climate Bond Initiative,CBI)是国际性的,以应对气候变化、推动绿色债券的非政府、非营利组织。气候债券标准(CBS)旨在提供募集资金的使用方式符合低碳经济要求的保证。CBS的目的是开发与GBP互补的标准,给出具体的实施指导方针,包括在行业层面如何界定绿色属性。CBS在标准制定过程中还进行认证程序监督。CBS中所包含的要求,结合了支持债券认证的保证框架,可以为投资者提供信心和保证,即确定该气候债券的发行人符合气候债券标准并坚持绿色债券原则。

1. 投资项目"绿色资质"的认定标准

(1) 明确绿色项目的范围

可再生能源、能源效率和生态修复等领域涉及的项目是绿色债券的重点支持对象。如世界银行(国际复兴开发银行)绿色债券项目明确可再生能源和能效、交通运输、水资源、废水和固体废弃物管理、农林和生态系统建设以及修复性基础设施建设等五大重点支持领域。

(2) 规范绿色项目的申请、选择和评估程序

GBP 要求债券发行人应明确描述其决定发行绿色债券的合理性和过程，包括但不限于决定某一项目如何符合绿色项目类型特征的过程，使某一绿色项目能够使用绿色债券收益的标准，以及被评估绿色项目的环境可持续性目标等方面内容。此外，申请世界银行（国际复兴开发银行）和国际金融公司的绿色债券项目，需先通过对项目潜在社会和环境影响的甄别，由决策委员会出具同意申请的意见，再提交环境专家进行审议，以确保该项目符合世界银行集团绿色债券的合格标准。

(3) 出具绿色项目审核的第二方意见报告或第三方绿色鉴证

为确保绿色债券市场的透明性，债券发行人可选择由环境专家或专业机构对绿色项目的选择（申请）和评估过程出具第二方意见或第三方绿色鉴证。据统计，在已发行的绿色债券中，超过半数附有第二方意见机构开具的报告。

2. 绿色债券募集资金的使用和管理标准

(1) 债券收益必须用于支持特定绿色项目的发展

世界银行（国际复兴开发银行）规定，发行绿色债券获得的收益须存入特定账户，且只为符合绿色债券标准的合格项目提供资金支持。欧洲复兴开发银行也要求绿色债券募集的所有资金必须直接投向绿色项目集合。巴克莱银行明确规定 90% 以上的绿色债券收益须投向可再生能源、能效、污染防治、水资源可持续利用以及绿色建筑等 5 个领域。

(2) 债券收益的使用实行严格的追踪管理

"可追踪"是绿色债券收益管理的基本原则。GBP 要求绿色债券发行人采取对绿色债券收益设立子账户的追踪管理，并将其与在绿色项目方面的借贷和投资操作相关联。巴克莱银行也有类似规定。世界银行（国际复兴开发银行）对于合格项目的支出请求，要求遵循保守的流动性投资

原则，根据既定的政策和流程，以季度为基本单位，由专项账户转出。此外，为提高债券市场透明度，债券发行人可委托符合资质的第三方机构对债券收益使用情况进行审查。

（3）债券发行人的报告标准

绿色债券发行人需定期向投资者报告债券资金使用和受资助绿色项目运行的相关情况。GBP 和巴克莱银行都要求债券发行人实行"一年一报"，报告需包含绿色债券收益使用情况、受支持项目清单以及项目运行的环境影响等内容。世界银行（国际复兴开发银行）每年公布的《绿色债券影响报告》和欧洲复兴开发银行公布的《银行可持续发展报告》，也都要求详细报告绿色债券的发行、收益资金的使用和主要受资助项目运行及其环境效应等情况。

3. 其他方面的标准

除了对发行绿色债券的银行有具体规定外，欧洲投资银行还针对金融中介机构和绿色项目实施者制定了专门的要求和标准。一是金融中介机构需通过欧洲投资银行的资质审查，受资助的绿色项目必须符合欧盟的有关指令和当地国家立法的要求。对于投向可再生能源、能效和气候行动计划相关的全球性贷款或股权基金，金融中介机构被要求使用与欧洲投资银行直接开展投资行为相同的绿色标准。二是项目实施者被要求提供项目预期的温室气体排放量和面临的气候变化风险等信息，其推动的项目必须符合当地国家或欧盟以及与气候变化政策相关的多边协议要求。在碳排放密集的部门中，所有项目必须使用该部门可获得的最优技术条件。

在国际绿色金融市场，对于绿色项目的界定和分类均没有强制性的统一标准，主要是按行业或产业部门进行分类。国际绿色债券项目范围和分类主要参考 ICMA 和 CBI 的标准，其中 CBS 较 GBP 的分类更加细致（见表 4-6）。

表 4-6　　　　　　　　国际绿色债券项目范围对比

标准	绿色债券原则（GBP，2017 版）	气候债券标准（CBS）
出台机构	国际资本市场协会（ICMA）	气候债券组织（CBI）
分类	可再生能源 能效提升 污染预防及管控 生物资源和土地资源的环境可持续管理 陆地与水域生物多样性保护 清洁交通 可持续水资源与废水管理 气候变化适应 生态效益性和循环经济产品、生产技术及流程 绿色建筑	能源 运输 水 低碳建筑 通信技术 废弃物和污染控制 自然资产 工业及能源密集型产业

（二）国内绿色债券标准

目前我国绿色债券市场处于中国人民银行、发展改革委和证监会等部门多头监管的市场格局。2015 年 12 月，中国人民银行发布《在银行间债券市场发行绿色金融债券的公告》（第 39 号公告），在银行间债券市场推出了绿色金融债券，同时发布了由绿色金融专业委员会编制的《绿色债券支持项目目录》，标志着国内绿色债券市场正式启动。同月，国家发展改革委出台了《绿色债券发行指引》，界定了绿色企业债支持项目范围以及发行优惠条件。2017 年 3 月，在上交所、深交所开展绿色公司债试点的基础上，证监会正式发布了《关于支持绿色债券发展的指导意见》，强调对绿色债券采取"即报即审"，对发行主体及信息披露提出明确要求。同月，中国银行间市场交易商协会公开发布了《非金融企业绿色债务融资工具业务指引》，对绿色债券披露，认证评估报告框架提出具体要求。自此，绿色金融债、绿色企业债、绿色公司债和绿色债务融资工具等绿色债券的主要类别都有了相应的业务指引或自律性规则（见表 4-7）。

第四章 绿色债券评估与评级

表 4-7 我国监管机构关于发行绿色债券的指引文件

券种	发文机构	发文名称	发文时间	适用绿色债券标准
绿色金融债券	人民银行	中国人民银行公告〔2015〕第39号	2015/12/22	《绿色债券支持项目目录》
绿色企业债券	发展改革委	《绿色债券发行指引》[发改办财金（2015）3504号]	2015/12/31	《绿色债券发行指引》
绿色公司债券	证监会	《关于支持绿色债券发展的指导意见》[证监会公告（2017）6号]	2017/03/03	《绿色债券支持项目目录》
非金融企业绿色债务融资工具	交易商协会	《非金融企业绿色债务融资工具业务指引》[交易商协会公告（2017）10号]	2017/03/22	

我国国内的绿色债券标准有两个，分别是中国人民银行发布的由绿色金融专业委员会编制的《绿色债券支持项目目录》和发展改革委发布的《绿色债券发行指引》（项目对比见表 4-8），其中发改委发布的《绿色债券发行指引》范围更为宽泛。央行与国家发展改革委有望达成共识，在国家绿色产业目录的基础上形成一个统一的绿色债券目录。

表 4-8 国内绿色债券标准项目对比

标准	绿色债券支持项目目录	绿色债券发行指引
项目类别	节能 污染防治 资源节约与循环利用 清洁交通 清洁能源 生态保护和适应气候变化	节能减排技术改造项目 绿色城镇化项目 能源清洁高效利用项目 新能源开发利用项目 循环经济发展项目 水资源节约和非常规水资源开发利用项目 污染防治项目 生态农林业项目 节能环保产业项目 低碳产业项目 生态文明先行示范实验项目 低碳发展试点示范项目

(三) 中外绿色债券标准比较①②

1. 国际"自下而上"的自愿性标准和国内"自上而下"的指导性准则

气候变化和环境问题引起国际投资者的关注,责任投资理念日渐广泛,推动了绿色债券在国际市场上的兴起。投资者的价值判断构成其中重要的推动力量,并在市场实践的基础上促成了发行人、投资机构和承销商共同建立自愿性的指导方针。

与国际债券标准"自下而上"特点不同,中国绿色债券标准具有鲜明的"自上而下"特征,政策层是首要的推动力量,由监管机构制定规范、明确项目范围、对资金管理和信息披露等做出限定要求,直接推动市场的启动。

2. 项目分类覆盖范围大量重合但亦有不同

总体而言,中国绿色债券支持项目的范围,与国际市场上的绿色债券或绿色项目认定标准,在覆盖范围上有大量重合。如国内外支持项目范围中都包括了清洁能源、清洁交通、绿色建筑、污染预防及治理、气候变化适应等范畴。

尽管国际和国内绿色项目在大类划分上有较多重叠,但是分析各类目的具体内容却可以发现诸多不同。其中最主要的区别在于:

GBP 和 CBS 两项国际标准都将化石能源项目排除在绿色项目范畴之外,而《目录》和《发行指引》确定标准则根据我国实际能源结构和技术发展现状,将煤炭和石油的高效清洁利用作为绿色项目进行扶持。

在清洁交通领域,我国标准在公共交通基础设施建设和优化管理之外,着重强调了对新能源汽车以及燃油升级两项,反映了我国目前交通部

---

① 资料来源:王遥,徐楠. 中国绿色债券发展及中外标准比较研究 [J]. 金融论坛,2016 (2).
② 资料来源:鲁政委,汤维祺. 中外绿色债券标准比较 [EB/OL] [2017–12–19]. 2016–03–23.

门技术进步的重点方向。

国际标准为自愿性规则，因而其中并没有对具体技术标准作出严格的设定；而国内标准，尤其是《目录》中对节能技改项目的具体技术类别、新能源开发项目的能源转化效率等等，都依据国家标准和行业政策制定了非常详细、严格的技术标准，主要目的是在我国现有的市场环境下，尽可能鼓励先进技术的发展，防止产生新的产能过剩行业。

国内标准，尤其是《发行指引》包含了综合性开发项目，如低碳产业项目、低碳发展试点示范项目、生态文明先行示范实验项目，以满足产业结构转型升级，以及城镇化进程中所涉及的大规模基础设施建设。这些项目的发行方往往为各级政府或主管部门。同时，中国的标准更加体现中国的实际情况、法律及标准体系、行业分类习惯，将煤炭等化石能源的清洁使用纳入支持范围，而国际上 GBP 和 CBS 则排除了一切与煤炭有关的能源项目类型以及节约化石能源的项目。

目前，中欧正在致力于推动国际绿色债券市场标准一致化。中国绿金委与欧洲投资银行早在 2017 年 3 月表示将共同研究推进绿色债券标准一致化，推进跨境绿债投资。同年 11 月，绿金委与欧洲投资银行在第 23 届联合国气候大会期间联合发布了题为《探寻绿色金融的共同语言》的白皮书，以期为提升中国与欧盟的绿色债券可比性和一致性提供基础。

3. 国内标准规定了明确的激励措施

国际绿色债券标准是市场主体的自愿性准则，未涉及激励措施。而中国的绿色债券标准具有鲜明的"自上而下"特点，均有激励措施的出台（见表 4-9）。其中，人民银行绿色金融债公告的激励重点是把商业银行发行绿色金融债纳入中国人民银行相关货币政策操作的抵（质）押品范围，以及对绿色投资者群体的鼓励。发展改革委《绿色债券发行指引》主要针对企业的发行准入环节和结构设计，提出了一系列明确的激励措施。证监会针对绿色公司债券申报受理及审核提供便利，并鼓励支持地方政府提供贴息、财政补贴、设立绿色公司债券投资基金等多种优惠政策。交易商协会也鼓励养老基金、保险资金等各类资金投资绿色债务融资工具。

表 4-9　　　　　　　　　我国绿色债券激励政策

	审核要求与管理标准	配套扶持政策
中国人民银行	按照规定纳入中国人民银行相关货币政策操作的抵（质）押品范围。	鼓励政府相关部门和地方政府出台优惠政策措施支持绿色金融发展。
国家发展和改革委员会	加快和简化审核程序，提高审核效率；放宽企业债券现行审核政策准入条件；支持利用债券资金优化债务结构；支持合理灵活设置债券期限、选择权及还本付息方式。	鼓励地方政府通过多种方式支持绿色债券发行和绿色项目实施，扩大直接融资比例；鼓励探索碳排放权、排污权、用能权、用水权等收益权，以及知识产权、预期绿色收益质押等增信担保方式；推动绿色项目采取"债贷组合"增信方式；积极开展债券品种创新，包括项目收益债券、可续期或超长期债券等；支持股权投资企业、绿色投资基金发行绿色债券，扩大绿色投资基金资本规模；鼓励绿色项目采用专项建设基金和绿色债券相结合的融资方式。
证券交易所	绿色公司债券申报受理及审核实行"专人对接、专项审核"，适用"即报即审"政策。探索将绿色公司债券优先纳入境内外证券交易所互联互通机制。研究发布绿色公司债券指数，建立和完善绿色公司债券板块，扩大绿色公司债券市场影响力。	鼓励支持地方政府综合利用贴息、财政补贴、设立绿色公司债券投资基金等多种优惠政策支持绿色公司债券发展。鼓励证券公司、基金管理公司、私募基金管理机构、商业银行、保险公司等市场主体及其管理的产品投资绿色公司债券。

续表

	审核要求与管理标准	配套扶持政策
交易商协会	将为绿色债务融资工具的注册评议开辟绿色通道，加强绿色债务融资工具注册服务，并对绿色债务融资工具接受注册通知书进行统一标识。支持企业开展绿色债务融资工具结构创新，鼓励企业发行与各类环境权益挂钩的结构性债务融资工具、以绿色项目产生的现金流为支持的绿色资产支持票据等符合国家绿色产业政策的创新产品。	鼓励养老基金、保险资金等各类资金投资绿色债务融资工具，发布绿色投资责任报告，支持在国内建立绿色投资者联盟，形成发展绿色金融的共识。

三、绿色债券的评估方法

（一）国际绿色债券评估方法

目前，国际上主要的绿色评估方法有穆迪的绿色债券评估方法（GBA）、标普的绿色评估方法，以及CICERO的第二方意见。国际审计机构采用的准则主要是《国际认证业务标准第3000号——除历史财务信息审计和审阅之外的认证业务》（ISAE3000），其他机构采用的方法学则包括ISO环境管理体系认证方法等。下面将对穆迪、标普、第二方意见进行简要介绍。

1. 穆迪绿色债券评估

穆迪推出了自己的绿色债券评估方法，绿色债券评估并非信用评级，该评估适用于所发行的债券而非债券发行人，是对绿色债券发行人管理、支配及配置募集资金以及债券所支持的环境项目的报告情况等方面相对有效性的前瞻性意见。因此，GBA评估的是债券募集资金用以支持发行人指定的对环境有益项目的相对可能性。GBA对绿色债券提供相对评估，旨在协助投资者对穆迪评级及未评级的各债券发行交易进行评估。穆迪的绿色债券评估方法根据五大因素及其子因素对绿色债券进行评估，分配相应权重以反映其相对重要性，并由此得出综合等级（见表4-10）。五大因素分别为：

（1）组织（15%）。评估该职能组织的结构及决策程序、确定项目资质的程序，以及与环境目标制定、项目结果评估的组织框架。

（2）募集资金用途（40%）。根据发行人采用的政策，坚持绿色债券原则以及其他适用的行业和地区分类，对绿色债券的募集资金配置进行评估。

（3）募集资金使用披露（10%）。对发行人的融资操作以及债券募集资金配置投资期限、发行文件或其他任何相关文件的信息披露质量和透明度进行评估。

（4）募集资金管理（15%）。对募集资金配置和跟踪的试用程序、资金闲置期间投向，以及对这些程序拟予公开披露的方法的可靠性和明确性进行评估。

（5）持续报告与披露（20%）。对信息披露的透明度、质量和频率，以及检测方法进行评估，重点关注发行人对环境影响的信息披露和定性说明。

五大因素各自的评分从1~5分不等，1分为最高，5分为最低。除募集资金用途外，其他四个因素的评分以满足标准的子因素数量为基准。例如，若某一因素的所有5个子因素都满足相关标准，则该因素就能达到1分。以此类推，若某一因素的5个子因素中有4个满足相关标准，则该因素可得2分。与上述4个因素的评分方法不同的是，募集资金用途的评分取决于打分卡中的定性与定量分级。各因素的得分与该因素权重相乘，之后加总以得出因素加权综合评分。

表 4-10　　　　　　　　　　穆迪绿色债券评估等级

等级	详情	定义
GB1	优	绿色债券发行人在管理、支配及配置募集资金,以及绿色债券发行募集资金用以支持的环境项目的报告情况等方面所采用的方法出色,实现既定环境目标的前景极佳。
GB2	很好	绿色债券发行人在管理、支配及配置募集资金,以及绿色债券发行募集资金用以支持的环境项目的报告情况等方面所采用的方法很好,实现既定环境目标的前景很好。
GB3	好	绿色债券发行人在管理、支配及配置募集资金,以及绿色债券发行募集资金用以支持的环境项目的报告情况等方面所采用的方法较好,实现既定环境目标的前景较好。
GB4	一般	绿色债券发行人在管理、支配及配置募集资金,以及绿色债券发行募集资金用以支持的环境项目的报告情况等方面所采用的方法一般,实现既定环境目标的前景一般。
GB5	差	绿色债券发行人在管理、支配及配置募集资金,以及绿色债券发行募集资金用以支持的环境项目的报告情况等方面所采用的方法较差,实现既定环境目标的前景较差。

2. 标普绿色债券评估方法

标普制定了绿色债券评估方法（见图 4-6）,该框架评估了债券的治理和透明度,并分析了债券相较于当地的基准在其项目周期中所产生的环境影响。当评估环境影响时,该方法将考虑气候变化减缓和适应两类项目。

减缓项目旨在带来环境效益和关注的目标领域,如自然资源枯竭、生物多样性丧失、污染控制和气候变化。适应项目旨在采取实际措施,加强管理并减少对自然灾害的影响,例如建立社区和关键基础设施的弹性,防止因气候变化而增加极端天气事件的风险。

绿色债券评估的结果将包括至少 3 个分数（透明度评分、治理评分、缓解/适应性评分）,并将按以下方法得出总分:

(1) 透明度得分将注重披露、报告及债券资金管理的质量。治理评分将评估采取哪些步骤,通过认证、影响评估、风险监测和风险管理几个方面来衡量债券资金使用所产生的环境影响。缓解度评分将考虑债券资金使用带来的主要环境影响,主要包括温室气体排放和用水量减少后的环境

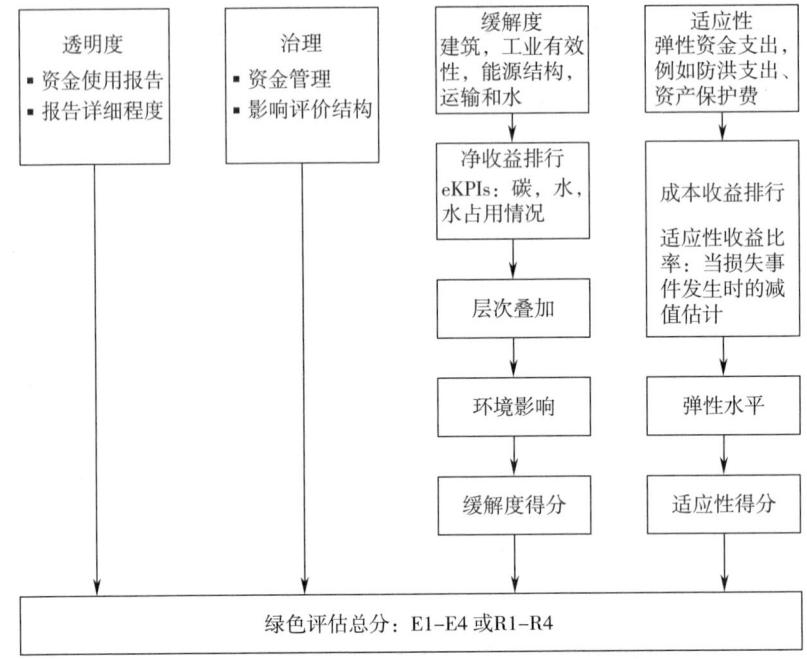

图 4-6 标普绿色债券评估方法

影响。根据关键变量确定对每个类别（如技术和地点）的环境影响程度，从而对可持续性进行定量评价。

（2）计算过程包括一系列可量化的环境影响，称为环境关键绩效指标或 eKPIs，包括二氧化碳、水和废弃物等。有关影响的计算将在净收益基础上进行，这意味着，对每一个 eKPI 来说，项目正面和负面的环境影响都会与当地基准相比较（例如，新可再生能源项目相比于传统电网）。每个 eKPI 的净收益将与来自一系列相关的国家的净收益结果进行比较，从而得出一个相对的分数。得出的结果是 eKPIs 的加权平均值，被称为未调整的绿色影响评分，这是对该债券绿色影响的最优评估。

（3）适应性分数将反映资金所取得的预期损失的估计费用。为了确定可能通过债券资金而实现的环境适应性效益，该方法建议分析和评估为该项目准备的效益研究。

（4）除了对缓解项目未调整的绿色影响评分之外，还将覆盖一个相对于另一个行业的层次结构，以便将分数从最优法转换为相对法。调整后的绿色影响评分将把债券的缓解度置于更大的范围内，并指出其对应对气候变化所做努力的相对贡献。这种相对的层次结构意味着，那些为气候变化提供解决方案的项目，例如可再生能源项目，将会比那些希望改善传统技术条件（如煤改气）的项目有更高的环境效益。由此产生的缓解评分将为净收益影响和更广泛的行业层面的相对重要性提供一种灵活的评价。例如，如果一种债券为煤改气转换提供融资，那么缓解分数将反映该项目类型中与最优级债券该如何比较，同时也提供有关这些与更先进的可再生项目之间的差异的信息。

（5）该方法将评估债券对每个类别的融资，并将所得的分数加权和合并成最终的绿色债券评估分数。通常项目只进行缓解度评分或适应性评分，缓解度项目最终评分为 E1－E4，来体现其环境影响；适应性项目最终评分为 R1－R4，体现其弹性水平得分。

3. 挪威国际气候与环境研究中心（CICERO）意见评估

CICERO 是全球主要的绿色债券框架第二方意见服务机构，为世界银行发行的第一只绿色债券提供了第二方意见，并为跨国公司、企业和世界各地的市政当局提供了 70 多份认证。CICERO 采用了一种简单的方法来出具第二方意见，关注碳排放和对气候的长期不可逆转的破坏，通过要求发行者提供明确和简明的环境信息，来降低或消除绿色投资的障碍。评估框架要点如下：

（1）绿色债券原则概述了绿色债券的自愿指导，但没有对绿色解决方案的质量采取立场。CICERO 将气候变化科学与金融市场联系起来。

（2）评估绿色项目的环保性：可能减少排放的缓解性项目，以及帮助社会适应气候变化影响的适应性项目。

（3）管理和透明度方面将考虑发行人实现投资框架中气候和环境要

求的能力指标。

（4）第二方意见是基于发行人提供的文件以及其在会议、电话会议和与发行人的电子邮件通信中收集的信息来审核的。

（5）CICERO 提供了一项基于发行时可用的事实为基础的事前评估。

CICERO 使用三种绿色标识来对第二种认证进行分类，目标是在长期的观点中增加与投资决策相关的气候风险的透明度。CICERO 评估了发行者的绿色债券框架如何支持向低碳和气候适应型社会转型。CICERO 的第二方意见给绿色债券框架赋予三种不同的绿色程度：

深绿项目，符合长期的低碳要求和环境气候适应性的项目和解决方案，如关注环境治理结构的风能项目；中绿项目，代表了迈向长期绿色发展的项目，但还没有完全实现，如混合动力汽车；浅绿项目，对环境友好，但本身并不能促进长期的远景，如应用了减排措施的化石燃料基础设施；棕色项目，与长期的低碳和环境气候适应性相违背的项目，如新建煤炭设施。

第二方意见主要参照绿色债券框架，根据发行人提供的可持续性发展战略报告及其他相关文件进行初步评估。评估主要从资金使用、资金管理、治理及透明度以及影响性报告几个方面进行。形成初始版意见后，会针对现有问题向发行人要求澄清，并出具第二方意见最终版。具体的评估过程如图 4-7 所示。

（二）国内绿色债券评估方法

我国绿色债券市场的蓬勃发展激发了市场和投资者对绿色第三方评估的需求。目前我国已出台的各类别绿色债券监管指导政策中，虽然并未对债券通过第三方绿色认证进行强制性要求，但是鼓励在债券发行前和存续期内，由独立专业评估或认证机构出具绿色评估意见或认证报告。通过第三方绿色认证，可加强绿色债券的信息披露，进一步提高绿色债券透明

第四章 绿色债券评估与评级

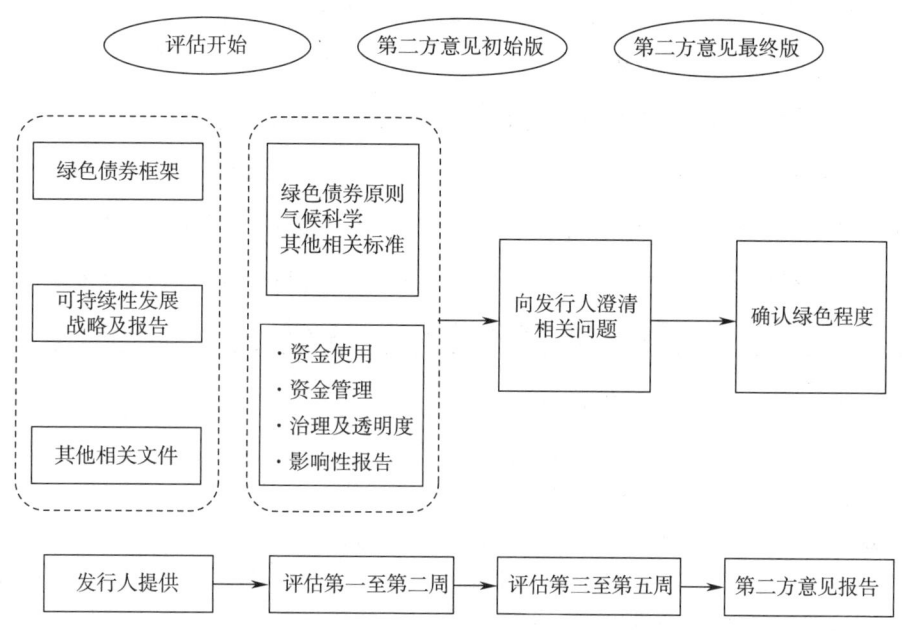

图 4-7 CICERO 第二方意见评估过程

度，有利于我国绿色债券市场健康规范发展。据编者统计，2016—2017年，我国境内已发行的 167 只"贴标"绿色债券中，3/4 以上的绿色债券采用了第三方评估认证，绿色第三方评估认证在我国绿色债券市场中已成为市场主流。随着《绿色债券评估认证行为指引（暂行）》的发布，绿色债券市场认证评估也将趋于规范，增强市场的透明度和投资者信心。

2017 年 12 月，中国人民银行、中国证券监督管理委员会制定并下发了《绿色债券评估认证行为指引（暂行）》（2017 年第 20 号）（以下简称《绿色评估认证指引》），对绿色债券评估认证机构的机构资质、业务承接、业务实施、报告出具、监督管理等方面提出了具体要求，旨在规范促进中国绿色债券第三方认证评估市场的健康有序发展。

1. 绿色债券评估要素

根据《绿色评估认证指引》，绿色债券发行前评估认证的主要内容包括但不限于：（1）拟投资的绿色项目是否合规；（2）绿色项目筛选和决策制度是否完备；(3) 绿色债券募集资金管理制度是否完备；(4) 绿色信息披露和报告制度是否完备；(5) 绿色项目环境效益预期目标是否合理。债券存续期内评估认证上述五个方面是否合规和有效执行。

笔者对国内主要认证机构发布的认证评估方法进行了整理，整体而言，目前各家机构评估方法基本框架均涵盖了上述五个方面，每家机构在基础评判基础上，也有各自的特色，具体如表4-11和表4-12所示。

表4-11　　　　国内绿色认证评估机构认证评估要素框架

认证评估机构	绿色认证评估要素框架
东方金诚	评估绿色程度，主要从五个方面着手：发行人绿色程度（15%）、项目绿色属性（20%）、绿色资金的绿色效益（25%）、募集资金使用和管理规范性（25%）、绿色信息披露透明度（15%）
中诚信	绿色债券评估指标体系共分为两级，一级指标涵盖四个维度，分别为募集资金投向评估、募集资金使用评估、环境效益实现可能性评估与信息披露评估。每项一级指标又具体细化为若干二级指标
中债资信	通过综合打分法，对募集资金使用与管理、治理与制度、产业政策以及信息披露与报告等四个核心评价要素进行综合评估；创新性地通过绿色债券项目本身的环境效益评价与项目所属行业的绿色等级上限，共同确定绿色债券的绿色程度
上海新世纪	评估认证方法主要从绿色债券募集资金用途、项目环境效益、发行人绿色项目投资机制和信息披露与报告情况等四个方面展开评估认证，最终确定绿色债券的绿色等级
大公国际	对绿色债券内外部影响因素的全面考察可具体分解为三大层面达成：一是识别募投项目是否具有绿色属性；二是评价绿色项目的绿色效益程度；三是考察募集资金实现绿色效益的保障机制。这三大层面可更进一步归结为四个要素，分别是募集资金投向、募集资金使用与管理、信息披露、治理架构
鹏元资信	募集资金投向评估（40%）（包括募集资金投向绿色程度、绿色项目投资比例、绿色环境效益实现情况）、募集资金管理（20%）、信息披露（20%）、职能保障（15%）
联合资信	从募集资金使用和管理、项目评估与筛选、信息披露和报告等方面，将环境风险作为行业评级的考虑因素之一，加强对绿色债券的绿色属性信息披露
安永华明	绿色债券认证重点考虑三个方面，即绿色项目筛选是否符合相关标准、资金用途和流向是否有效地支持绿色项目发展及是否进行了有效的信息披露

资料来源：根据各机构提供资料整理。

表 4-12　　　　　国内绿色认证评估机构认证评估要素

认证评估机构	绿色项目是否合规	绿色项目筛选和决策制度	绿色债券募集资金管理制度	绿色信息披露和报告制度	绿色项目环境效益预期目标	特色要素
东方金诚	项目绿色属性		募集资金使用和管理规范性	绿色信息披露透明度	绿色资金的绿色效益	发行人绿色程度
中诚信	募集资金投向		募集资金使用	信息披露	环境效益实现可能性	—
中债资信	募集资金使用与管理、治理与制度			信息披露与报告	环境效益评价	产业政策；治理与制度
上海新世纪	募集资金用途		绿色项目投资机制	信息披露与报告	项目环境效益	—
大公国际	募集资金投向		募集资金使用与管理	信息披露	环境效益目标	治理架构
鹏元资信	募集资金投向评估		募集资金管理	信息披露	绿色环境效益实现情况	职能保障
联合资信	项目评估与筛选		募集资金使用和管理	信息披露和报告	项目的环境效益	—
安永华明	项目评估和筛选		资金使用及管理	信息披露及报告	项目的环境效益	—

资料来源：根据各机构提供资料整理。

（1）绿色项目是否合规/绿色项目筛选和决策制度

如前所述，绿色债券区别于普通债券的重要标志是其募集资金投向于绿色产业项目，故募集资金能否真正投向绿色项目以及所投项目是否为符合监管要求的绿色项目，是评估绿色债券履行"绿色"承诺意愿及能力的重要基础。针对绿色金融债，由于债券在发行前，募集资金投向尚未完全确定，故发行人在募集资金筹备到位后，"绿色项目的筛选和决策流程"，包括参考的标准、制度等，成为募集资金投向符合标准的绿色项目的重要保障因素。

目前，国内各评估机构对绿色项目的合规性评估标准主要参照国内绿色债券发行审批机构的监管政策要求。对于绿色金融债、绿色公司债、绿色债务融资工具以及绿色资产支持证券和绿色资产支持票据，绿色评估认证主要参照中国人民银行绿色金融委员会发布的《绿色债券支持项目目录（2015年版）》，该文件详细划定了六大类绿色项目范围，包括节能、污染防治、资源节约与循环利用、清洁交通、清洁能源以及生态保护和适应气候变化。对于绿色企业债，绿色评估认证主要参照国家发展改革委发布的《绿色债券发行指引》对募集资金投向的范围界定，包括节能减排技术改造、绿色城镇化等十二大类。

除了项目类别，各家认证评估机构在判断项目符合性时，会结合产业政策、技术先进性等指标进行综合评判，同时也会对绿色项目投资比例是否满足监管要求、是否重复建设等债券、项目实际情况加以综合考虑评判，具体见表4-13。

表4-13　　　国内认证评估机构"绿色项目是否合规/
绿色项目筛选和决策制度"认证评估要点

认证评估机构	"绿色项目是否合规/绿色项目筛选和决策制度"评估要点
东方金诚	项目的绿色属性评估： 项目类别是否符合监管要求；是否符合国家政策导向、行业政策、区域规划、项目类型及项目在同行业内技术的先进性等角度将项目的绿色属性进一步分类分级。 对于债券发行前募集资金投资的项目是不确定的绿色金融债，主要考察项目的筛选标准和项目决策流程以及备选项目类别是否符合监管要求。
中诚信	募集资金投向评估： 通过定量与定性进行综合考量，其中关于绿色项目的判定标准主要参考监管机构要求。

第四章 绿色债券评估与评级

续表

认证评估机构	"绿色项目是否合规/绿色项目筛选和决策制度"评估要点
中债资信	募集资金使用与管理评价因素： 如果发行人在发行绿色债券时已经明确具体的募投项目，主要对募投项目相关文件进行检查，并与国家监管部门及相关组织绿色债券目录进行比较，进而识别发行人绿色债券募投项目是否符合绿色项目的相关要求和标准，并对项目的环境效益进行评估测算。 如果发行人在发行绿色债券时尚未明确具体的募投项目，而只是制定了募投资金未来投资项目计划表或资产池，则主要关注：（1）发行人筛选绿色债券项目人员的专业性；（2）筛选标准的依据是否合理、筛选流程是否完备；（3）拟募投资产池各项目所属行业的绿色属性。
上海新世纪	募集资金用途评估： 从绿色产业项目类别是否符合监管要求，募集资金投向绿色项目比重两方面进行认证。 绿色项目投资机制评估； 主要从发行人的项目筛选机制、资金使用管理情况和公司组织治理等方面展开。
大公国际	项目的绿色属性评估： 符合绿色债券项目目录或明确产生绿色效益； 是否适应产业政策长期发展变化及地方区域规划（包括分析项目与国家及地方产业政策的相符性、支持性产业政策的延续性、项目选址的合理性、是否涉及重复建设等）。
鹏元资信	募集资金投向评估： 评估的内容包括募集资金投向绿色程度、绿色项目投资比例和绿色环境效益实现情况。
联合资信	项目评估与筛选： 主要考察绿色项目评估和筛选方面的政策，以及拟投资绿色项目的合规性文件、可行性研究报告和相关政府部门核准与批复文件，以评估其所投绿色项目是否符合相关规定和标准。
安永华明	绿色项目审核： 依据ISAE3000鉴证标准，参考《绿色债券支持项目目录》、绿色债券原则、气候债券标准、CDM方法学、国标行标等多个标准，多维度审核和评估绿色项目。 建议债券发行人在制定项目筛选标准的过程中，尽可能地考虑该类项目一些可以定量及/或定性分析的环境指标（包括但不限于温室气体减排量、节能量、水资源利用效率、废物回收率等等）。

资料来源：根据各机构提供资料整理。

（2）绿色债券募集资金管理制度是否完备

加强对募集资金的使用与管理规范性的监督和披露，可以有效防止绿色债券市场的"漂绿"行为，确保绿色资金真正用于绿色项目。"绿色债券募集资金管理制度"因素的评估主要度量发行人对绿色资金的使用与管理的规范程度，包括绿色资金的专款或专户管理、绿色资金投向的清晰度、投资项目进度及监控、投资项目运营期监控等。各家认证评估机构对"募集资金管理"因素的评估要点见表4-14。

表4-14　国内认证评估机构"绿色债券募集资金管理制度"认证评估要点

认证评估机构	"绿色债券募集资金管理制度"评估要点
东方金诚	募集资金使用和管理规范性评估： 发行前：主要考察绿色资金投向的明确性（明确的项目）和绿色资金使用管理制度（专项账户管理、预算调节审批风控程序、资金投向是否明确、有效监控资金流向）； 存续期：不仅需要考察绿色资金投向的明确性、绿色资金使用管理制度，而且需要考察绿色资金使用的进度与效率（预算执行程度、执行质量、实际与预算匹配、效益实现等）。
中诚信	募集资金使用评估： 聚焦于资金使用及管理过程的规范性及有效性。主要通过审核绿色债券发行人与此相关的内部流程或管理文件，并通过人员访谈、项目抽查、账户核对等途径对管理文件的落实情况进行对比印证，进而以此为依据对五项二级指标进行判定。
中债资信	治理和制度因素： 主要评估绿色债券发行人治理和制度结构的合理性，完善的治理与制度结构能够保证其对于绿色债券决策、审核流程执行的规范性。
上海新世纪	绿色项目投资机制评估： 主要从发行人的项目筛选机制、资金使用管理情况和公司组织治理等方面展开。其中资金使用管理评估主要考虑：发行人资金监管专户建立的合规性；发行人资金使用管理制度建设情况；发行人资金使用管理情况。

续表

认证评估机构	"绿色债券募集资金管理制度"评估要点
大公国际	募集资金使用与管理评估： 分析重点是募集资金使用与管理的规范性和有效性两个方面： 规范性：募集资金使用计划的清晰度、募集资金使用管理体系的制度化建设程度、发行人是否对募集资金使用计划、披露募集资金使用情况、下一步资金使用计划、变更募集资金用途等事项的规范性作出承诺； 有效性：募集资金管理制度的实施情况、募集资金的预算执行情况、募集资金使用效率与绿色项目的建设进度、已投入资金对应的预期绿色效益的实现程度等。
鹏元资信	募集资金管理评估： 绿色债券募集资金管理水平"最好实践"的内容应包括： 设立专门的账户或建立台账对募集资金进行管理；按项目类型对募集资金进行持续跟踪；闲置募集资金的投资符合政策要求；拥有根据资金配置对原定计划投资进行适当调节的完善制度安排；委托独立的部门或第三方对募集资金使用进行监督。
联合资信	募集资金使用和管理： 主要考察其专项账户和台账的开立以及对绿色债券募集资金的到账、拨付及资金收回等方面的管理情况，以评估其是否能保证资金的专款专用。
安永华明	债券资金流向审核： 绿色债券发行人需要确保将所募集的资金全部用于绿色项目，安永建议企业发行人开立专门账户，金融机构发行人建立专门账户或专项台账对绿色债券资金的募集及分配进行有效管理，以便于追踪募集资金流向，确保每笔资金的可追溯性。

资料来源：根据各机构提供资料整理。

（3）信息披露和报告制度

信息披露是投资人了解和监督绿色债券募集资金投向和使用、绿色项目环境效益等情况的重要渠道。同时，信息披露质量也是绿色债券管理规范的重要体现。"绿色信息披露和报告制度"因素的评估主要考虑包括发行人对绿色债券募集资金投向、项目筛选标准、决策流程、项目环境效益等信息披露的全面性、合规性和准确性。各家认证评估机构对"绿色信息披露和报告制度"因素的评估要点如表4-15所示。

表 4-15 国内认证评估机构"绿色信息披露和报告制度"认证评估要点

认证评估机构	"绿色信息披露和报告制度"评估要点
东方金诚	绿色信息披露透明度评估： 主要考察信息披露全面性、合规性与准确性。 全面性：评估主要包括对发行人绿色程度、募投项目（资金用途）绿色程度、绿色资金使用、绿色资金支持项目所产生绿色效益、为实现绿色效益所采取的措施、预期绿色效益和预期绿色效益实现情况、项目主要供应商及项目关键客户的绿色信息、发行人的主要控股股东及控股子（分）公司的绿色信息等方面是否充分披露； 合规性：发行人是否按照监管机构的要求； 准确性：发行人披露绿色效益是否合理，是否存在夸大绿色效益行为。
中诚信	信息披露评估： 信息披露贯穿于绿色债券募集资金投向、使用、环境效益评估的各个环节，信息披露质量、透明度及效率是绿色债券管理规范性的重要体现，也是上述三项指标能否进行高效评估的重要保障。该指标下设五项二级指标，对绿色债券披露信息的内容、场所、人员、制度进行多维度考量。
中债资信	信息披露因素评估： 主要是对项目的绿色债券发行后相关绿色制度、资金使用情况等进行考核。目的在于确保资金投入达到预期效果，对项目后期管理及信息披露提出的明确要求。 发行前：要素的评估主要针对项目信息披露与报告的相关制度完善情况，以及发行人此前与环保相关的公司事务的信息披露情况，进行评价； 发行后：发行后，能提供详细且及时更新的项目报告和披露、债券生命周期中有持续的年度报告、在投资特征和其预期环境影响上，披露能提供详尽的细节、报告对目前的实际环境影响能提供一个数量或质量评估、对于实际环境影响和债券发售时的预期目标两者之间的对比，报告能做出数量或质量上的解释。
上海新世纪	信息披露与报告评估： 主要从发行人的信息披露制度、资金使用披露和项目进展披露三方面对信息披露与报告进行评估认证。 信息披露制度：发行人的信息披露制度建设和执行情况； 资金使用披露：发行前募集资金使用规划披露情况、存续期内资金使用披露情况（及时性、持续性、细致性、能否实现既定环境效益）； 项目进展披露：发行前对项目和与其环境效益披露、存续期内对项目进展和实现环境效益披露、对项目有重大影响事件披露情况。

续表

认证评估机构	"绿色信息披露和报告制度"评估要点
大公国际	信息披露评估： 主要从信息披露的规范性、全面性、准确性、及时性四个方面着手。 规范性：从制度层面评估发行人信息披露行为的规范程度（是否制定了明确的包含披露标准、披露流程、负责人披露职责等在内的信息披露管理制度）、是否就存续期内进行持续披露作出承诺； 全面性：发行人披露类型是否全面；各类指标和信息披露是否充分； 准确性：募集资金使用情况披露的详尽程度；绿色项目进展情况披露详尽程度；实际环境披露详尽程度；是否就实际环境效益委托专业机构进行外部验证； 及时性：进行定期信息披露的持续性与及时程度、变更已披露信息是否及时、重大事项进行不定期披露的及时程度。
鹏元资信	信息披露评估： 信息披露"最好实践"的内容应包括： 提供关于募集资金用途的详细说明和募集资金使用情况的持续跟踪报告；在债券发行时公开披露绿色评估结果和报告内容；在债券存续期内按一定频率持续提交定期评估报告；提供关于项目预期环境影响/迄今已发生环境风险事故的详细评估和比较分析；提供关于项目预期环境效益/迄今已实现环境效益的定量/定性评估和比较分析。
联合资信	信息披露和报告： 主要考察绿色债券发行前和存续期间是否定期披露募集资金使用情况和项目简介，以评估其信息披露是否符合绿色债券的相关规定。
安永华明	信息披露与报告评估： 鼓励发行人对绿色债券支持的绿色产业项目发展及其环境效益影响等实施持续跟踪评估。安永建议发行人出具的报告应包含两方面内容：资金和绿色表现。发行人需报告绿色债券募得资金的用途和流向，以确保资金有效分配给绿色项目，并对投资者、股东和其他利益相关者进行披露。发行人还应披露绿色债券募集资金所投资绿色项目进展情况及实际产生的环境效益和社会效益。

资料来源：根据各机构提供资料整埋。

（4）绿色项目环境效益预期目标

绿色项目实现环境效益、改善环境是发行绿色债券的最终目的，项目环境效益的大小以及环境效益目标实现的程度是决定债券绿色等级的重要因素。对资金使用的绿色效益评估，可间接监督发行人将绿色资金用于真正绿色的项目，而非"漂绿"的项目。

"绿色项目环境效益预期目标"因素评估主要指度量绿色债券募集资金所支持的项目所产生的对环境的正面效应，如化石能源替代量、节能量、减排量以及污染物防控效果、生态效益等。各家认证评估机构对"绿色信息披露和报告制度"因素的评估要点如表 4-16 所示。

表 4-16　　国内认证评估机构"绿色信息披露和报告制度"
认证评估要点

认证评估机构	"绿色信息披露和报告制度"评估要点
东方金诚	绿色资金的绿色效益评估： 债券发行前：项目所采取的保证环境效益的措施（是否采取了完善、合理的环境管理和风险控制措施、工艺是否达到同行业同类项目先进水平、措施是否合理可行），项目预期环境效益（项目预期环境效益以及与国内同类项目环境效益的对比情况）； 债券存续期：保障绿色效益的措施执行情况（为实现绿色债券预期绿色效益拟采取的环境管理和风险控制措施的实施情况）、债券存续期绿色效益的实现情况（已实现的绿色效益是否达到预期水平）。
中诚信	环境效益实现可能性评估： 旨在评估绿色债券实现既定环境效益目标的可能性。该指标并不对融资项目的环境影响进行考量，也无法作为不同项目对环境影响程度的比较依据。环境效益实现可能性评估主要通过衡量环境目标设置的清晰性、合理性、可行性与可验证性，进而对实现既定环境目标的可能性进行评估。
中债资信	募集资金使用与管理——募集资金所产生的环境效益评估： 募集资金投放于具体绿色项目，项目的运行水平、项目采用的相关工艺或技术的先进程度、节能环保措施的完善程度、生态环境保护手段的完备程度，均是影响债券最终绿色程度的重要影响因素。 评估标准包括不限于：行业有标准的，按照具体标准对应分类进行评估；行业有具体指标数值的，按照具体数值的上下限区域进行评估，以及核算具体项目产生的实际节能减排量、生态效益等环境效益的绝对量值；行业产品或工艺等有支持、限制和淘汰类目录明细的，按照具体明细进行区分评估。

续表

认证评估机构	"绿色信息披露和报告制度"评估要点
上海新世纪	项目环境效益评估： 首先对项目的合规性进行审查，再从定量和定性两方面对项目环境效益进行评估认证。 项目合规性：审查绿色项目相关批复文件、可行性研究报告、环境影响报告书等文件； 环境效益定量评估：项目的节能效果，即项目的节约标煤量；项目的减排效果，主要包括二氧化碳、二氧化硫、氨氮等的减排量；项目的固废综合利用效果，即年综合利用固体废弃物量； 环境效益定性评估：环境效益目标设置的清晰性、合理性、可行性和可验证性等评估。

资料来源：根据各机构提供资料整理。

(5) "发行人公司治理和绿色运营经验"认证评估因素

除了绿色项目合规性、绿色项目筛选和决策、绿色债券募集资金管理、绿色信息披露和报告、绿色项目环境效益绿色认证评估要素外，各家绿色认证评估机构也在自己的评估框架方法中引入了一些"特色"性的评估因素，如东方金诚认证评估方法中的"发行人绿色程度"、中债资信认证评估框架中的"治理与制度"和"产业政策"、大公国际认证评估框架中的"治理架构"、鹏元资信认证评估框架中的"职能保障"等。

这些新增的评估因素主要侧重于评估绿色债券发行人自身的公司治理评价，包括对发行人绿色项目的运营经验和管理水平等历史绿色信用的评估，以及公司绿色发展战略规划等未来展望评估，为投资者提供更多有关发行人"绿色"方面的信息，减少绿色信息不对称。各家认证评估机构对"发行人公司治理和绿色运营经验"因素的评估要点如表4-17所示。

表4-17　国内认证评估机构"发行人公司治理和绿色运营经验"
认证评估要点

认证评估机构	"发行人公司治理和绿色运营经验"评估要点
东方金诚	发行人绿色程度评估： 指绿色债券发行主体在以往的经营中，在资源节约和生态环境保护方面的历史环境行为、信用记录以及环境风险管理能力的综合表现，分为4个分级指标： (1) 发行人环境信用：考察发行人是否进入环保领域黑名单或红名单、近三年内是否有重大环境违法、违规或环境风险事（故）件，是否受到当地民众举报和上访等情况； (2) 发行人的绿色投资或运营记录：考察发行人处于投资期的绿色项目及项目绿色程度、已处于运营期的绿色项目及项目绿色程度等； (3) 发行人环境风险控制能力：考察发行人是否存在专职且专业的环境风险控制团队，或者外聘常年环境风险顾问；环境风险控制制度及其在相关决策中的作用机制；环境风险控制主要技术合理性以及环境风险控制的覆盖范围等； (4) 发行人已实现的绿色效益：考察发行人历史项目实现的绿色效益。
中债资信	产业政策评估： 发行人投资建设或运行的项目所从属的行业，可能受到宏观经济产业政策在支持力度方面差异的影响，同时在未来的运营管理过程中，募集资金所投向的项目能否保持持续运行，进而持续产生有效的环境效益，与产业政策密切相关，因此需要对债券相关的产业政策进行评估认证。 中债资信对于绿色债券募投项目与产业政策相符程度的评估认证主要基于以下方面：(1) 申请项目应符合国家及地方相关产业政策的规划要求；(2) 主要关注行业规划与发展相关的指导类政策与文件、行业相关技术的规范类政策与文件、行业运行与管理类政策与文件；(3) 关注行业主要相关政策变化的主要脉络和政策发展的延续性，评估与政策最新要求保持一致。 治理与制度评估： 良好的治理与制度有助于发行人按照既定的绿色发展战略、项目决策程序、预期环境目标组织绿色债券的发行，确保经营决策和制度执行的合理性和规范性。 中债资信对于绿色债券发行人治理与制度的评估认证主要关注以下方面：(1) 发行人就绿色债券管理机制及整体战略框架制定的合理性；(2) 组织结构、决策程序的规范性和严格性；(3) 组织人员的专业性；(4) 绿色债券内控制度。

续表

认证评估机构	"发行人公司治理和绿色运营经验"评估要点
大公国际	治理架构评估： 该要素从发行人体制机制和绿色发展战略入手，不仅关注发行人是否拥有合理规范的组织结构和管理制度，还要关注发行人的绿色发展战略或绿色经营管理能力，以及过去的绿色项目经验和环境信用记录，从而合理地评估其职能组织能在多大程度上保障绿色项目达到预期的环境效益并有效控制环境风险。 (1) 体制机制：从绿色项目投资管理制度和管理机制入手，主要考察发行人关于绿色项目决策和执行的体制机制是否健全合理； (2) 绿色发展战略：从绿色发展理念和绿色发展历史两个层面展开，评估发行人绿色发展理念未来前景、绿色资金使用的道德风险、绿色项目和绿色经营的可持续性。
鹏元资信	职能保障评估： 职能保障主要考察绿色债券发行人的公司治理结构和管理机制是否能支持绿色项目在评估、审核、批准、建设和运营等阶段的顺利进行。 职能保障"最好实践"： (1) 发行人及其重要子公司在近3年内没有出现重大违反环保法规且受到行政处罚的情形；(2) 发行人制定了严格规范的项目评估、审核、批准等决策程序；(3) 制定了绿色项目投资筛选标准，且投资筛选标准中设置了明确清晰的预期环境影响结果和预期环境效益；或没有制定绿色项目投资筛选标准，但其他相辅的制度可以协助做好投资项目的筛选；(4) 建立开展环境管理和监测工作的职能组织或部门并具有充足的人才储备；(5) 建立较为完善、科学的环境影响和环境效益跟踪机制。

资料来源：根据各机构提供资料整理。

2. 绿色债券评估作业程序

绿色债券评估作业程序分为发行前认证程序和存续期认证程序。典型的认证评估作业程序如表4-18所示。

表4-18　典型绿色债券发行前认证程序及存续期认证程序

发行前认证程序	存续期认证程序
(1) 核查申请材料的完整性和及时性； (2) 对申请人及其项目进行现场尽职调查（可抽样），合理评估申请材料的真实性和准确性；	(1) 核查后续认证材料的完整性和及时性； (2) 对申请人及其项目进行尽职调查（可抽样），合理评估申报材料的真实性和准确性；

续表

发行前认证程序	存续期认证程序
（3）对比分析，与同类申请人或同类项目进行对比； （4）评估对各个绿色金融标准的遵循程度，撰写认证评估报告； （5）对认证评估报告进行内部三级审核程序； （6）认证评估报告征求意见； （7）出具绿色标准认证评估报告，发表绿色认证评估意见和建议授予的认证标识。	（3）对比分析，对发行前申请材料和发行后认证材料进行对比，对同类申请人或同类项目进行对比； （4）撰写后续认证评估报告，重点围绕存续期相比于发行前申报申请的重大变化； （5）进行后续认证评估报告的内部三级审核； （6）针对后续认证评估报告向申请人征求意见； （7）出具后续认证评估报告，就其遵循绿色标准程度发表意见。

资料来源：根据各监管文件资料整理。

3. 绿色债券评估认证结果

根据《绿色评估认证指引》，绿色评估认证机构应当针对债券是否符合绿色债券的相关要求，向发行人出具书面评估认证报告，评估认证业务负责人应当在评估认证报告上签字，评估认证结论类型包括"符合"、"未发现不符"、"不符合"以及"无法发表结论"的免责声明，鼓励在评估认证结论中披露债券的绿色程度。

第三节　绿色债券信用评级

环境要素可以以多种方式影响受评主体的偿债能力，信用评级机构有责任和义务将环境因素审慎纳入信用评级体系中，在评级方法、评级指标、评级结果中充分反映环境因素的影响。绿色债券评级不仅只针对债券的信用评级，还涉及对债券发行方"绿色意识"、履行绿色承诺的行为及其对筹集资金使用、管理和信息披露等一系列因素的综合评价。[①]

---

① 王坤衍：《绿色债券评级初步探索》，载《金融监管》，2016（9）。

中国人民银行行长特别顾问、中国金融学会绿色金融专业委员会（绿金委）主任马骏针对绿色债券信用评级曾指出可以将"绿色"评估推进到可量化的程度，使其在某种意义上成为债券定价的依据。目前，我国绿色债券评级工作也取得了长足发展，不少评级机构发布了各自的评级方法。如联合赤道发布的《企业主体绿色评级方法体系》、东方金诚发布的《自然环境信用分析框架及绿色债券信用评级方法》等。

一、绿色债券信用评级的内涵

绿色评级是指考虑环境污染影响、生态系统影响以及自然资源的可持续利用等三大方面因素后的信用评级体系。其中，环境污染影响包括对人类需要的水、空气、土壤及食物生产等方面的污染影响或污染防治；生态系统影响包括物种保护、气候影响等生态链条体系的影响。例如，建设水库、修建铁路公路可能阻断生物迁徙，碳排放可能造成气候变化导致自然环境改变而造成生命物种灭绝等；自然资源的可持续利用包括对水、石油、天然气等不可再生资源的有效利用。绿色评级的范围需要根据原银监会制定的《绿色信贷指引》以及人民银行和原银监会制定的绿色债券政策实现具体落地，同时也需要采纳环保部门的监测评价结果与指标体系作为专项评价依据。此外，绿色评级的结果应该在信贷贴息、绿色债券审批、财政补贴、行政处罚、税收优惠等方面得到具体的运用。

绿色债券与普通债券最本质的区别是绿色债券的募集资金专门用于绿色项目，除此之外，两者在结构上并没有差异。据此，绿色债券信用评级与普通债券的评级无本质差异，但需在普通债券评级的基础上引入"绿色理念"。因此，绿色债券的评级理念就是在一般债券评级的基础上，增加一部分内容，以评估绿色属性可能给债券信用风险带来的影响。具体来看，可以从以下几个方面进行分析：

第一，行业方面，重点判断这些发行人所处的行业发展状况和国家支持的力度。

第二，考察绿色债券发行人在自身经营方面是否因为绿色项目的建设运营而得到实质性的改善，或者竞争力得到显著提升。

第三，考察项目的绿色属性对公司的盈利能力和现金流的影响，这些影响可能是正面的，也可能是负面的。例如，绿色项目通常会受到政策支持（专项补贴、税收减免等），绿色债券发行人获得政府财政和监管支持的可能性及获得支持的力度有多大与项目的绿色程度息息相关，这就会对公司的盈利能力和现金流带来正面影响，具体到评级工作中，应对以下因素进行分析：（1）政府是否能给予相应的政策保障项目的顺利推进，确保按进度完成项目建设并进入项目运营期；（2）政府是否对绿色项目给予专项的财政补贴；（3）如项目建设和运营存在困难时，政府是否能给予救助或者制定稳妥的移交方案等等。再如，若绿色项目在建设运营期间出现违规现象或环境污染事件，发行人可能会受到监管部门的罚款和责令停业整顿，这就会对公司现金流和盈利能力带来负面影响等。

第四，评级机构在评级时还要考虑绿色相关增信方式对绿色债券信用风险的影响，如绿色担保、绿色保险等。

二、绿色债券信用评级体系建设的必要性

包括评级机构在内的第三方机构不仅要评估绿色债券的绿色程度，评估绿色债券所投向的项目和测算实际环境效益，同时还需要评估绿色因素对企业或项目偿债能力的影响。在针对绿色债券评级方面，马骏提出了四个方面的建议，一是对绿色债券、非绿色债券要努力实现差异化评级；二是绿色债券评级要指导绿色债券融资成本；三是通过绿色评级培养绿色债券投资者；四是评级机构应对环境风险要有前瞻性的压力测试。

建立绿色评级和绿色征信体系是绿色金融的一项核心基础性工作。有了对项目和融资企业的绿色评级，就可以比较科学地评估其环境的（正、

负）外部性，为财政补贴、行政处罚、贴息、绿色金融产品定价提供依据。具体来说，环境表现优秀的企业和项目可依据其绿色评级结果，在银行贷款、债券融资、政府贴息中获得相应激励、扶持或融资成本优势，从而达到鼓励绿色投资、抑制污染性投资的目的。

2007年7月，中国人民银行、国家环保总局与中国银监会等联合发布了《关于落实环保政策法规防范信贷风险的意见》，报告要求银行对节能减排不力的企业进行信贷方面的调控。同年11月，中国银监会颁布《节能减排授信工作指导意见》来指导绿色信贷活动的开展。2008年2月，环境保护部会同保监会、证监会、银监会等金融监管部门相继出台"绿色保险、绿色证券、绿色信贷"等新政，绿色金融开始成为人们普遍关注的焦点。然而，银行和第三方评级机构尚未建立系统的绿色评级体系，在评级主体或项目涉及污染影响、生态影响和资源可持续利用等绿色因素方面难以进行一致可比的有效评价，不利于绿色项目融资信用风险评估的大规模开展，难以满足我国防治污染、保护生态、推动资源的可持续利用等方面的需要。我们认为，在我国的银行内部、第三方评级机构和征信系统中尽快构建绿色评级体系势在必行。

三、绿色债券信用评级需要解决的关键问题

绿色债券评级是指在债券信用评级体系中系统地整合环境、社会与治理要素，与传统的信用评级相比是一个多学科、多领域交叉融合的，更为复杂的系统工程。筛选影响企业盈利能力的关键环境风险要素、识别环境要素对企业或项目偿债能力的影响、评估企业或项目的环境风险等级、获取与核查环境信息等问题是绿色评级需要面对的关键性难题。

（一）筛选影响企业盈利能力的关键环境风险要素

环境因素是一个极其复杂的系统，不同类型的环境因素对企业的盈利

及偿债能力的影响模式不同。信用评级过程中环境因素的筛选以及分析是将环境因素纳入信用评级模型的一个关键难题。绿色评级的环境要素的选取要围绕构建绿色制造、绿色管理、绿色消费以及绿色投资的社会绿色金融生态网络而全面综合分析。关键环境指标信息获取需要借助大数据技术手段从众多纷繁杂乱的信息中挖据、筛选能真实反映企业环境表现的数据信息。

（二）识别环境要素对企业或项目偿债能力的影响

环境因素可以通过多种途径影响企业的盈利或偿债能力。第一，避免环境规制引起的成本增加；第二，避免绿色壁垒带来的市场份额损失；第三，获取低成本优势，比如：提高能源资源利用效率可以降低消耗成本，减少环境污染事件可以减少罚款、诉讼费用等责任成本；第四，获取差异化优势，进行绿色企业文化建设，塑造企业绿色形象，打造绿色品牌，确立绿色供应链主导地位，通过培育绿色资源要素，形成企业的资源与能力优势，增强客户忠诚度，进而增加市场份额；第五，获取直接的经济利益：例如，享受政府绿色采购优惠，利用差异化的生态设计产品开发市场，通过排污权交易获利等。环境因素对企业或项目偿债能力的影响需要通过大数据、数学模型量化分析企业或项目的关键环境绩效指标的实际环境效益来计算，从而进行准确的评估。

（三）评估企业或项目的环境风险等级

环境风险是指企业在生产、经营过程中由于违反环境保护法规的经济、社会活动与行为，以及意外因素或不可抗拒的自然灾害等原因引起的，能对人类社会及自然环境产生破坏、损害乃至毁灭性作用等不幸事件发生的概率及其后果。企业一旦导致突发性环境事件，例如其在生产或运输过程中致使地表水、地下水、大气和土壤环境受到严重的污染和破坏，不仅将面临巨额的罚款、赔偿以及修复费用，而且也会由于企业自身形象的损害，以及公众对企业的产品的质疑而引起市场份额的下降，进而影响企业的偿债能力。评级机构可通过定量分析企业生产、使用、存储或释放的事故环境风险物质数量与其临界量的比值，工艺过程与风险控制水平以及环境风险受体（环境敏感区）敏感性，按照分级矩阵法将企业环境风险等级划分为重大、较大和一般三个等级，并将企业的环境风险等级纳入企业的信用评级结果中。

（四）构建纳入生态足迹数据的主权、地方政府信用评级模型

生态足迹分析方法（Ecological footprint analysis）是1992年加拿大生态经济学家WillianRees和其博士生Wackemagel提出的一种度量可持续发展程度的生物物理方法。它是在对土地面积量化的基础上，在需求层面上计算生态足迹的大小，在供给层面上计算生态承载力的大小，然后比较二者的多寡，进而评价研究对象的可持续发展状况。生态足迹通过反映国家或地区自然资源与环境禀赋、生态足迹的赤字或盈余，进而量化分析该国家或地区发展的可持续性、增长潜力以及经济的脆弱性。在对国家主权和地方政府信用评级时需要通过对国家或地区的生态足迹的变化评价国家和地区经济发展的可持续性，并分析生态足迹对国家主权信用和地方城市信用的影响。

（五）环境信息获取与真实性核查

目前，很多企业或项目对环境数据的披露很不规范，数据不全、数据不真实等问题非常突出。即使有些企业为了企业形象，披露了相关环境信息，但数据没有经过第三方的核实或审计，其可靠性也值得怀疑。

近阶段，需要保持中立立场的第三方认证机构对环境数据进行核查。今后，随着环境主管部门对企业环境信息监管体系的完善，如数据真实性

核查、虚假信息处罚、公众参与等机制的建立健全，环境主管部门将是相关数据的可靠来源。实时原位检测技术的发展、信息公开机制的建立健全也都将从根本上解决数据真实性问题。

（六）量化分析环境因素的影响

环境因素是一个极其复杂的系统，其复杂性不仅表现在环境指标的多样化，更突出的是环境因素的影响模式也非常复杂。目前，还没有公认的绿色项目环境"净收益"评价方法。即使在环境经济学术界，环境成本与收益的货币化仍然处于研究阶段，没有提出普适的方法。

目前阶段，利用环境领域现有研究成果，对项目建设和运行过程中的某些特定环境要素进行定量的投入与产出分析，再根据当地情况对其产生的正面与负面环境影响进行定性比较是可行的。其方法包括：生命周期评价方法；物质流分析法；碳计量方法等等。环境效益评估方法论的建立需要实际工作者与学术界共同努力，在实践中逐步反馈、总结与完善。

四、绿色债券信用评级发展建议

在绿色债券信用评级方面还需做以下努力，以更好地为绿色债券的健康有序发展提供服务。

（一）加大绿色债券相关优惠政策的落地实施

当前，各监管机构针对绿色债券均有多项优惠政策发布，并逐步在推进实施中，如央行 2017 年第四季度进一步完善了宏观审慎评估，将绿色债券、绿色信贷纳入 MPA 考核；并于 2018 年发布公告，将不低于 AA 级的绿色债券纳入中期借贷便利（MLF）担保品范围；多个地方政府也针对绿色债券的发行主体给予资金补助、奖励、设立专项资金，组建政策性担保机构等方式支持绿色债券的发展。绿色债券的优惠政策会显著影响发行人的盈利能力和现金流，进而对其信用级别产生较大影响。因此，监管机构应不断扩大相关绿色债券优惠政策的覆盖地域，落实优惠政策的实施，给绿色债券发行人和投资者带来实质性利好，推动绿色债券的可持续健康发展。

表4-19　　　　各监管机构针对绿色债券的优惠政策

监管机构	对绿色债券的优惠政策
中国人民银行	鼓励政府相关部门和地方政府出台优惠政策措施支持绿色金融债券发展； 鼓励各类金融机构和证券投资基金及其他投资性计划、社会保障基金、企业年金、社会公益基金等机构投资者投资绿色金融债券； 绿色金融债券可以按照规定纳入中国人民银行相关货币政策操作的抵（质）押品范围。
交易所	鼓励政府相关部门和地方政府出台优惠政策支持绿色公司债券发展； 鼓励各类金融机构、证券投资基金及其他投资性产品、社会保障基金、企业年金、社会公益基金、企事业单位等机构投资者投资绿色公司债券。
国家发展和改革委员会	地方政府应该积极引导社会资本参与绿色项目，包括提供投资补助、担保补贴、债券贴息等政策支持； 拓宽担保增信渠道，允许项目收益无法在债券存续期内覆盖总投资的发行人，仅就项目收益部分与债券本息规模差额部分提供担保；鼓励市级以上（含）地方政府设立地方绿色债券担保基金，专项用于为发行绿色债券提供担保；鼓励探索采用碳排放权、排污权、用能权、用水权等收益权，以及知识产权、预期绿色收益质押等增信担保方式； 鼓励商业银行进行债券和贷款统筹管理，推动绿色项目实现"债贷组合"的增信方式。

资料来源：鹏元资信整理提供。

（二）尽快在绿色债券信用评级报告中对绿色相关内容做单独披露

监管机构对绿色债券信用评级的指导意见是"鼓励信用评级机构在信用评级过程中专门评估发行人的绿色信用记录、募投项目绿色程度、环境成本对发行人及债项信用等级的影响，并在信用评级报告中进行单独披露"。纵览当前市场，各评级机构已经在绿色因素对发行人及债项信用等级影响、环境因素分析方法等方面作出了一些尝试，但是尚未将环境作为一个评级维度真正纳入信用评级报告中，未对发行人的绿色信用记录、募投项目绿色程度、环境成本对发行人及债项信用等级的影响做相关披露。未来评级机构应尽快落实相关政策，将环境成本定量化后纳入绿色信用评级模型，并将绿色因素对违约风险的影响分析在信用评级报告中进行披露，使第三方评估认证和信用评级真正能为"绿色"债券背书，有效维护"绿色"信用，让"绿色"成为债券定价的依据之一，真正降低绿色企业的资金成本，为绿色债券市场发展保驾护航。

第五章 借款人绿色评级

第一节 借款人绿色评级现状[①]

一、进行借款人绿色评级的必要性

(一) 背景介绍

习近平总书记在党的十九大报告中指出,加快生态文明体制改革,建设美丽中国。首先,就是要推进绿色发展,加快建立绿色生产和消费的法律制度和政策导向,建立健全绿色低碳循环发展的经济体系。而发展绿色金融的目的,就是壮大节能环保产业、清洁生产产业、清洁能源产业。事实上,党的十八大以来,绿色发展理念日益深入人心,社会对绿色金融的需求也愈发强烈。2016年,中国人民银行等七部委联合发布《关于构建绿色金融体系的指导意见》,我国绿色金融体系建设工作步伐明显加快,绿色信贷、绿色债券等产品规模快速增长,创新业务层出不穷,市场参与主体日趋多元化。

在这样一个绿色金融大发展的背景下,绿色债券评估体系和方法已经日益成熟,从债券的资金用途和节能减排效益进行评估,可以反映出债券本身是否具有绿色属性及绿色程度。此举不仅可以规范资金募集用途,还

[①] 本节作者:董善宁,江苏银行绿色金融与PPP事业部业务拓展部总经理;张业鹏,江苏银行绿色金融与PPP事业部高级项目经理;张盼,江苏银行绿色金融与PPP事业部高级项目经理;王磊,江苏银行绿色金融与PPP事业部高级项目经理。

可以规范资金后续跟踪管理的披露要求，减少信息的不对称性。而对于借款人本身，国内市场上还没有普遍适用的评级机制，相比绿色债券而言，借款人绿色评级还有较长的路要走。

（二）发展绿色评级的必要性

在绿色评级体系中，所涉及的评级对象包括受评主体和受评项目两大类，而受评主体中包含了国家主权、地方政府和企业三类。企业是国民经济中生产经营的主体，也是环境保护的主体，是环境保护中不可分割的重要组成部分。

上文讲到，借款人绿色评级尚未建立健全，但是绿色金融业务仍在不断发展，在这一过程中难免会遇见这样的难题：

1. 在评级主体或项目涉及污染影响、生态影响和资源可持续利用等绿色因素方面难以进行一致可比的有效评价，不利于绿色项目融资信用风险大规模开展，难以满足我国防治污染、保护生态、推动资源的可持续利用等方面的需要。

2. 借款人融资用途管理缺少类似于绿色债券的强有力的外部约束，对外披露信息不完善，信息明显存在严重不确定性。

3. 国家环保部门对于环境整治力度空前巨大，由于环保不达标面临停产的企业数量不断上升。对于投资人和金融机构而言，环境风险难以用现有的风险管理体系进行对冲。环保信息强制披露的呼声日益增长。

借款人绿色评级就可以有效地解决上述问题。借款人进行绿色评级是在原有信用评级基础上，考虑环境污染影响、生态系统影响以及自然资源的可持续利用等三大方面因素后的信用评级体系。借款人通过绿色评级，可以有效评价出该企业在环境保护方面作出的实际贡献值，以不同等级去区分，可以让投资者、金融机构、政府部门以及社会公众更加了解企业的"绿色"程度。

它可以构建一种全面有效的信息传递机制，通过有效的监督，打破信息在优劣双方的不对称性，使得资源可以有效配置，促进绿色金融市场健康发展。

（三）发展绿色评级的意义

借款人绿色评级从企业自身参与环保程度出发，通过第三方评级，良好的披露机制，客观地展现出借款人的绿色程度。借款人绿色评级可以给绿色金融业务各参与方带来不同的好处，下面从五个方面进行分析。

1. 投资人方面

可以为投资人的投资决策提供依据，尤其是在社会环境风险问题上，通过借款人绿色评级，可以规避由于环保问题而出现的投资企业停产、社会群发性事件，大幅降低投资风险。

2. 借款人方面

对于借款人自身而言，环保信息的强制对外披露机制以及绿色评级的绿色程度，也将转化为企业法人参与社会经济不可或缺企业信用的一部分，不仅督促了自身要提升生产过程中排放物的环保处理技术，有效规避或减少了不良社会环境风险，高的绿色评级还可以帮助借款人从银行贷款、债券融资、政府贴息中获得相应的融资优惠，或在审批上更为快捷。

3. 金融机构方面

对于金融机构而言，借款人绿色评级结果可以用以衡量评估金融机构发放的绿色信贷或绿色债券究竟在多大程度上帮助解决了环境问题，可以从供给侧层面上有效地解决"偏绿""洗绿"不规范现象。

4. 财政部门方面

从国家政策层面上来看，国家在引导绿色金融发展的同时，可以有针对性地根据不同金融产品、金融机构履行社会环境风险的程度做出区分，可以制定相应的优惠政策，如信贷贴息、绿色债券审批、财政补贴、行政处罚、税收优惠等，使得政策红利能够更精准地用到绿色金融发展和国家环境保护中去，可以切实推动环境友好型、资源节约型社会发展。

5. 社会公众方面

对于社会公众而言，通过绿色评级，社会公众可以加深对绿色发展的理解，更加响应全民环保的号召，主动减少对高耗能高污染产品的购买。同时，"深绿型"企业可以在社会公众心目中树立良好形象，有助于品牌的树立和可持续发展。

二、国际先进经验与做法

2016 年 8 月，七部委联合发布《关于构建绿色金融体系的指导意见》，构建绿色金融体系，实现"绿色化"经济转型目标，已经成为国家的战略和政策要求。发达国家的绿色金融制度和绿色金融产品已经有了几十年的经验积累，由此推动的绿色投资对这些国家经济结构转型与可持续发展起到了良好的促进作用。而在建立系统完整的绿色金融体系过程中，借款人的绿色评级是其中非常重要的一环。绿色评级的作用效果和机理，一是将环境风险显性化，提高污染性投资的成本，从而抑制污染性投资；二是将绿色正外部显性化，降低绿色项目的融资成本，从而鼓励绿色投资。中资金融机构可以在借鉴国外已有绿色评级经验的基础上，结合自身投资环境和客户数据，建立起符合中国实际的绿色评级体系，推进我国的经济向绿色转型。国际上主流的企业绿色评级的做法主要有：ESG 框架、赤道原则。

（一）ESG 框架

为推动 ESG 信息披露绿色评级，国际上主要采取国家制定法律条例与第三方标准相结合的方式。例如，欧盟要求企业环境信息披露采取强制披露为主、自愿披露为辅。强制披露的有污染物排放和转移登记，以及通过细分企业产生污染物的生产类型和污染物的种类等，规定企业必须披露的排放污染物信息、转移至集中处理站处的污染物信息等。自愿披露遵循"不遵守即解释"原则，对于企业选择不披露的环境信息，必须作出不披露的解释（刘国辉，2017）。美国为推动企业绿色评级，制定了包括《清洁水源法》《固体废弃物处理法》《污染物防范法》等在内的相关法律，对企业环境信息披露作出严格要求。完善的第三方评估机构方面研究 ESG 信息，建立完善的绿色评级指标体系，有较大影响力的有明晟（MSCI）、彭博（Bloomberg）标准普尔公司等。其中，MSCI 每年基于全球 5500 多家上市企业编制了 100 多只 ESG 指数，另外该机构还开发了针对特定国家和特定行业的评级产品。第三方机构指定的绿色评级标准比政府法律要求得更加详尽、具有操作性，是绿色评级能够实施的有力保障。

（二）赤道原则

赤道原则是由金融机构自发履行环境与社会保护责任的准则，通过参照国际标准来加强自身的环境风险管理，提升客户的环境绩效，促进绿色金融的广泛运用。赤道原则适用于有项目融资需求的客户，绿色评级体系也围绕企业在项目中的环境与社会管理体系。不同于传统绿色评级体系，赤道原则将环境与社会风险评级纳入对企业进行项目融资的授信管理流程，更切合金融机构的业务流程。截至目前，全球已有包括汇丰银行、花旗银行、巴克莱银行、江苏银行在内共计 36 个国家的 83 家金融机构宣布采纳"赤道原则"，其项目融资额约占全球项目融资总额的 80% 以上。赤道原则主要适用的企业多为大型跨国公司，内部项目管理流程已经针对环境与社会风险建立了第三方机构评估机制。

按照现有流程，赤道原则要求金融机构将特定的融资项目，结合当地法律法规、《绩效标准》、《EHS 指南》等进行评估，按照潜在的环境社会风险和影响程度分为高（A）、中（B）、低（C）三类。而对于风险分类的具体划分，赤道原则官方留给金融机构自主判断的空间，指引里面只提到了是按照"对环境及社会影响的不可逆的程度"来区别。

结合赤道原则的管理理念，金融机构还可以针对环境绩效、环境管理、环境业务建立内部环境评估模型对企业进行绿色评级。安永为某外资银行在亚洲地区的贷款项目进行贷前融资评价，该环境保护评价型融资以该银行的环境评价标准为基础，对企业的环境保护情况进行评价，并根据评价结果进行授信。环境评估模型基于国际金融公司《绩效标准》的相关规定，安永为该外资银行编制了环境社会影响评估调查表和对应的评分系统，对贷款公司的环境社会绩效表现进行评估，并对贷款公司的环境社会表现进行打分评级。该环境评估体系依据三个维度建立模型。第一个维度为综合环境管理，是指一套有组织的环境绩效提升体系，该体系包含了已评估的环境风险/机遇，并反映了外部压力或应对新出现的环境问题的快速适应能力。第二个维度为全公司环境管理，是指该组织已经实行了涵盖所有职能部门的环境治理和合规管理。第三个维度为有限的环境管理，指针对主要环境问题的环保设施是否到位，对于企业（特别是非生产厂家和中小型企业）非常重要。

（三）其他评价体系

国际标准化组织推出的 ISO 14000 环境管理系列标准也是国际上常用于企业环境评价的标准体系。该标准主要由环境管理体系标准、环境审核标准和环境绩效标准组成，综合考虑环境、经济和社会之间的平衡关系。该标准体系要求企业系统管理自身的环境责任，以达到提高资源利用效率、保护环境和实现可持续发展的目标。该环境指标体系主要是通过第三方认证方式，具有相应资格的第三方认证机构对企业进行审核和评级，判断是否符合该国际标准。该标准采取动态监督审核、定期复审的方式。长期监督的动态模式，对于企业绿色评级实时管理，确保企业的评级长期有效。

（四）借鉴意义

借鉴国外先进的绿色评级经验，发展适合中国企业的绿色评级。首先建立统一的基础框架，针对我国企业现状，可以由人民银行等研究制定统一的企业绿色评级框架，设计可以覆盖各行业的一套企业绿色评级指标纲要，构建起支持可持续发展的绿色评级指标体系；其次是从国家政策和法规层面，通过强制手段推进企业的环境信息披露，结合"不遵守即解释"的原则，完善企业的环境信息披露指标体系，为绿色评级结果的准确性提供基础数据保障；最后，引导和发展第三方评估机构以及金融机构自身的绿色评级能力，保证评估意见的专业性和科学性，例如国外一些从事绿色评级的第三方机构，利用不同的量化工具和指标体系，开发出各自的绿色评级工具和绿色评级机制，其中应用比较广泛的有 MSCI – KLD 环境指标体系、Trucost 环境影响模型等，因此发展专业的第三方绿色评级机构对于逐步形成完整的绿色评级机制具有重要意义。

三、国内现状及面临的主要挑战和建议

自 1989 年挪威 NORSK HYDRO 公司发布了全球第一份环境报告，企业环境信用评价标准至今已经 30 年，但世界各国并未形成统一规范的环境信用评级标准。同时，由于地域、环境、发展水平和技术条件等不同，各国环境目标差异较大，国外的研究、实践成果并不能完全适应我国国情。

在国内，环保部等监管部门是推动我国环境信用发展的重要力量。2005

年至今，环保部、江苏省、湖北省、山东省等陆续制定了国家、地方企业环境信用评价标准。此类标准主要将国家、地方环保部门重点监控企业和高污染、高能耗、环境风险高、生态环境影响大、产能严重过剩行业内的企业纳入评价范围，评价指标主要围绕企业是否满足监管要求进行设置。

（一）国内机构相关实践

中国金融机构及有资质的第三方机构近年来在环境压力测试、绿色指数编制、绿色评级等方面均有进展。一是越来越多的金融机构参与到环境风险量化体系、模型和方法的研究中；二是环境量化工具和模型的开发越来越注重与中国自身发展特征和政策环境相结合。

1. 工商银行

工商银行于2016年初启动了"ESG绿色评级与绿色指数"项目及相关的研究工作，在梳理国内外经验的基础上，发布了《ESG绿色评级及绿色指数研究报告》，该报告详细阐述了工商银行ESG评级体系的构建原则、特色以及实际应用的情况，并对未来金融机构和评级机构构建ESG评级体系的原则提出建议。

2. 联合赤道评价有限公司

联合赤道评价有限公司作为国内唯一的具有环境影响评价资质的绿色金融服务机构，结合我国绿色金融发展实际制定并发布了《企业主体绿色评级方法体系》《绿色债券评估认证方法体系》。其中《企业主体绿色评级方法体系》界定了绿色企业的范围，制定了绿色企业的入围准则及企业环境表现评价指标体系，《绿色债券评估认证方法体系》从项目绿色等级、资金使用和管理、项目评估筛选及信息披露等方面评估绿色债券的综合表现，最终对绿色债券的绿色等级进行量化评级。

3. 上海证券交易所

2015年9月10日，上海证券交易所联合中证指数有限公司和英国

Trucost 公司发布了上证 180 碳效率指数。该指数以上证 180 指数为母指数，并按照测算的碳足迹对样本股进行赋权。与以往的环保类指数不同，碳效率指数的特点是直接聚焦在公司碳排放。从指数发布后表现来看，该指数的平均表现优于上证 180 指数本身。

4. 中节能咨询有限公司

2016 年 4 月 23 日，中节能咨询有限公司研发的"绿色项目环境效益评估系统"正式上线。该系统旨在为绿色项目的投资者提供项目环境效益评估的支持手段，是以《绿色债券支持项目目录（2015 版）》为基础，以国家公布的现行标准准则为主要依据的公益性评估工具。

5. 中诚信国际

2016 年 8 月 2 日，中诚信国际发布了《绿色债券评估方法》，该方法旨在评价绿色债券在募集资金投向、使用及配置于绿色项目过程中所采取措施的有效性，以及由此实现既定环境目标的可能性。中诚信国际绿色债券评估体系主要涵盖四个维度：募集资金投向评估、募集资金使用评估、环境效益实现可能性评估与信息披露评估。

6. 中央财经大学

2017 年 3 月 20 日，中央财经大学绿色金融国际研究院联合深圳证券信息有限公司、深圳证券交易所、卢森堡证券交易所和中国金融学会绿色金融专业委员会联合发布了"中财—国证绿色债券指数"。该指数包括高等级绿色债券、高等级贴标绿债、高等级非贴标绿债等 9 条子指数，由中财绿金院与深圳证券信息公司联合研发，是全球首只实现跨境同步展示的中国绿色债券系列指数。

（二）存在问题与建议

鉴于绿色评级的发展在中国尚处于起步阶段，想要建立中国企业绿色评级体系，仍面临以下挑战。

1. 企业信息披露机制有待规范

目前，中国上交所、深交所在 ESG 信息披露方面颁布了相应的通知和文件，但大多数上市企业还是以自愿披露为主，目前，实际披露环境信息的上市公司只有20%左右。一是国内交易所应逐步建立强制 ESG 信息披露制度，合理引导市场。二是环保部门和相关职能部门要加强企业环境信息相关数据的共享与应用。三是监管和第三方机构要营造环境信息披露氛围，鼓励第三方机构积极参与绿色环境信息的采集和发布。

2. 尽快建立统一的企业绿色评级框架

建议主管部门、专业研究机构、第三方机构和各行业协会加强统筹协调，尽快研究制定统一的企业绿色评级框架，区分定量指标、定性指标、定量与定性结合指标，设计一套覆盖各行业的企业绿色评级指标大纲。在统一框架下，借鉴国际经验，探索建立企业绿色评级方法，拓展企业绿色评级内容。从企业产品和服务、环境影响评估、环境政策与信息披露评估三个层面，建立综合评估体系；并结合行业特点，建立各行业绿色评级通用指标体系和各行业的专用指标体系。

3. 尽快推动第三方评级市场建设

鼓励发展第三方论证、评级公司，为绿色信贷评级、绿色债券评级、绿色处罚和补贴等提供量化技术服务。设立专门机构负责第三方认证机构和认证人员的行政许可和行业管理，对专业绿色评级机构实行准入管理和资格审核；规范第三方机构评估流程，加强对第三方机构评级环节的监管，保证专业评估意见的严谨性和科学性；建立与企业绿色评级结果挂钩的奖惩机制，按照统一标准逐步将企业绿色评级结果纳入企业征信系统，推动企业绿色论证和评级市场的发展。

4. 金融监管部门的政策支持力度仍需加强

金融监管部门应鼓励并引导商业银行支持 ESG 表现优良的绿色企业和项目。一是建议把 ESG 评级达标的绿色信贷资产纳入中央银行货币政策操作合格抵押品的范围,为银行投放绿色信贷提供激励;二是对投向 ESG 优秀企业的绿色信贷资产定向下调资本金标准,以减少银行资本占用;三是基于绿色评级结果,建立相应的负面清单和标准,以减少银行对 ESG 表现差的企业贷款;四是建议主管部门支持地方政府通过专业化担保和增信机制降低绿色企业的融资成本。

企业绿色评级作为绿色金融的一项基础工作,其完善使用对于提升企业的环境保护责任具有重要意义。虽然目前国外已经有了很多绿色评级的应用模型和指标体系,并且有较为完善的第三方评估机构专门研究和从事企业绿色评级,但是还未形成统一的标准。因此,企业的绿色评级结果的可信性存在一定疑问。我国绿色金融已经有一定的发展,但是企业绿色评级方面还有较多空缺。现阶段,越来越多的机构组织开始进行绿色评级的研究,借鉴国外已有的经验发展适用于我国自由环境的企业绿色评级机制和体系。

第二节　借款人绿色评级方法与应用[①]

一、借款人绿色评级方法介绍

(一) 赤道原则下的国际绿色评级趋势

绿色金融从概念到成为当下的一个主流化的议题,中国从无到有进而一跃成为全球最大(2016 年)、第二(2017 年)的绿债市场,是最近两年的国际金融市场和信用评级市场发生的新变化,但许多绿色金融产品出

---

① 本节作者:薛方,金电联行信用管理有限公司首席信用专家,先后任大公国际资信评估有限公司副总经理、中国投资协会评价中心秘书长。国民征信(北京)有限公司总经理陈杰、中科院遥感所智慧城市工程部主任王大成、国环绿能(北京)技术咨询有限公司董事长梁刚、中国铁路北京局集团有限公司马鸿、陈建新等均有技术和资料支持。

现的历史并非最近几年。比如，在信用评级中率先引入环境影响因素，赤道原则作为绿色信贷的国际准则已有16年的历史，国际上第一只绿色债券是2007年发行的，环境责任保险更可追溯到几十年之前。

目前，国际绿色评级、评估与认证的市场更多集中于绿色债券。其中所依据的准则和规范主要为国际资本市场协会（ICMA）与国际金融机构联合推出的绿色债券原则（GBP）和气候倡议组织（CBI）开发的气候债券标准（CBS）（相关原则与方法可参见第四章内容）；同时，作为一种新趋势，国际上的ESG准则也快速进入国际资本市场和更多中国投资者的视野。中国信用评级机构正在积极探索如何将ESG标准引入评价指标体系和投资决策框架之中，以及如何开发相关产品以满足多层次资本市场的差异化需求（相关ESG内容可参见第三章内容）。

需要特别明确的是，本章所涉及的借款人的范畴除了传统的银行业金融机构的客户及其重要关联方、上市公司和发债企业等，还包括在互联网和信息技术革命推动下产生出新的众筹、P2P金融生态、金融服务模式与金融产品等新客户。

在评定国家主权信用风险和企业信用风险业务中，环境因素已经成为银行和信用评级机构的一个新视角。巴克莱银行有专门一套环境和社会风险评估系统，包含了贷款部门、内部评级部门、环境及社会风险评估部门以及声誉委员会。

主权评级方面，联合国环境规划署等机构发布一份名为《主权信用风险的新视角：把环境风险纳入到主权信用分析之中》的报告提出环境因素应被纳入对各国主权信用评估中。这份报告以巴西、法国、印度、日本和土耳其五个国家作为样本进行分析，得出自然资源的恶化可导致一国贸易收支出现变化，从而影响国家的主权信用风险。

公司信用评级方面，国际三大评级机构中的标准普尔，已经提出了在评级过程中需有ESG考量。该公司重点关注了全球变暖、碳排放和清洁能源相关因素,并将相关风险评估纳入已有的管理和政府信用因素(Management and Governance Credit Factors)中。

国际上已经出现了一些实用的量化方法,探索建立对项目环境成本(外部性)的量化和评估体系。例如,英国公司 Trucost 提出了"自然资本负债"(Natural capital liabilities)的概念,例如温室气体排放、水资源消耗、垃圾生成都是对"自然资本"的侵蚀。该公司通过建立环境模型,并结合专家团队的测算,能够量化企业、投资者的行为所产生的相应环境危害或损耗,以及面对的环境风险。其量化结果,不仅包括了"自然资本"数量的变化,更可以直接换算为经济价值,以供投资者进行决策时参考。该公司的数据库已经收集了超过 4500 家上市公司每年的"自然资本负债"数据。与其合作的投资者包括苏格兰皇家银行、纽约证券交易所等。

(二) 中国绿色评级的政策和实践

最近三年,中国的绿色金融信用评价实践实现了"政策推动+市场驱动"的弯道超车快速发展。国务院发展研究中心金融研究所前所长张承惠表示"中国如果开始推动,会比国外发展更快,因为国外是自发性的组织,不是法律上的强制性规定。而中国如果确定要做,政府推动的速度应该更快,关键是看我国走绿色发展还是快速发展"。

2015 年,中国人民银行、国家发展改革委出台了发行绿色债券公告、项目目录及发行指引。2016 年,中央深化改革领导小组批准了人民银行等七部委《关于构建绿色金融体系的指导意见》,之后我国绿色金融市场有了较大发展。国务院 2016 年 12 月 5 日印发《"十三五"生态环境保护规划》指出,要建立绿色评级体系以及公益性的环境成本核算和影响评估体系,2017 年,证监会、银行间市场交易协会等推出了绿色债券指导意见和绿色债务融资工具的业务指引,绿色债券配套措施日益完善。

中国绿色金融的创新实践取得了令人瞩目的制度成果和市场成果。绿色债券市场从 2016 年起步，当年发行规模就达 2000 多亿元人民币，中国一跃成为全球最大的绿债市场。2017 年全年中国在境内和境外累计发行绿色债券（包括绿色债券与绿色资产支持证券）123 只，规模达 2486.797 亿元，同比增长 7.55%，约占同期全球绿色债券发行规模的 25%，位居全球第二位；各省市地已经建立了 20 多个地方性的绿色产业基金；浙江、江西、广东、贵州、新疆五个省份绿色金融创新试验区的宣布设立，为不同类型绿色金融政策的创新落地实施提供了对标区域，被中国工商银行金融研究所所长周月秋评价为成为中国"绿色金融创新实践的突破"[①]；《关于构建绿色金融体系的指导意见》明确界定了绿色金融概念，这是国内迄今为止最为权威的关于绿色金融的定义；2017 年 6 月，人民银行、原银监会、国家标准化管理委员会等部门联合发布的《金融业标准化体系建设发展规划（2016—2020）》将"绿色金融标准化建设"工作列为了"十三五"时期金融业标准化的重点工程，标志着我国绿色金融"标准化"时代的来临。

与多层次资本市场构建相配套的绿色金融产品和信用产品不断丰富。包括绿色 ABS、绿色 PPP、碳金融、绿色保险等在内的各类绿色金融产品快速涌现；2017 年中国境内贴标绿色债券包括 76 个发行主体发行的金融债、企业债、公司债、中期票据、短期融资券和资产支持证券等各类债券 113 只；中国第三方机构在绿色评级、绿色认证、绿色指数、环境压力测试等绿色金融分析工具的开发方面在国际上也处于领先地位。

二、借款人的绿色评级指标体系的构建

绿色金融体系是指通过绿色信贷、绿色债券、绿色股票指数和相关产

---

① 周月秋：《绿色金融创新实践的突破》，载《中国金融》，2017（13）。

品、绿色发展基金、绿色保险、碳金融等金融工具和相关政策支持经济向绿色化转型的一系列政策和制度安排。①

(一) 绿色评级体系是绿色金融的一项基础工作

建立绿色评级体系是绿色金融的一项核心基础工作。有了对项目和融资企业的绿色评级并将其运用到征信系统中，就可以比较科学系统地评估其环境的（正、负）外部性，为财政补贴或处罚、银行贴息或提高信贷和债券融资成本等决策提供依据。

绿色评级是指考虑环境污染的影响、生态系统的影响以及自然资源的可持续利用等三大方面因素后的信用体系。

绿色评级的范围需要根据原银监会制定的《绿色信贷指引》以及人民银行制定的绿色债券政策实现具体落地，绿色评级需要采纳环保部门的监测评价结果与指标体系作为专项评价依据。

被评为绿色的企业和项目，可依据绿色评级结果，在银行贷款、债券融资、财政资金使用、政府贴息中获得相应等级的融资成本优势，及行政处罚、税收优惠以及市场准入和退出等方面具体应用。② 建立正向激励的绿色金融政策，提高绿色项目的投资吸引力，抑制污染性投资，让更多的金融机构和企业投身于绿色金融和绿色产业发展。

(二) 绿色评级标准的基础建设

绿色评级标准是绿色金融的标准体系建设的核心和前提。标准的制定应遵循公平性、完备性与统一性、开放性、前瞻性等基本原则。

1. 绿色评级标准体系

包括绿色评级信用信息分类、评价指标、评价方法和评价应用等

---

① 马骏主编：中国绿色金融发展与案例研究［M］. 北京，中国金融出版社，2016。
② 马骏主编：构建中国绿色金融体系［M］. 北京，中国金融出版社，2017。

系列标准，分布于绿色信用信息归集、统计、共享、公开、监管和应用等环节，是绿色金融标准体系的核心组成部分。按行业范围可分为绿色评级通用指标体系和各行业的专用指标体系。本节侧重于通用指标体系分析。

2. 绿色金融标准体系

建立和完善绿色金融标准体系，是促进绿色金融市场规模化、规范化发展的重要基础和前提。具体包括"绿色属性认定标准""绿色金融产品设计标准""绿色金融业务管理规范"，以及"信息披露标准"四类。

绿色属性认定标准援引各具体行业相关技术标准、排放标准等，明确哪些项目或主体符合"资源节约、环境友好"要求。人民银行的《绿色债券支持项目目录》就是针对项目绿色属性进行认定的标准；而国外市场通行的 ESG 评估标准则是针对主体，即绿色企业的认定标准。

绿色金融产品设计标准的作用在于明确不同绿色金融产品与服务的各项设计要件，以契合绿色项目与主体不同的融资需求。绿色金融的项目、主体和基础资产是绿色属性的三个重要评估考量维度。由于绿色属性认定是绿色金融产品设计的重要前提，因此绿色金融产品设计标准在有些情况下，可能与属性认定标准同时出现，如国家发展改革委的《绿色债券发行指引》。

绿色金融业务管理标准的宗旨在于具体明确绿色金融业务管理流程和规范，确保绿色金融相关业务在发起、经营和存续过程中，始终能够切实发挥资源配置功能，有效引导资金流向绿色领域。业务管理涉及金融机构内部绿色金融管理体制机制的建设以及具体产品的管理流程。

信息披露标准包括绿色项目和主体的环境信息、环境绩效信息披露，以及金融机构绿色金融业务管理相关信息的披露。全球报告倡议组织

（GRI）的《可持续发展报告指南》，以及我国《绿色信贷统计制度》分别是主体环境信息披露和绿色金融业务信息披露的典型例子。信息披露是绿色金融属性认定、产品设计和业务管理的基础要件。

3. 绿色评级标准体系面临的挑战

我国在绿色金融标准化工作上已经实现了从无到有的突破，为规范绿色金融业务、确保绿色金融实现商业可持续性、推动经济社会绿色发展提供了重要保障。构建绿色金融标准体系，应当立足我国经济发展的现实国情、产业特点以及资源禀赋，顺应结构调整方向，服务国家绿色发展战略；也要充分尊重市场规律和国际共识，确保标准既能促进市场公平竞争，又能有效兼容国际规则；同时，积极发挥大数据、区块链、人工智能、遥感等新科技的支撑作用，与传统信用评级、评估技术工具形成优势互补。

同时，我国绿色金融标准仍不完备、不统一，业务发展先于标准制定的问题依然比较突出，构建统一完备、系统科学的绿色金融标准体系迫在眉睫、意义深远。

在绿色认证和评级方面，仍停留在第三方机构和企业自发探索的层面，但这些探索所形成的非官方标准已运用到了具体的绿色金融业务中。例如，目前我国83%的绿色债券在发行前都进行了认证，而认证机构所采用的认证标准、方法学均为各家自成的体系，且不同体系的标准和方法学各不相同，公开透明性也十分不足。在没有官方出台标准和指引的情况下，认证机构认证标准和方法学的合理性并不能得到有效验证，不利于责任投资者放心地对绿色债券进行投资，有可能偏离引导资源配置向资源节约、环境友好的"绿色领域"集聚的设计初衷。

4. 为绿色金融"世界标准"贡献中国智慧

制定绿色金融国际标准，中国面临重大机遇。与国际资本市场相比，我国绿色金融服务起步并不晚。2016年G20峰会明确提出采取切实可行措施推进绿色金融发展。推动绿色金融的中国标准国际化，正面临着一个重要的历史机遇，并拥有政策支持优势，尤其是在"一带一路"建设不断深入推进的背景下。标准是世界"通用语言"，世界需要标准协同发展，标准促进世界互联互通。遵循标准就是遵循规则。伴随着绿色金融的深入发展，绿色标准的重要性将在绿色产业投融资服务领域日益凸显，对经贸往来、产业发展、科技进步、社会治理将产生巨大作用。经济合作与发展组织（OECD）和美国商务部的研究表明，标准和合格评定影响了80%的世界贸易。虽然中国正在积极参与全球金融治理，但中国在国际金融规则制定方面的话语权和影响力仍然十分有限，这与中国的经济大国地位极不相称。

让绿色金融的中国标准成为世界标准是金融行业中的重大战略问题。抓住这一机遇，将推动我国绿色贷款、绿色基金和绿色债券等金融产品的国际化，拓展全球金融市场，并推动金融和生态环境保护融合的广度和深度。

5. 绿色评级分析框架和信用风险量化揭示

绿色评级分析主要基于借款人主体和融资项目的绿色属性两个维度展开。绿色属性部分前面已经分析介绍过，下面重点分析研究绿色信用评级对象和内容。

目前信用评级与大数据、人工智能、区块链等新科技要素的融合而形成的信用风险量化的新进展，大大提升了信用评级对信用风险的评价、评估、定价和揭示的精准功能，也将对实施穿透式金融监管提供更有力的技术支撑，在此也将信用风险量化技术及其实现一并做补充性介绍。

（1）借款人主体评级分析

包括对存量债务的偿付能力分析、对未来债务的偿付能力分析和偿债意愿分析，是以现金流对债务的覆盖程度为核心判断企业对存量和未来新增债务的偿付能力。

经营环境（宏观、行业、区域）的变化构成了受评主体的系统性的风险，对主体的现金流、流动性、外部财务支持等均有着直接或间接的影响，因此对系统风险的考察是借款人信用评级分析的重要环节。

存量债务偿付能力分析的主要目的是识别影响受评主体债务偿付能力的影响因素，为预测分析确定预测基础。

未来债务偿付能力评级所依据的资料均是机构预测的数据。预测是基于若干假设作出的，这些假设被称为预测假设。包括受评主体未来债务空间理论预测、未来资金需求量预测、未来现金流预测。

偿债意愿风险是信用风险的重要来源，如果受评主体缺乏偿付意愿，那么不管其是否具有偿付能力，都会发生违约。因此对受评主体偿付意愿风险的评估是借款企业信用评级的重要内容。

（2）系统风险分析

微观主体的风险由系统性风险和非系统性风险两部分给予解释。对主体的风险衡量从系统性风险的计量开始，引入微观主体的多方面信息深化计算，逐步推进得到主体风险。

从系统性风险和非系统性风险相结合的基本模式，逐步完成从宏观、行业、区域、企业风险的全主体、全要素、全周期的量化分析。

将主体系统性信用风险设计分为四个方面：宏观信用风险、行业信用风险、区域信用风险和操作性风险。在此研究基础上形成了交叉风险，所谓交叉风险是指受评主体在特定区域或特定行业形成的子系统中承受的特殊性风险，它是对主体系统风险的进一步细化。

6. 建立绿色双评级制度

创建对借款人和借款项目双覆盖的绿色评价指标体系和评价机制，包括以下两套指标体系。

(1) 借款人的绿色评价指标体系(见表5-1)

表5-1 绿色评价指标体系

一级要素	次级要素		核心指标
环境	政治环境		国家权力稳定性
			政府管理能力
	法律环境		法律健全
			支持力度
	资源环境		资源友好、生态价值实现机制、生态政策
			人均绿地、人均水资源、蓝天指数
	网络环境		政策导向
			宽带覆盖率、安全制度
	信用环境	信用政策	金融部门提供的国内信用/国内生产总值
			私人部门信用增长率
		信用工具	本地股市融资能力
			贷款融资便捷度
		评级体系(调整项)	
		信用体系	银行体系存贷比
			不良贷款率
			资产利润率
			杠杆率
			国内私人部门债务/国内生产总值
			资产价格涨跌幅与经济增长和居民收入增长的匹配度
财富创造	市场需求	消费半径	销售区域集中度、区域经济发展水平等指标
		消费种类	产品或服务多样性、产品或服务需求周期性等指标
		消费规模	行业收入增长率、市场占有率等指标
		竞争格局	行业内企业数量、竞争方式和竞争优势等指标
	市场竞争力	产品或服务品质	专利数量、售后管理体系等指标
		产品或服务产能	产能、产能利用率、上游集中度等指标
		产品或服务销售	规模以上客户数量及变化、客户集中度、存货周转率等指标
		产品或服务价格	价格波动率、价格变动趋势、价格调整空间、利润目标等指标

续表

一级要素	次级要素		核心指标
财富创造	市场竞争力	产品或服务盈利	总资产报酬率、净资产报酬率
		信用管理	信用信息管理、偿债管理
	盈利能力	收入	收入增长率、现金收入比
		成本	期间费用占比、成本费用利润率、成本费用构成等
		利润	销售利润率、资产周转率、资产负债率等
财富来源	盈利		净利润
	经营性收入		经营性净现金流
	债务收入		借款、发行债券、可用信用额度、资产的抵/质押率
	可变现资产		非受限资产
	外部支持		外部支持规模
	外汇收入		外汇收入规模、外汇收入占比

（2）绿色项目的评价指标体系（见表5-2）

表5-2　　　　　　　　绿色项目评价指标体系

一级要素及权重	二级要素
募集资金投向 40%	符合绿色债券项目目录或明确产生绿色效益
	绿色效益的规模和行业比较
	单位资金的绿色效益产出和行业比较
	拟投项目工艺或技术的先进程度
	节能环保措施的完善程度
	生态环境保护措施的完备程度
募集资金使用与管理 30%	发行前期募集资金使用计划的清晰度
	募集资金使用管理制度的完善性
	募集资金管理制度的实施情况
	募集资金的预算执行情况
	募集资金使用效率与绿色项目建设进度
	募集资金对应的预期绿色效益的实现程度

续表

一级要素及权重	二级要素
信息披露 15%	预计将持续进行定期信息披露的次数
	预计信息披露的手段是否全面
	募集资金使用情况披露的详尽程度
	投资项目进展情况披露的详尽程度
	实际环境效益披露的详尽程度
	实际信息披露描述方式的合理性
	定期信息披露的次数和及时程度
	对项目的重大事项是否及时披露
	实际信息披露的手段是否全面
制度与治理 15%	发行人是否具有绿色发展战略或发展战略包含明确的绿色发展目标
	绿色项目与整体发展战略是否一致
	绿色业务收入占整体收入的比重
	绿色效益实现的可能性
	发行人绿色发展的实施情况
	发行人环境信用记录
	发行人治理机制是否有效
	决策程序的合理性和规范性
	绿色债券的内控制度是否完备
	人员组织的专业性
	金融消费者保护

三、借款人的绿色评级信用体系的构建

我国的社会信用体系建设和绿色金融的实践几乎是同步开展的。2012年，银监会出台了《绿色信贷指引》，成为境内所有银行业金融机构发展绿色信贷的纲领性文件；2014年国务院颁发《社会信用体系建设规划纲要（2014—2020）》[国发（2014）21号]，正式全面拉开了社会信用体系建设的大幕。借款人的绿色评级信用体系是社会信用体系建设中金融行业信用体系的范畴，属于绿色金融的保障体系和基础设施。2017年6月

14日，李克强总理在国务院常务会议上强调"探索建立排污权、水权、用能权等环境权益交易市场，建立企业污染排放、环境违法违规记录等信息共享平台，建设绿色信用体系"。

为了便于操作和理解，我们将结合绿色金融业务的申请、审批、发行和监管等流程，按事前、事中、事后的顺序介绍借款人绿色评价的信用体系构建和要点。

（一）事前控制

1. 建立借款人绿色信用档案

利用目前"多证合一"改革的基础优势，最大限度地打通部门间"信息孤岛"和"数据烟囱"，建立"企业组织机构代码"和"公民个人身份证"为基本单元的借款人绿色信用档案和数据库，进行绿色金融信用行为记录和管理，为构建以信用为核心的绿色金融市场监管体系打下坚实的基础。

2. 合格借款人优选

借鉴世界海关组织《全球贸易安全与便利标准框架》中 AEO 制度（Authorized Economic Operator，即"经认证的经营者"），开展合格借款人优选制度（Authorized Economic Borrower，AEB）制度。通过大数据等风控技术对借款人进行综合评价排名，引导绿色金融资金定向、定时、定量地投向优质企业和优质绿色项目，实现绿色金融的精准授信、精准投放和精确管理。

3. 信用积分制的分类管理

依据借款人信用信息和信用状况，探索构建诚信积分管理和分类管理机制，健全绿色金融行业领域信用评价和分类监管制度。按照国际通行规则，对信用状况、守法程度和安全管理良好的借款人给予市场准入、政策优惠等便利。

（二）事中控制

1. 绿色诚信承诺制

对绿色借款人要求进入绿色金融市场前履行"绿色诚信承诺制"，推动绿色金融行业自律性的"软性"约束机制的建立。经济活动外部性（如对环境的影响）的内部化要求企业追求利益相关者的整体利益和社会责任，而不仅仅是大股东利益。承诺内容可以参照ESG原则，承担绿色金融主体责任和社会责任，接受行业监督和社会监督，确保事后"守信联合激励、失信联合惩戒"机制运行。

2. 借款人信用管理制度

健全企业组织内部信用风险管理制度。建立企业风控岗位和组织，确定企业信用管理的基本规范，企业信用的全过程管理、监督和控制。积极推进环境管理会计系统和环境管理信息系统，参加ISO 14000系列认证管理。建立企业为了自身的财务利益和战略利益会向利益关系人进行信息传递的自觉机制。首先，企业的环境业绩与财务利益密切相关。政府通过加强环境立法和执法来评价企业对环境法规的符合性程度。企业如果违反相关法律法规将可能遭到有关部门的重罚。政府对企业环境行为实施管理，主要通过控制和市场手段，推行污染者付费的原则，使外部成本逐步内生化，企业的环境成本逐渐增加，忽视环境问题将影响企业的成本竞争优势。其次，环境信息披露直接影响企业的社会形象，能够给企业带来差别竞争优势，如市场份额的获得、相对成本的降低和为竞争者设置进入市场的障碍等。

3. 双向披露机制

在我国实践环境信息披露制度的理论基础有三点：（1）社会企业责任理论，认为企业不仅仅是理性人，更是社会人。（2）环境公共信托理论，主张环境为"万民共有"，管理权在国家。（3）利益相关理论，任何一个公司的发展都离不开利益相关者参与。这三者的结合，共同构建了我国的企业环境信息披露制度的法理基础。①

建立强制要求上市公司和发债企业环境信息披露的制度。提升交易所、评级机构、指数公司、分析师及各类中介机构对企业和资产进行绿色评估和评级的能力，开发更多的绿色指数和相关产品，开发适用于机构投资者的环境压力测试方法，为投资机构绿色化转型创造有利的市场环境。披露环境信息包括企业的排放信息、绿色投资信息和环境事故信息等。港交所在2015年7月修订《ESG报告指引》"不遵守就解释"条文，即上市公司应按港交所要求披露ESG信息，要求若不进行披露则应进行声明并解释不披露的原因。中国绿金委主任马骏分析认为："我们可以将之理解为半强制性的信息披露要求。这些新进展说明，环境信息披露是不可逆转的趋势，值得市场各方密切关注。"

同时，机构投资者应强化环境信息披露，构建借贷双向信息披露制度。比如社保基金和保险公司可以计算并披露投资组合的碳足迹和其他绿色指标。机构投资者本身的环境信息披露也有助于倒逼被投资企业的环境信息披露。

4. 契约型监督

强制性绿色保险制度在防范和转移环境风险方面具有独特专业化和市场化功能。一是设定承保环境污染责任保险的前置条件，评估企业环境风险的等级，以企业生产过程或生产设备到达特定环保标准委承保先决条件；二是建立与企业改进生产工艺、提高污染治理水平、提高资源利用效率；三是建立环境污染风险监督检查机制，通过过程控制及时发现潜在风险点并提出改进建议，督促企业保持持续提升环保治理能力。保险公司基于契约关系和经济利益，成为投保企业环境保护工作的市场化、第三方的

---

① 中国人民大学重阳金融研究院中国人民大学生态金融研究中心. 绿色金融与"一带一路"[M]. 北京，中国金融出版社，2017。

监督力量，借助社会和市场手段合力，能够有效促进企业持续开展绿色环保工作。

（三）事后控制

1. 信用信息平台的公示

利用"信用中国"等跨部门、跨系统、跨区域、跨层级的国家信用信息平台优势，发挥信用信息公示在加强事中、事后监管中的作用。从扩容和深化两方面加强信用信息公示工作。要不断发现新的公示资源，创新信用信息展示方式，形成源头公示、归集公示、转换公示三位一体、相互补充的公示模式。

2. 借后大数据跟踪

利用大数据、AI、遥感等新技术，对借款人开展月度、季度、年度的大数据跟踪监测。以反映信用风险为中心，能够对发债个体或群体企业，通过月度大数据风险征信、季度大数据征信评估分析、年度信用评级，进行规模化、全过程、全动态的风险分析与预警，对绿色金融债券支持绿色产业项目发展及其环境效益影响等实施持续、高精度、高频度的跟踪评估。

3. 建立中国的绿色投资者网络

在企业环境信用评价的基础上建立企业环境信用数据库，政府应该鼓励民间专业机构对上市公司和发债企业的"环境表现"进行归集、评级和排名，为企业保费厘定以及享受财税优惠政策提供客观依据，为投资者提供公开透明的信息公示基础保障。

建立投资者社会责任体系。传统的企业会计信息使用者仅指投资者、债权人、政府和企业内部的管理者。不断推广普及企业绿色环境成本信息的使用者范围，包括投资者、债权人、政府管理机关、商品市场上的使用者、企业内部管理者、其他社会组织等，比如由国内大型机构投资者

（如社保基金、大型保险公司、主要公募基金）发起引领，成立多元化的绿色利益相关者组织，形成中国绿色投资者网络。

4. 绿色绩效考核

鼓励第三方专业机构对上市公司和发行债券的企业的"环境表现"进行评级和排名，评级的主要内容应该包括减排的成效和对环境法规的执行情况，也可以考虑提供其排放（减排）导致的社会成本增减的信息，促进披露更透明有效。完善跟踪问效责任机制。依托全国公共信用信息服务平台，建立健全信用信息应用跟踪、监测、统计、评估机制，并建立相应的督查、考核、问责制度。国家发展改革委于2015年6月开始城市信用监测工作，通过汇集互联网上诚实守信和违法失信大数据，建立评价指标和监测模型，实现对全国659个城市信用状况动态监测和每月排名，有力地推动地方政府社会信用体系建设，社会反响积极。

（四）绿色信用奖惩机制

建立健全绿色金融体系，需要金融、财政、环保等政策和相关法律法规的配套支持，通过建立适当的激励和约束机制解决项目环境外部性问题。

制度性需求和制度驱动是我国目前社会信用体系建设的主要特征。[①]国家社会信用体系建设的整体推进为绿色金融创新实践起到了强大的驱动作用。2017年11月《关于加强和规范守信联合激励和失信联合惩戒对象名单管理工作的指导意见》明确，将依据名单实施联合奖惩，并鼓励社会力量协同参与。鼓励各类社会机构查询使用红黑名单，对列入"黑名单"的主体实施市场性、行业性、社会性约束和惩戒，对列入"红名单"的主体建立"绿色通道"，优先提供服务便利，优化诚信企业行政监管安

---

① 薛方. 中国信用体系现阶段特征分析 [J]. 大公信用, 2013 (11).

排,降低市场交易成本,大力推介诚信市场主体。全国信用联合奖惩机制实施成效不断扩大。截至2018年末,全国信用信息共享平台归集总量持续增长,联通范围不断扩大,累计归集各类信用信息突破300亿条。"信用中国"网络公示行政许可和行政处罚等信用信息1.47亿余条。新增失信黑名单主体信息40.7万余条,涉及失信主体约34.1万个,退出失信黑名单主体约31.8万个。全国法院累计发布失信被执行人名单1277万人次,累计限制购买飞机票1704万人次,限制购买动车高铁票544万人次,346万失信被执行人慑于信用惩戒主动履行法律义务;税务部门累计公布16642件"黑名单"事件,累计限制融资授信共12920户,共有1417户当事人主动缴清税款、滞纳金和罚款后从"黑名单"中撤出。

随着全国信用联合奖惩机制实施成效不断扩大,绿色金融作为重点应用领域必将走上稳健持续发展的"快车道"。

四、绿色金融案例

建设银行绿色信贷支持雄安"一公里智能充电圈"项目[①]

案例背景

新能源汽车在中国的爆发式增长,是绿色交通在中国发展的一个缩影。交通部发布《关于全面深入推进绿色交通发展的意见》明确提出,到2020年,中国要做到清洁高效运输装备有效应用,交通运输行业新能源和清洁能源车辆数量达到60万辆,内河船舶船型标准化率达到70%,公路货运车型标准化率达到80%。大中城市中心城区绿色出行比例达到70%以上,建成一批公交都市示范城市。其中,充电网、车联网、互联网"三网融合"的新能源互联网,成为城市绿色交通的新基础设施和领先模式。

---

① 特别感谢保定中关村信息谷公司总经理扈德辉的案例支持。

案例内容

中国规模最大的汽车充电云平台，保定特来电新能源科技有限公司是中国创业板第一股特锐德（300001）的全资子公司，独立自主知识产权的CMS主动柔性智能充电系统技术，已将电池充电的安全性提高100倍以上，电池使用寿命延长30%左右。以"无桩充电、无电插头、群管群控、模块结构、主动防护、柔性充电"的特点，引领世界充电行业技术，成为中国充电基础设施建设的领先者。

绿色金融支持绿色实体产业。根据《"十三五"国家战略性新兴产业发展规划》，2017年保定市发展改革委将保定特来电公司的"政银合作贷款"项目单位——保定建设银行授信额度20000万元，并在建设银行七一路支行开设了银行账户。

在建设银行信贷的支持下，作为中国电动汽车充电设施行业唯一一家致力于打造中国最大的汽车充电网全产业生态企业，颠覆传统充电桩的模式，在世界上首创电动汽车群智能充电系统，并建成中国规模最大、功能最全的汽车充电云平台。特来电公司创新了电动汽车充电商业模式，整合行业资源，通过大系统卖电、大平台卖车、大共享租车、大数据修车、大支付金融、大客户电商，引领充电网、车联网、互联网"三网融合"的新能源互联网，推进汽车充电网生态建设。

绿色产业助力新能源互联网生态系统和分享经济。特来电云平台通过自主研发建设充电云、运营云、修车租车云、设备云、能量云、调度云、支付云、电商云、政府监管云、互联互通云等十大平台，不仅实现了设备控制和信息传递、业务运营和管理监控的管理一体化，还促进了新能源互联网生态系统的创新，推动电动汽车充电网络的布局和普及，成为电动汽车分时租赁、约租等分享经济的新牵引。

积极成效

截至2017年12月1日，全国238个城市落地项目，成立85个合资或全资子公司，投建充电终端总数超过18万个。保定公司已签约179个场站2502个终端，充电场站正在陆续投建运营过程中，其中已运营场站136个，共计1592个充电终端。目前实现充电量约为260万度，碳减排约合2800吨，节油量约为125万升。国家能源局数据显示，特来电无论从充电设施投建运营规模，还是智能安全管控技术水平皆位居全国第一。

案例启示

建设银行为绿色金融支持和服务实体经济在绿色产业和分享经济方面提供了一条新的探索路径。在建行的支持下，保定特来电公司预计在"十三五"期间投资5亿元，建设1100个场站，约16000个终端，在保定和雄安区域打造"一公里智能充电圈"，助力新能源汽车产业的发展，对京津冀区域防治大气污染，为雄安新区"绿色发展的世界标杆城市"的创建作出绿色贡献。

第三节 借款人绿色评级方法及实际的应用案例[①]

一、ESG评级体系和绿色指数的构建——基于工商银行的案例研究与应用

环境风险管理的另一项作用引导商业银行和资本市场投资人开展针对绿色项目的投融资工作。从直接融资渠道来看，对绿色可持续发展能力的准确定义是保证绿色债券、绿色基金和绿色指数等绿色投资产品收益的关键。只有充分掌握投资对象在绿色可持续发展能力方面的信息，投资人才

---

① 本节作者：周月秋，中国工商银行城市金融研究所所长，中国金融学会绿色金融专业委员会副主任。殷红，中国工商银行城市金融研究所副所长，中国金融学会绿色金融专业委员会副秘书长；宋玮，中国工商银行城市金融研究所副处长；郭可为，中国工商银行城市金融研究所分析师；邱牧远，中国工商银行城市金融研究所分析师。

能形成对绿色金融产品收益的稳定预期,排除由于"搭便车"和逆向选择等问题给绿色金融产品带来的干扰;从间接融资渠道来看,只有建立适合绿色可持续发展的授信和评价体系,商业银行才能以定量的方式实现对贷款对象差别化对待,才能在保证收益的同时实现自身的绿色转型。

工商银行作为国有大型商业银行,一直以来都是绿色金融和企业社会责任的积极实践者。2016年初,工商银行针对我国企业绿色评级缺失的现状,开展了"工银ESG绿色指数"课题的研究工作,以下对相关工作进行简要介绍。

(一) 总体思路

工商银行ESG绿色评级体系遵循"自下而上,从微观到宏观"的思路,共分为三个层次:一是企业的绿色评级。它以企业层面的ESG得分为特征,为商业银行量化识别客户可持续发展能力,从而实现授信与贷款的绿色转型提供支持;二是行业绿色ESG评级的构建。通过对行业可持续发展情况的量化评价,为政策制定者提供引导企业绿色转型、促进产业结构绿色调整的依据。三是绿色指数的构建。根据使用目的的不同,绿色指数又可以分为绿色投资指数和绿色发展指数两类。绿色投资指数主要针对投资人,旨在打造以绿色可持续发展为特色的投资组合和标的;而绿色发展指数旨在行业ESG评价的基础上,为衡量受评企业整体可持续发展提供风向标。

(二) 企业ESG绿色评级的指标体系

工商银行ESG评级以单个企业的绿色可持续发展能力为对象,具体可以分为三个层次:第一层次按照国际通行的分类方法,分为环境表现(E)、社会责任(S)和公司治理(G)三个方面。第二层次参考国内外专家意见,经过多次反复筛选,确定了17个维度;第三层次由具体的关键指标（Key Performance Indicator）组成，从前期收集到的 200 余个指标测试中筛选得到。

从构建过程来看，工商银行 ESG 评级体系具有以下特点。

一是数据来源的丰富性与客观性。为 ESG 评级的准确性奠定了基础。工商银行绿色评级的关键指标来源可以分为公开指标、内部指标和第三方评测数据三个渠道。经过筛选，在前期共得到行内外的关键指标（KPI）共计 200 余个，形成了工商银行独有的 ESG 指标库。其中工商银行内部数据库贡献超过了 1/3。工商银行经过较为完备的大数据体系和数据采集机制为 ESG 评级结果的准确性提供了保证。

二是绿色评级模型构建上借鉴国内外同业的通用方法，并在此基础上进行了调整和改进。在思路上，确定了专家组评议和模型估计两个渠道"同时进行，交叉验证"的原则，参考国外其他评级机构的 ESG 评级对最终结果进行调校。

三是评级得分的构建具有较强的灵活性。在总体评分的基础上，按照受评机构所处行业的不同对指标权重进行了动态分配，确保了评级结果的可比性。

（三）绿色指数的构建

ESG 指数现在已越来越受到各方重视，它既有助于绿色环保概念的推广，也在一定程度上反映了企业的环境影响、环境表现和社会责任等综合信息。针对上述发展趋势，在 ESG 指数构建方面进行了两个方面的尝试。

一是基于 ESG 绿色评级构建针对证券市场投资者的"ESG 绿色投资指数"。对于股票市场的上市公司而言，其 ESG 的得分可以作为投资组合中权重分配的重要参考。关注绿色可持续发展的投资人可以根据公司的 ESG 评级结果相应地调整投资策略，从而更好地赚取企业绿色可持续发展带来的收益。明晟（MSCI）公司以及国内中证 180 碳效率指数的构建均遵循上述思路。

二是基于受评企业总体的"ESG绿色发展指数"。将所有企业ESG评级得分进行加权汇总，可以得到反映受评企业总体状况的数值。通过将这个数值在不同时点的大小进行比较，可以方便监管机构和学术机构对受评企业总体的可持续发展能力进行监控和把握。

（四）针对上证180股票企业的试评结果

为了检验工银ESG绿色指数的有效性和准确性，课题组在展开针对全行信贷客户大规模的应用之前，前期先对上证成分指数（简称上证180指数）所包含的企业进行了试评。

从ESG绿色评级结果本身来看，180家受评企业的ESG总体表现呈现出"平均较好，差异明显"的特征。在行业方面，以企业ESG评级为基础的行业均值同现有基于行业总体数据的可持续发展研究的结论保持了高度一致，证明了工商银行ESG绿色评级体系的合理性。而较高的数据质量和独具特色的方法又使得工行的ESG绿色评级体系较同业具有更高的识别精度。在环境、社会和公司治理分项表现上，环境指标同社会和治理指标相比，对企业ESG得分的贡献较大，是最为敏感的指标。180公司治理得分普遍较高，这表明上市公司在完善治理结构、合规运作、经营信息披露等方面的表现较好；社会责任得分普遍较低，表明我国的上市公司在对社会责任实践活动的跟踪、披露等方面工作仍有不足，亟须加强。

从绿色指数的表现来看，基于ESG绿色评级构建的绿色投资指数和绿色发展指数呈现出良好的应用前景。自2017年12月以来，180股票绿色投资指数的表现要明显好于同期上证180指数的收益，而绿色发展指数的不断上升则表明了近年来绿色发展和绿色投资的环境不断向好的趋势。

二、合同能源管理项目风险评价体系[①]

中国引入合同能源管理模式促进节能十几年来,在规模、技术水平、服务领域等方面都有了一定发展,相关领域的投融资活动也逐渐活跃和丰富。合同能源管理行业的进一步发展,需要金融机构的资金和服务支持,但其本身作为以多方合作为基础,以技术创新服务为核心的经营获利模式,是一个复杂的系统,尤其对于中国合同能源管理以中小型服务机构为主的市场现状,迫切需要建立起一套科学合理的合同能源管理项目风险评价体系,为金融机构以及节能委托机构提供参照标准与依据。

(一) 合同能源管理项目特点

合同能源管理作为一种市场化节能机制,通过专业化节能服务公司利用资金和技术优势帮助用能单位提高能源利用效率,减少能源浪费。合同能源管理项目是一种以节省的能源费用来支付节能项目全部成本的节能投资方式,允许客户使用未来的节能收益为工厂和设备升级,以降低目前的运行成本。

合同能源管理机制除本身具有的多赢的特性外,节能过程中也包含了很多的风险因素。节能服务公司作为专业节能服务提供商,除具有成熟的技术以外,风险的管控能力是影响合同能源管理项目成功的关键,此外用能单位的信用状况、经营状况、项目实施过程中的配合情况,项目实施状况都是影响合同能源管理项目成功的重要因素。

(二) 合同能源管理项目评级基本框架

天津绿色供应链中心基于合同能源管理项目的特点,制定了合同能源

---

① 感谢天津绿色供应链服务中心为本节内容提供资料。

管理项目二维评级体系，从节能服务公司主体和合同能源管理项目两方面考量。

节能服务公司主体评价重点关注节能服务公司的技术水平和风险管理能力，风险管理能力评价中引入对外投资敞口和潜在损失，用来评价正在进行项目的风险。

合同能源管理项目评估包括：项目评估和节能量测算两个方面。[①] 项目评估注重考量节能项目业主的资信情况、采用设备的技术指标是否先进合理、项目的节能量预测、项目的收益及投资回报预测情况以及项目管理运行风险、项目合同是否符合《合同能源管理技术通则》要求等；项目节能量测算重点评估节能收益的大小，以及节能收益的可靠性和稳定性。

（三）节能服务公司评级要素

从节能服务公司的经营特点来看，其面临的风险包括：经营环境风险、技术风险、客户信用风险、项目运营风险、财务风险等，宜采取定性与定量结合、动态和静态分析结合的方法，着重从节能服务公司经营环境、企业素质、客户管理、项目运作经验、成本回收能力、财务状况、未来发展七方面进行评价。

1. 经营环境

当前合同能源管理项目的迅速发展离不开国家在税收、补贴方面的大力支持，虽然节约资源是基本国策，合同能源管理业务的支持政策在短期内不会发生较大的改变，但若未来国家减小支持力度或转变相关支持政策方向，则可能对合同能源管理项目立项、节能服务公司的运行及其他众多方面造成不利影响。此外，国内能源政策、节能公司服务主要行业的产

---

① 2015年1月13日，中国银行业监督管理委员会、国家发展和改革委员会以银监发〔2015〕2号印发《能效信贷指引》，明确指出能效信贷项目涉及行业广泛，技术复杂且创新较快，银行业金融机构在办理能效信贷业务时，应对项目技术风险和节能效益进行评估，形成评估意见。

政策、环保要求、环保技术要求等,都将影响企业的经营。

2. 企业素质

企业素质是企业提供服务的基础和保障,主要考察企业的经营管理团队的整体状况、节能服务行业经营年限、资本实力、专利及专有技术情况、市场拓展及渠道控制能力。

3. 客户管理

节能服务公司的风险一方面来源于企业自身,另一方面来源于企业对客户的风险管理能力。节能服务公司的主要业务模式是投资、建设、运行管理,通过减少的能源费用分享作为收入的主要来源。因此合作方能否正常经营和持续经营也会直接决定合同能源管理项目的生产运营效率和收益,进而对节能服务公司的盈利能力产生影响。

4. 项目运作经验

项目运作经验丰富的节能服务公司更能够在项目实施过程中掌握主动权,有利于项目的实施。节能服务公司项目的承揽能力、技术的可靠性和对客户的判断能力、项目的管理能力都是重要的考察因素。

5. 成本回收能力

成本回收能力考量节能服务公司签署合同的完备性及对无争议性(比如约定的计算方法和模型,聘用了第三方机构审核,等等)、项目平均投资回收期和回收方式。

6. 财务状况

财务状况从负债水平、盈利能力、经营效率三个方面进行考量。负债水平方面根据节能服务公司短期负债为主的特点,选取了资产负债率、现金流动负债比率作为评价指标。盈利能力选取主营业务利润率、净资产收益率为评价指标,经营效率方面选取了应收账款周转率和总资产周转率为评价指标。

7. 未来发展

成长性对其未来发展较为重要,为此设置了总资产增长率、销售收入增长率、技术产品与商业模式的门槛等因素来考核节能服务公司的持续经营能力和发展前景。

（四）合同能源管理项目评级要素

合同能源管理项目的评级主要通过项目可行性、项目运营稳定性、用能单位资质以及节能效益四个方面来进行评价。

项目可行性主要通过对项目设计及技术成熟度、节能服务公司实施经验以及工程施工风险等三个方面来考察。

项目运营稳定性主要考察项目技改完成后的持续运营能力，重点从安装设备稳定性以及运营维护管理水平进行考察。

用能单位资质重点考察用能单位持续经营能力以及信用状况。主要从用能单位信用状况、所处行业发展前景及政策导向、经营稳健性三个方面来进行考察。

节能效益的评价是对合同能源管理项目进行评级的核心要素，主要从项目节能量、节能分享比例以及投入回报率等方面进行考察。

第六章 上市公司绿色评价体系[①]

第一节 构建上市公司绿色评价体系的意义

一、响应绿色金融政策信号的积极举措

《2017年G20绿色金融综合报告》指出,在鼓励经济部门和金融体系参与环境可持续性发展方面,缺乏清晰一致的政策信号,这对金融机构来说是不确定性的根源之一,也是绿色投资仍未普及的原因之一。2016年8月31日,中国人民银行、财政部、发展改革委等七部委联合印发了《关于构建绿色金融体系的指导意见》(银发〔2016〕228号,以下简称《意见》)。《意见》的第一条明确给出权威的关于绿色金融的定义,以及绿色项目的主要类别,这对未来各种绿色金融产品(包括绿色信贷、绿色债券、绿色股票指数等)的界定和分类有重要的指导意义,为通过"声誉效应"和"财务效应"来激励绿色投资提供基础。《意见》明确指出要推动证券市场支持绿色投资,构建上市公司绿色评价体系,这有利于提高上市公司环境信息的透明度,为投资者提供更多有效信息进行决策,是响应绿色金融政策信号的积极举措。

[①] 本章作者:王遥,中央财经大学绿色金融国际研究院院长、教授;施懿宸,中央财经大学绿色金融国际研究院助理院长、教授;中央财经大学绿色金融国际研究院硕士研究生范高雁、王吉颖、曹畅,博士研究生陈川祺。感谢中证金融研究院、中证指数公司和深圳证券信息公司对指标体系进行的专家论证。

二、推动上市公司强制性环境信息披露

《意见》第十七条提出,将逐步建立和完善上市公司和发债企业强制性环境信息披露制度。上市公司绿色评价体系的构建和完善,为上市公司在"绿色表现"方面提供了具体可对比的标准。随着中国绿色金融的发展,投资者的责任投资意识逐渐增强,"绿色表现"排位靠前的上市公司将更加吸引投资者。因此,上市公司将有意愿披露更多的环境信息,从而在排名中占据优势。特别是,基于上市公司绿色评价体系以及相关的数据分析模型,可以编制绿色股票指数,入选绿色指数也是一种价值投资标准,上市公司有动力追求更高排名并入选绿色相关指数。从而,绿色评级可以市场化方式,推动强制性环境信息披露政策的实施,督促上市公司进行环境信息披露。

三、为投资者提供绿色投资的标准

环境相关的风险可能会增加投资者的投资风险,若相关环境风险被忽略,或投资者没有能力辨识量化相关风险,则可能导致错误定价以及投资损失。特别是当前许多投资者面临能力不足的制约,并缺乏建立这种能力的内部激励。同时,许多投资者的绩效考核机制过度关注短期效益,较易忽视与长期绩效相关的环境因素,单一投资者往往无法或不愿独自进行环境相关风险的量化分析。随着国内环境污染事件频发、环境成本提高,环境风险也逐渐成为投资者进行金融资产配置时考虑的一项重要因素。构建一套完善的方法学,对证券市场的上市公司进行绿色评价,不仅可以发现投资的潜在环境风险,还可以从中寻找绿色表现与财务绩效的正相关关系,有利于具有绿色投资偏好的投资者在证券市场进行主动的绿色投资。同时,可依此开发出相关绿色指数产品作为一种价值投资标准,引导相关金融机构以绿色指数为基础开发公募、私募基金等绿色金融产品,为绿色

公司树立标签，满足投资者需要，引导社会资本向绿色行业流动，推动证券市场的绿色投资，进而促进绿色经济的发展。

四、增强证券市场抗风险能力

上市公司绿色评价体系以及基于此开发出的指数能够为金融资产（如股票和债券）提供更加有效的"绿色"识别与排序方式，因此能够促进投资者将更多资金投入绿色资产。通过科学的绿色评价体系对上市公司进行评估挑选形成的绿色指数，也有助于被动投资者投资于绿色资产，如通过绿色 ETF 等产品进行投资。此外，评价与指数能够鼓励上市公司与债券发行人改善其环境绩效，以保证自身能够被包括或留在绿色名单之内。研究表明[1]，以绿色评价体系选择出来的企业在社会责任方面表现良好，它们更加关注长期成功，有着较低的管理成本和投资风险，可产生更稳定、更高的投资回报。绿色评价体系在为高排放行业预测未来环境污染排放量的同时，可有效避免一些系统性的生态风险，有利于资本市场的长期稳定发展。

五、接轨资本市场国际化

近年来，中国经济与国际接轨的步伐不断加快。2016 年 10 月 1 日，人民币正式加入特别提款权（SDR）新货币篮子，这不仅反映了人民币在国际货币体系中不断上升的地位，是人民币国际化的里程碑事件，而且有利于建立一个更强劲的国际货币金融体系。与此同时，中国资本市场也日益走向国际化。2014 年 11 月，沪港通启动，开启中国境内外股票市场交易互联互通机制之先河。2016 年 12 月，深港通正式启动，进一步吸引了大量国际投资者对 A 股市场的关注，使得 A 股的估值和投资风格与国际市场的差异逐渐缩小。2017 年 6 月 21 日，中国 A 股 222 只大盘股被纳入

---

[1] 秦二娃、王骏娴：《健全绿色股票指数体系　服务绿色经济发展》［EB/OL］. 2016 - 12 - 12 [2017 - 12 - 01] http: //www.csrc.gov.cn/pub/newsite/yjzx/sjdjt/zcyj/201612/t20161212_307708.html.

MSCI 新兴市场指数，大量国际资金的涌入，为中国股市注入大量流动性，有利于中国资本市场朝着更加成熟、更加与国际准则接轨的方向发展。构建上市公司的绿色评价体系，并应用在绿色股票指数上，有利于吸引更多境外长期资金进入中国证券市场，改善证券市场投资者结构，促进经济转型升级；同时，也将促进中外之间关于绿色股票标准和绿色投资理念的交流与借鉴。

第二节　上市公司绿色评价体系的构建

目前，国际上对上市公司进行绿色评价的标准通常应用在指数开发上。国际主流指数公司，如道琼斯公司、富时集团等，在绿色股票指数方面已经有一些先进实践经验，其对绿色股票指数成分股的评选标准既有定性又有定量，其中定性指数要多于定量指数，主要以产业、地域和主营业务等定性指标作为选股的标准，或要求成份股公司绿色营业收入占比达到一定的比例。

借鉴国际经验，并针对中国国情，中央财经大学绿色金融国际研究院创新开发了一套综合定性、定量以及外部监督的方法学，来评价上市公司绿色水平。该标准体系主要由三大部分构成：第一，企业"绿色表现"的定性指标，即企业绿色流程评分表。第二，企业"绿色表现"的定量指标，即企业绿色产出比例计算。第三，企业负面环境新闻及环保处罚，即企业环境风险评估。最后，通过设定权重，利用专业的计量方法将三大部分分数进行加总并排序，给予企业绿色表现排名。

一、行业划分

不同行业具有不同的行业特性和业务模式，因此在绿色环保方面侧重点也有所差异。所以制定绿色股票标准的第一步是根据行业特性对不同行业进行划分。参照《证监会上市公司行业分类指引》，将所有上市公司的行业划分为3大行业，30个子行业，并据此制定了绿色股票一般行业指标和特色指标（见表6-1）。

表6-1　　　　　　　　　　　行业分类

一级行业	序号	二级行业
制造业	1	农、林、牧、渔业
	2	采矿业
	3	食物饮品制造业
	4	服装服饰制造业
	5	木材制品制造业
	6	印刷用品制造业
	7	文教、工美、体育和娱乐用品制造业
	8	石化制品制造业
	9	医药制造业
	10	非金属矿物制品业
	11	金属冶炼及加工业
	12	金属制品业
	13	设备制造业
	14	废弃资源综合利用业
	15	电力、热力、燃气及水的生产和供应业
	16	建筑业
服务业	17	批发和零售业
	18	交通运输、仓储和邮政业
	19	住宿和餐饮业
	20	信息传输、软件和信息技术服务业
	21	房地产业
	22	租赁和商务服务业
	23	科学研究和技术服务业
	24	水利、环境和公共设施管理业
	25	教育
	26	卫生和社会工作业
	27	文化、体育和娱乐业
金融业	28	货币金融服务
	29	资本市场服务
	30	保险业

二、定性指标体系：不同行业的绿色流程评分

参考国外现有的绿色公司评分模式，包括 MSCI – KLD 数据库、CR-Magazine Corporate Citizenship Lists Methodology、DJSI 可持续发展指数和 FTSE4GoodIndex 等，中央财经大学绿色金融国际研究院自主开发编制了符合中国国情并重点突出上市公司环境信息披露的绿色指标体系和绿色流程评分表，即企业的定性指标。从企业的绿色发展战略及政策、绿色供应链的全生命周期来判断其绿色发展程度，其中三级指标近 100 项。这类定性指标保证了那些注重绿色可持续发展但不是"节能环保产业"的企业得以入选，符合投资者追求产业多样化投资的需求。不同行业的绿色流程具体构架如表 6-2 至表 6-4 所示。

表 6-2　　　　　　　　制造业绿色流程指标体系

制造业	节能环保措施	节能减排措施
		污染处理措施
		绿色环保宣传
	环境量化信息披露	主要环境量化数据
		环境成本核算
	绿色生产链	绿色设计
		绿色技术
		绿色供应
		绿色包装
		绿色生产
		绿色产品
		绿色办公
	行业特色指标	与行业相关的特色题目

表 6-3　　　　　　　服务业绿色流程指标体系

服务业	节能环保措施	节能减排措施
		污染处理措施
		绿色环保宣传
	环境量化信息披露	主要环境量化数据
		环境成本核算
	绿色价值链	绿色设计
		绿色供应
		绿色营销
		绿色办公
		绿色包装
		绿色服务
	行业特色指标	与行业相关的特色题目

表 6-4　　　　　　　金融业绿色流程指标体系

金融业	节能环保措施	节能减排措施
		绿色环保宣传
	环境量化信息披露	主要环境量化数据
	绿色价值链	环境风险管理
		绿色金融产品
		绿色金融部门
		绿色投资
		绿色金融宣传
		绿色办公
	行业特色指标	与行业相关的特色题目

三、定量指标：绿色产出的计算

除了定性指标，本评价体系还根据企业披露的碳排放量、用水量、用电量，特别是绿色产出占比等数据，来衡量企业的绿色定量水平。这类定量指标确保了绿色产出占比高的相关企业得以入选，符合国家产业政策发展方向。其主要参考了三大绿色分类体系，一是富时绿色收入指数（FT-

SEGreen Revenue Index）编制分类；二是《"十二五"节能环保产业发展规划》编制分类；三是《绿色债券支持项目目录（2015 年版）》的分类。通过参考上述三种绿色业务的分类标准，来区分公司主营业务中的绿色和非绿属性，以绿色产出/营业收入得出每家公司的绿色产出比重，作为最终量化汇总的重要组成部分之一。以下以比亚迪为例进行简单介绍。

比亚迪 2016 年报：营业收入 103469997000 元。详见表 6-5。

表 6-5   比亚迪 2014—2016 年利润指标

单位：元,%

	2016 年	2015 年	本年比上年增减	2014 年
营业收入	103469997000.00	80008968000.00	29.32	58195878000.00
归属于上市公司股东的净利润	5052154000.00	2823441000.00	78.94	433525000.00
归属于上市公司股东的扣除非经常性损益的净利润	4613455000.00	1206641000.00	282.34	-677281000.00
经营活动产生的现金流量净额	-1845571000.00	3842094000.00	-148.04	38069000.00

比亚迪 2016 年报：二次充电电池及光伏 7343890000.00 元 + 新能源汽车业务 34618000000 元 = 41961890000 元。详见表 6-6。

表 6-6   比亚迪各部门产品收入和利润情况

单位，元,%

分产品					
二次充电电池及光伏	7343890000.00	7.10	6080075000.00	7.6	20.79
手机部件及组装等	39094090000.00	37.78	33262988000.00	41.57	17.53
汽车及相关产品	57010348000.00	55.10	40655203000.00	50.81	40.23
其他	21669000.00	0.02	10702000.00	0.01	102.48

注：年内，新能源汽车业务整体收入约为人民币 34618 百万元，同比增长约 80.27%，占本集团总收入的比例增至 33.46%，成为集团收入和利润的重要来源。

$$\text{比亚迪绿色收益} = \frac{41961890000}{103469997000} = 40.55\%$$

四、环境风险评估：负面新闻和环保处罚

对一家公司的绿色表现评价分为正面评价和负面评价两方面。为防止一些公司在作出节能环保努力的同时，还有大量的环保负面新闻和违法行为，本评价体系引入环境风险评估因素，通过负面新闻和环保处罚进行衡量。通过与大数据公司合作，采用"网络爬虫"技术，挑选出企业负面环保新闻并加以人工过滤确认其真实性，这类舆情指标提高了所选企业的环境公信度。如果关于企业的绿色相关的负面信息过多，将依据一定的方法在原来的正面分数上进行扣减，使得企业的整体绿色水平符合标准。

在选取环境风险来源并制定筛选标准方面，为了更加快捷、高效、全面和精确地覆盖环境风险，本研究综合使用公众环境研究中心（IPE）的上市公司污染源在线监测数据、爬虫软件智能检索和人工筛选挑选环境风险。在对负面新闻的筛选和统计中，对个人网站进行了剔除。为了进一步衡量不同媒体的不同影响力，参照 Alexa 的网站排名对媒体进行了分级。同时为了避免重复新闻带来的传播力和影响力的误差，对重复新闻的得分进行了加权处理，具体权重与媒体网站的等级相关。

五、量化汇总

为了赋予每家企业一个具有可比性的量化得分，参照国际指数量化处理的方法，本研究将绿色流程指标体系评分、绿色产出计算、环境风险三方面采用计量方法，加权得出总分。

第三节　上市公司绿色评价体系的应用

由中央财经大学绿色金融国际研究院开发的上市公司绿色评价体系，

可以应用在以下方面：一是对上市公司进行绿色排名。不仅可以对所有上市公司进行绿色评价得出综合排名，也可以根据行业、企业规模、企业性质的不同分类进行专门化排名，从而为股票市场投资者提供投资参考。二是可与中证指数公司或深圳证券信息公司合作发布指数并与基金公司合作发行绿色股票 ETF，成为绿色股票的市场基准。三是可与国外交易所合作发布指数并由国外投资机构发行相关中国绿色投资产品，将中国绿色金融推广至国际。四是为资产管理公司提供底层数据，进行绿色增强型策略投资。五是应用于绿色股票指数的成分股选择。此外，这套绿色评价体系还可以与承销商合作，应用于拟上市公司；与国资委、地方政府合作，测度非上市公司的绿色水平。基于数据的可公开性，以下对上市公司绿色评价体系已在绿色股票指数上的应用进行介绍。

一、沪深 300 绿色领先股票指数（CSI 300 Green Leading Stock Index）

中证指数公司依据中央财经大学绿色金融国际研究院的上市公司绿色评价方法学，开发了沪深 300 绿色领先股票指数，通过"环境维度"指标衡量绿色供应链和污染治理等企业运作过程的绿色程度，量化指标衡量污染排放、能源消耗、资源消耗和绿色收入，以及企业负面环境新闻和政府环保处罚衡量上市公司环境风险，作为选择成分股的基础依据。该指数与卢森堡交易所合作发布。

（一）样本选择：沪深 300 成分股

沪深 300 指数是由上海和深圳证券市场中选取的最具代表性的规模大、流动性好的 300 只 A 股作为样本编制而成的成分股指数，包含了金融、信息技术、房地产、能源、化工、医药等 25 个行业，其于 2005 年 4 月 8 日正式发布，以 2004 年 12 月 31 日为基日，基点为 1000 点。选择沪深 300 上市公司作为指数筛选目标的原因如下：

1. 企业信息透明度较高

沪深 300 上市公司的信息透明度较高，可以让这个绿色股票指数产品的影响力更大，也让沪深 300 企业可以致力于成为中国绿色企业的典范，由声誉效应起了企业带头作用，从而让中国企业都注重自身的绿色绩效。

2. 投资大众接受度高

由于沪深 300 上市公司的信息透明度高，所以公众的接受度高，并且可以通过此绿色产品普及绿色金融的知识。

3. 为外国投资者提供投资渠道

外国投资者可以通过购买沪深 300 上市公司的股票，以及未来可能的绿色股票系列指数 ETFs，来进行对冲套利。沪深 300 为境外资本提供了便利的投资渠道。

4. 产品的交易量大，流动性强

因为 ETF 的成分实际是在证交所挂牌的股票，所以最重要的是流动性。沪深 300 指数纳入了上海和深圳证券市场中规模最大、流动性最好的 300 只股票，其样本覆盖了沪深市场六成左右的市值，具有良好的市场代表性。因此，由沪深 300 挑选出来的沪深 300 绿色领先股票指数 ETF 也将会有较大的交易量，甚至由此沪深 300 绿色领先股票指数所衍生的共同基金都会有较大的申购量。2016 年沪深 300ETF 场内申购量达 228 亿份，成交额达到 1565 亿元。

5. 产品具有多样性

沪深 300 指数在期货交易所具有期货产品，可以开发两种绿色指数的杠杆 ETF 和反向 ETF，以满足不同类型的长短期投资者需求。

特别需要说明的是，沪深 300 绿色领先指数首先剔除了"两高一剩"行业。"两高一剩"行业是指高污染、高耗能及产能过剩行业。

第六章 上市公司绿色评价体系

"两高一剩"企业的超常发展，消耗了大量不可再生资源，且对环境造成了严重的负面影响。虽然部分属于"两高一剩"行业的企业在节能减排、绿色环保等方面已经开始付诸努力和实践，但为了响应国家产业政策，该指数剔除了沪深 300 中的"两高一剩"行业，来保证指数的"绿色"性质。关于"两高一剩"行业，学术上并未给出明确定义，该指数参考我国银行业信贷投放时对"两高一剩"行业的划分，将以下行业划分为"两高一剩"行业：火力发电、钢铁、有色金属、石油加工及炼焦、基础化工、水泥、玻璃、煤炭开采。在剔除"两高一剩"上市公司后，剩余的 258 家上市公司成为沪深 300 绿色领先股票指数系列的筛选样本。

（二）沪深 300 绿色领先股票指数成份股分析

在企业绿色流程评价得分方面，成分股最低分为 2.68 分，最高分为 49.92 分，平均值为 27.84 分。在绿色产出方面，成分股最低分为 0，最高分为 100 分，平均值为 44.55 分。在负面新闻分数方面，成分股最低分为 -25 分，最高分为 0 分，平均值为 -3.47 分。在环保处罚分数方面，成分股最低分为 -24.99，最高分为 0，平均值为 -7.30 分（见表 6-7）。

表 6-7　沪深 300 绿色领先股票指数成分股统计量分析

单位：分,%

项目	最低分	四分位数（25%）	中位数	四分位数（75%）	最高分	平均值	标准差
绿色水平评价数	2.68	15.09	27.72	42.14	49.92	27.84	14.72
绿色产出数	0.00	37.59	38.64	50.00	100.00	44.55	25.51
负面新闻分数	-25.00	8.92	0.00	0.00	0.00	-3.47	5.63
环保处罚分数	-24.99	-9.66	-8.43	0.00	0.00	-7.30	5.64
总分	34.15	43.74	55.42	74.14	140.54	61.63	24.53

(三) 沪深 300 绿色领先股票指数与沪深 300 指数回测对比

为了验证沪深 300 绿色领先股票指数在业绩上的优越性，本研究采用了 2012 年 1 月至 2017 年 1 月 5 年的沪深 300 股票月收益率数据进行了回测。分别以绿色流程得分、绿色产出占比得分、环境风险得分加权得到总分，取沪深 300 中总得分前 100 名形成沪深 300 绿色领先股票指数，然后将其月收益率与沪深 300 指数的收益率进行对比分析。

在计算指数收益率的过程中，又分为等权重加权、以总得分作为权重加权、以市值作为权重、以 1/2 市值和 1/2 总得分作为权重四种计算方法，下面是其月收益率对比（见图 6-1 至图 6-4）。

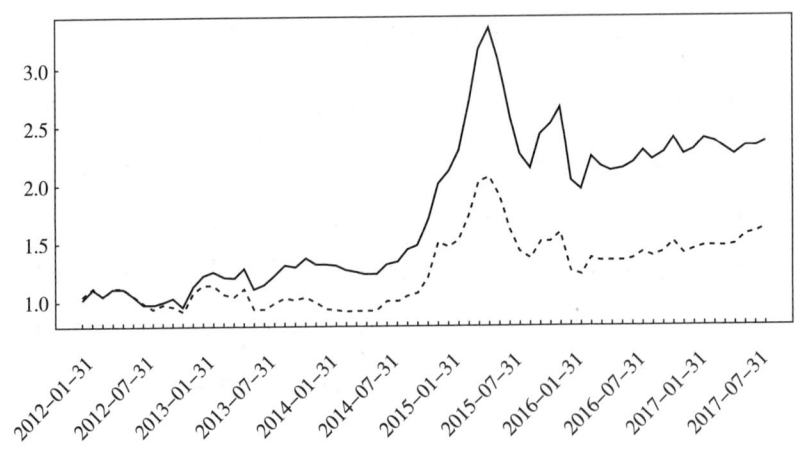

图 6-1　沪深 300 绿色领先股票指数（实线，等权重）
与沪深 300 指数（虚线）累计月收益率对比

由图 6-1 至图 6-4 可以看出，过去五年，在 2013 年以前，四种加权方式下沪深 300 绿色领先股票指数的累计收益率与沪深 300 指数差异不大；在 2013 年以后，以等权重、总得分权重、1/2 市值和 1/2 总得分权重下沪深 300 绿色领先股票指数累计月收益率都明显高于沪深 300 指数，而

第六章 上市公司绿色评价体系

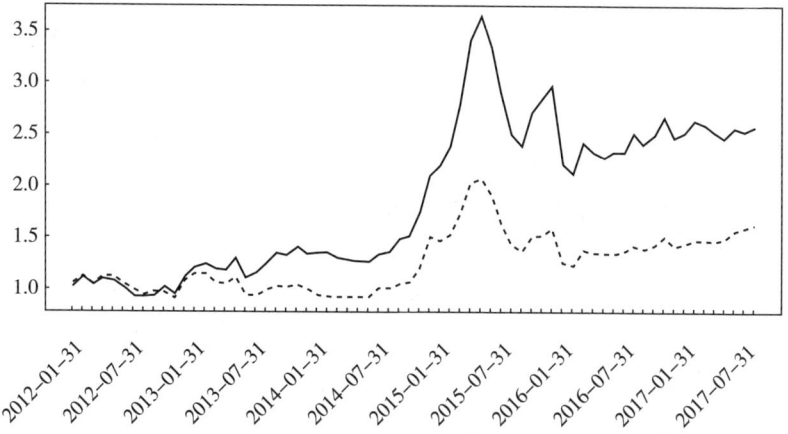

图 6-2 沪深 300 绿色领先股票指数（实线，总得分权重）
与沪深 300 指数（虚线）累计月收益率对比

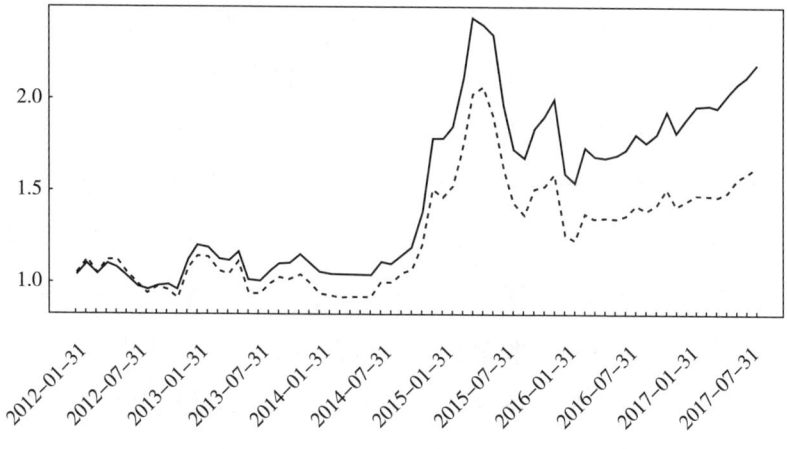

图 6-3 沪深 300 绿色领先股票指数（实线，市值权重）
与沪深 300 指数（虚线）累计月收益率对比

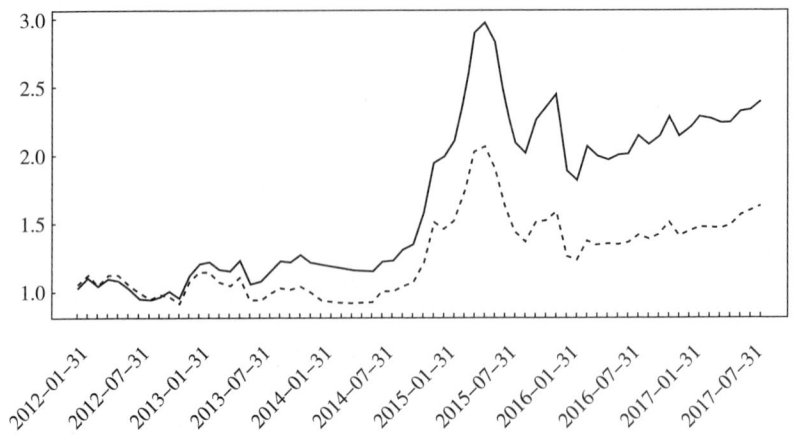

图6-4 沪深300绿色领先股票指数（实线，1/2市值和1/2总得分权重）
与沪深300指数（虚线）累计月收益率对比

且在股市上行时期涨幅更高，下行时期跌幅更小。

由表6-8可以看出，在月收益率的算术平均值方面，沪深300绿色领先股票指数（总分权重）最高，达到1.017427%，相比于沪深300指数高出0.007469个百分点。在月收益率的几何平均值方面，沪深300也明显优于沪深300指数，其中亦以总分加权时最为突出。标准差方面，沪深300绿色领先股票指数（总分权重）最高，达到0.082755%，而沪深300绿色领先股票指数（市值权重）最低，仅0.074306%，除以市值为权重进行加权标准差小于沪深300指数外，其他方法均大于沪深300。由此可见，沪深300绿色领先股票指数（以总分为权重）的月收益率在平均值上优于沪深300绿色领先股票指数（等权重、以市值作为权重、1/2市值1/2总得分权重）和沪深300指数。沪深300绿色领先股票指数（以市值为权重）的波动性不仅要小于另外三种加权方式，而且小于沪深300指数。由此可见，总分加权可以提高沪深300绿色领先股票指数的收益率，而市值加权可以降低沪深300绿色领先股票指数的波动性。

表6-8 沪深300绿色领先股票指数与沪深300指数月收益统计量对比

统计量 (单位:%)	沪深300绿色领先股票 指数（等权重）	沪深300绿色领先股票 指数（以总分为权重）	沪深300指数 （等权重）
算术平均	1.015816	1.017427	1.009958
几何平均	1.012766	1.01404	1.007205
标准差	0.078505	0.08275548	0.07508742
统计量 (单位:%)	沪深300绿色领先股票指数 （以市值为权重）	沪深300绿色领先股票指数 （1/2市值1/2总得分）	沪深300指数 （等权重）
算术平均	1.014248	1.015838	1.009958
几何平均	1.01159	1.012937	1.007205

二、中财—国证深港通绿色优选股票指数（CUFE - CNISZ - HK Connect Green Selection Index）

为反映深港通绿色概念股票的运行特征，提供跨深港市场的更丰富的业绩基准与跟踪标的，深圳证券信息有限公司与中央财经大学绿色金融国际研究院合作，依据后者的上市公司绿色评价方法学，编制中财—国证深港通绿色优选股票指数，指数包括纯价格指数和全收益指数，分别以人民币和港元计价。

（一）样本选择：深港通成分股

深港通是深港股票市场交易互联互通机制的简称，指深圳证券交易所和香港联合交易所有限公司建立技术连接，使内地和香港投资者可以通过当地证券公司或经纪商买卖规定范围内的对方交易所上市的股票，其于2016年12月5日正式启动。包括深股通和港股通，股票范围分别是：(1) 市值60亿元人民币及以上的深证成分指数和深证中小创新指数的成分股，以及深圳证券交易所上市的A+H股公司股票。(2) 恒生综合大型股指数的成份股、恒生综合中型股指数的成份股、市值50亿港元及以上的恒生综合小型股指数的成份股，以及香港联合交易所上市的 A + H 股公司股票。

2016年，符合《深圳证券交易所深港通业务实施办法》第十六条规定的深股通股票共有881只，包含主板267只、中小板411只、创业板203只，其中 A + H 股有17只，凸显深交所新兴行业集中、成长特征鲜明的市场特色。港股通股票共有416只，其中包含89只 A + H 股。在剔除"两高一剩"行业后，根据绿色水平评价得分、绿色产出、负面新闻分数和环保处罚分数按照一定比例加权，从深港通的上市公司中取总分的前100名，得到了深港通绿色优选股票指数的成份股，进而分别选取50家形成"深市绿色优选股票指数"和"港市绿色优选股票指数"。

选择深港通上市公司作为筛选目标的原因也是基于深港通上市公司的信息透明度较高，可以让这个绿色股票指数产品的影响力更大，而公众的接受度也更高，并且可以通过此绿色产品普及绿色金融的知识。同时深港通为境外资本提供了便利的投资渠道，外国投资者可以通过购买深港通上市公司的股票，以及未来可能的绿色股票系列指数 ETFs，来进行对冲套利。

（二）中财—国证深港通绿色优选股票指数成份股分析

从企业绿色流程评价得分方面来看，成份股最低分为5.25分，最高分为49.84分，平均值达到35.26分。在绿色产出方面，成份股最低分为31.41分，最高分为100分，平均数为53.60分。在负面新闻分数方面，成份股最低分为 - 25 分，最高分为 - 6.07 分，平均值为 - 10.17 分。在环保处罚分数方面，成份股最低分为 - 25 分，最高分为 - 5.41 分，平均数为 - 10.68 分（见表6-9）。

表 6-9　　深港通绿色优选股票指数成分股统计量分析

项目	最低分	四分位数（25%）	中位数	四分位数（75%）	最高分	平均值	标准差
绿色水平评价得分	5.25	29.88	36.54	45.59	49.84	35.26	11.55
绿色产出	31.41	37.01	42.18	68.74	100.00	53.60	24.19
负面新闻分数	-25.00	-10.74	-9.70	-8.85	-6.07	-10.17	3.04
环保处罚得分	-25.00	-10.42	-9.85	-7.99	-5.41	-10.68	4.63
总分	45.92	54.70	62.08	76.84	118.48	68.02	18.57

（三）深港通绿色优选股票指数系列与深证成指和恒生指数回测对比

为了验证深港通绿色优选股票指数在业绩上的优越性，本节采用了 2012 年 6 月至 2017 年 6 月 5 年的深港通股票月收益率数据进行了回测。本报告分别以绿色流程得分、绿色产出占比得分、环境风险得分加权，取深港通总得分前 100 名、深股前 50 名和港股前 50 名，构造三种不同的绿色领先股票指数，然后将每种指数收益率的情况分别与深证成指和恒生指数的收益率进行对比分析。

1. 深港通绿色优选股票指数与深证成指和恒生指数回测对比

在计算指数收益率的过程中，本报告又分为等权重加权、以总得分作为权重加权、以市值作为权重、以 1/2 市值和 1/2 总得分作为权重四种计算方法，下面是其月收益率对比（见图 6-5 至图 6-8）。

由图 6-5 至图 6-8 可以看出，过去五年，在 2013 年前，四种加权方式下深港通绿色优选股票指数的累计收益率与深证成指和恒生指数差异不大；在 2013 年后，以等权重、总得分权重、1/2 市值和 1/2 总得分权重下深港通绿色优选股票指数累计月收益率都明显高于深证成指和恒生指数，而且在股市上行时期涨幅更高，下行时期跌幅更小。以市值加权时深港通的优势虽然不是特别明显，但依然要高于深证成指和恒生指数。

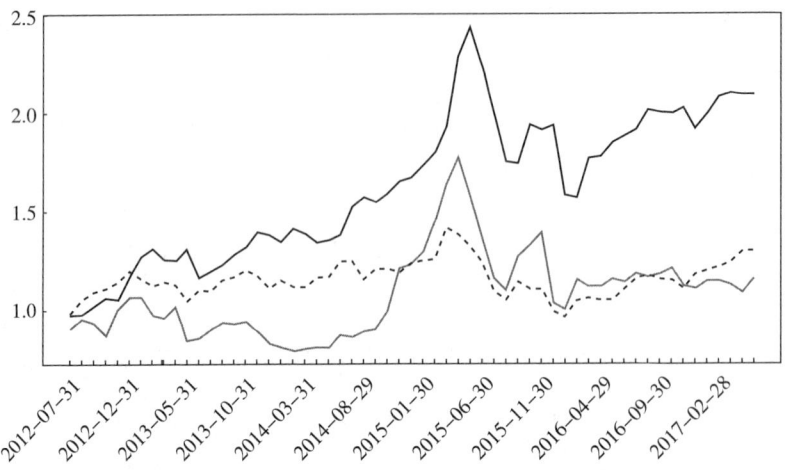

图6-5 深港通绿色优选股票指数（黑实线，等权重）与深证成指（灰实线）和恒生指数（黑虚线）累计月收益率对比

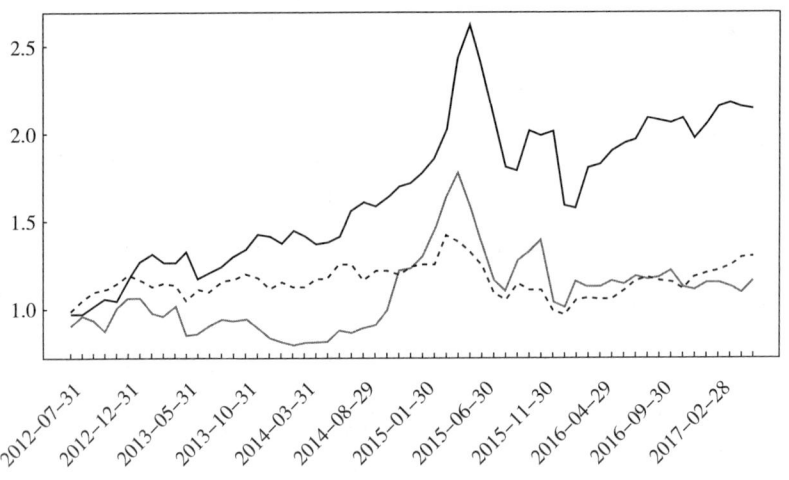

图6-6 深港通绿色优选股票指数（黑实线，总得分权重）与深证成指（灰实线）和恒生指数（黑虚线）累计月收益率对比

第六章 上市公司绿色评价体系

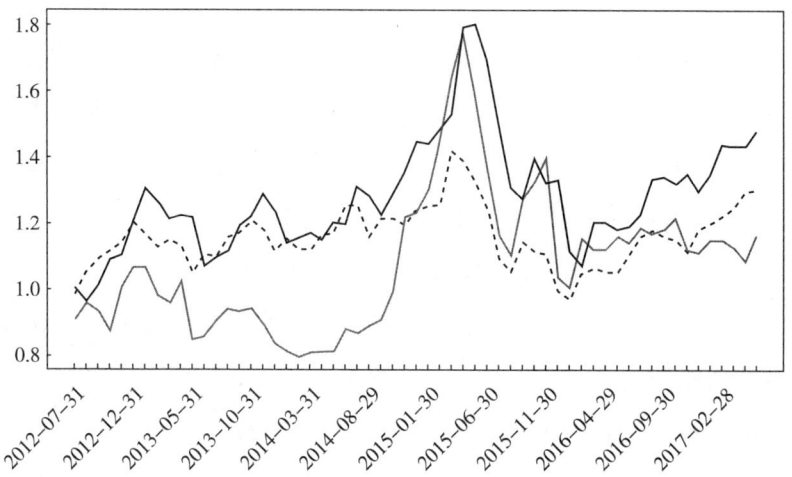

图6-7 深港通绿色优选股票指数（黑实线，市值权重）与深证成指（灰实线）和恒生指数（黑虚线）累计月收益率对比

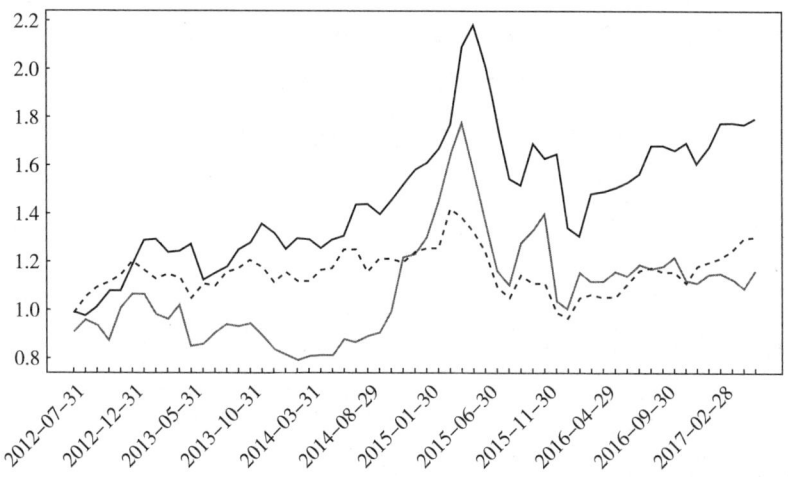

图6-8 深港通绿色优选股票指数（黑实线，1/2市值和1/2总得分权重）与深证成指（灰实线）和恒生指数（黑虚线）累计月收益率对比

由表 6-10 可以看出，在月收益率的算数平均值方面，深港通绿色优选股票指数（总分权重）最高，达到 1.015173%，相比于深证成指和恒生指数分别高出 0.009196 和 0.009647 个百分点。在月收益率的几何平均值方面深港通也明显优于深证成指和恒生指数，其中以总分加权时最为突出。标准差方面，深港通绿色优选股票指数（总分权重）最高，达到 0.066%，而深港通绿色优选股票指数（等权重）最低，仅为 0.060%，但四种加权方式都要高于恒生指数，低于深证成指。由此可见，深港通绿色优选股票指数（以总分为权重）的月收益率在平均值上优于深港通绿色优选股票指数（等权重、以市值作为权重、1/2 市值 1/2 总得分权重）、深证成指和恒生指数。深港通绿色优选股票指数（等权重）的波动性要小于另外三种加权方式，而无论用哪种加权方式，深港通绿色优选股票指数的波动性都要高于恒生指数，低于深证成指。由此可见，总分加权可以提高深港通绿色优选股票指数的收益率，而等权重可以降低深港通绿色优选股票指数的波动性。

表 6-10　　深港通绿色优选股票指数与深证成指和恒生指数月收益统计量对比

统计量 （单位:%）	深港通绿色效率指数 （等权重）	深港通绿色效率指数 （以总分为权重）	深证成指	恒生指数
算术平均	1.014395	1.015173	1.005977	1.005526
几何平均	1.012598	1.012983	1.002553	1.004476
标准差	0.06013803	0.06618508	0.08251997	0.04617975
统计量 （单位:%）	深港通绿色效率指数 （以市值为权重）	深港通绿色效率指数 （1/2 市值 1/2 总得分）	深证成指	恒生指数
算术平均	1.008563	1.011868	1.005977	1.005526
几何平均	1.006684	1.009949	1.002553	1.004476
标准差	0.06159093	0.06207839	0.08251997	0.04617975

2. 深市绿色优选股票指数与深证成指和恒生指数回测对比

本部分将深股综合绿色水平得分排名前 50 的公司作为深市绿色优选

股票指数的成分股,下面将就这只指数的月收益与深证成指和恒生指数做对比分析(见图6-9至图6-12)。

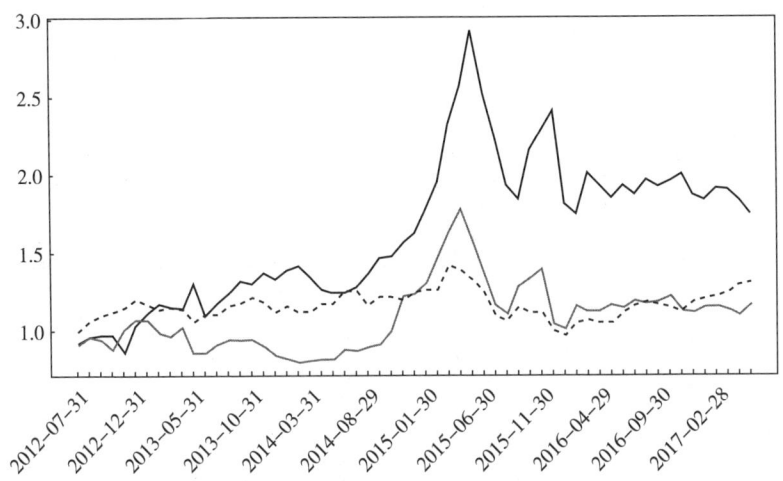

图6-9 深市绿色优选股票指数(黑实线,等权重)与深证成指(灰实线)和恒生指数(黑虚线)累计月收益率对比

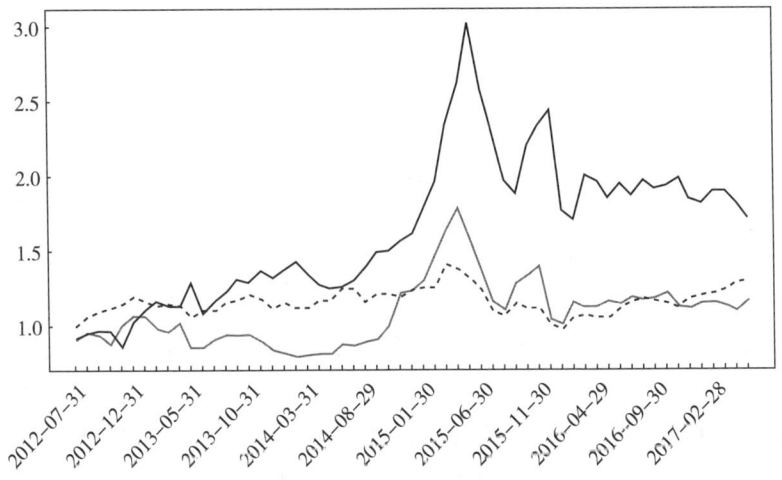

图6-10 深市绿色优选股票指数(黑实线,总得分权重)与深证成指(灰实线)和恒生指数(黑虚线)累计月收益率对比

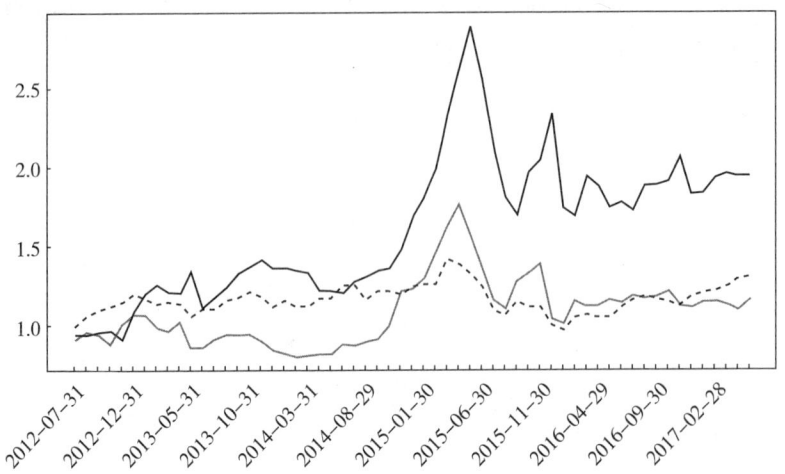

图 6-11 深市绿色优选股票指数（黑实线，市值权重）与深证成指（灰实线）和恒生指数（黑虚线）累计月收益率对比

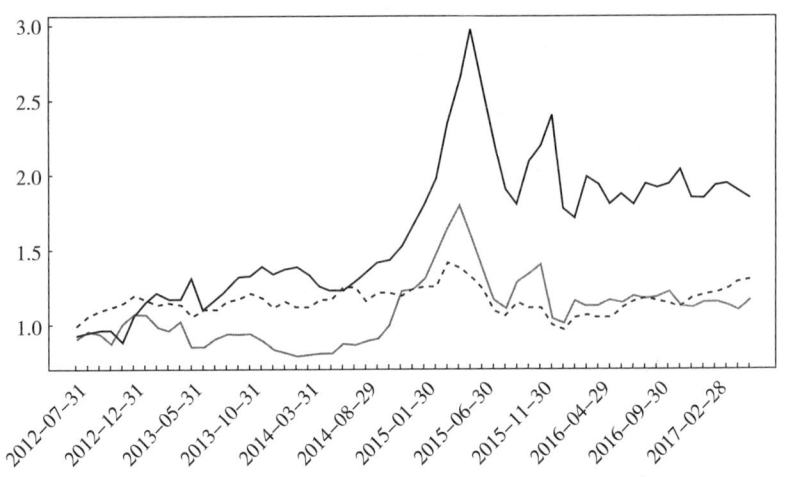

图 6-12 深市绿色优选股票指数（黑实线，1/2 市值和 1/2 总得分权重）与深证成指（灰实线）和恒生指数（黑虚线）累计月收益率对比

由图 6-9 至图 6-12 可以看出，过去五年，在 2013 年之前，四种加权方式下深市绿色优选股票指数的累计收益率与深证成指和恒生指数差异

不大；在 2013 年之后，无论采用哪种加权方式，深市绿色优选股票指数累计月收益率都明显高于深证成指和恒生指数，而且在股市上行时期涨幅更高，下行时期跌幅更小。

由表 6-11 可以看出，在月收益率的算数平均值方面，深市绿色优选股票指数（以市值为权重）最高，达到 1.0153%，相比于深证成指和恒生指数分别高出 0.009323 和 0.009774 个百分点。在月收益率的几何平均值方面，深股也明显优于深证成指和恒生指数，而深市绿色优选股票指数（以市值为权重）同样是最高的，达到 1.01135%。标准差方面，深市绿色优选股票指数（等权重）的标准差最小，达到 0.086%，但四种加权方式下深市绿色优选股票指数的标准差均大于深证成指和恒生指数，反映出其较高的波动性。由此可见，以市值加权可以提高深市绿色优选股票指数的收益率，而等权重可以降低深市绿色优选股票指数的波动性。

表 6-11　　　　深市绿色优选股票指数与深证成指和
恒生指数月收益统计量对比

统计量 （单位:%）	深市绿色效率指数 （等权重）	深市绿色效率指数 （以总分为权重）	深证成指	恒生指数
算术平均	1.013222	1.013207	1.005977	1.005526
几何平均	1.009503	1.009171	1.002553	1.004476
标准差	0.08631205	0.08969756	0.08251997	0.04617975
统计量 （单位:%）	深市绿色效率指数 （以市值为权重）	深市绿色效率指数 （1/2 市值 1/2 总得分）	深证成指	恒生指数
算术平均	1.0153	1.014253	1.005977	1.005526
几何平均	1.01135	1.010406	1.002553	1.004476
标准差	0.08850148	0.08736935	0.08251997	0.04617975

3. 港市绿色优选股票指数与深证成指和恒生指数回测对比

本报告将港股综合绿色水平得分排名前 50 的公司作为港市绿色优选股票指数的成分股，下面将就这只指数的月收益与深证成指和恒生指数做对比分析。

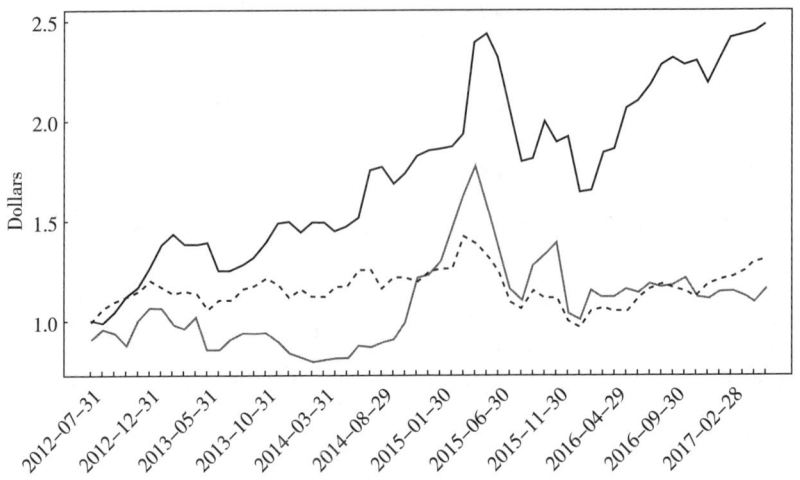

图 6-13　港市绿色优选股票指数（黑实线，等权重）与深证成指（灰实线）和恒生指数（黑虚线）累计月收益率对比

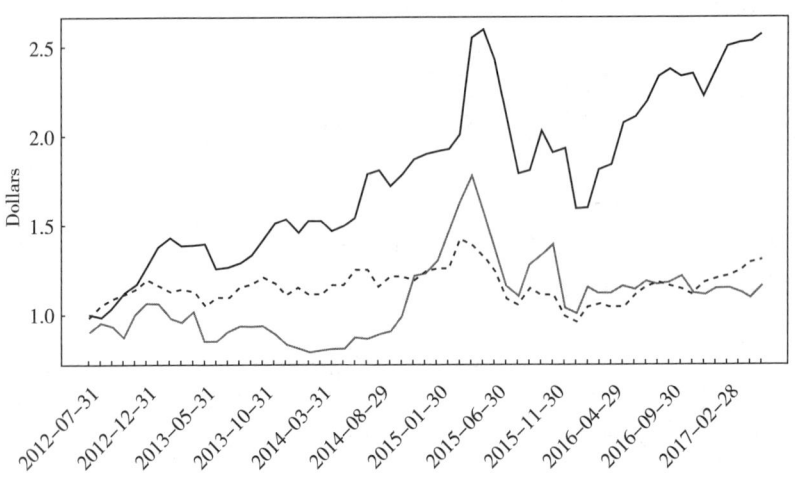

图 6-14　港市绿色优选股票指数（黑实线，总得分权重）与深证成指（灰实线）和恒生指数（黑虚线）累计月收益率对比

第六章 上市公司绿色评价体系

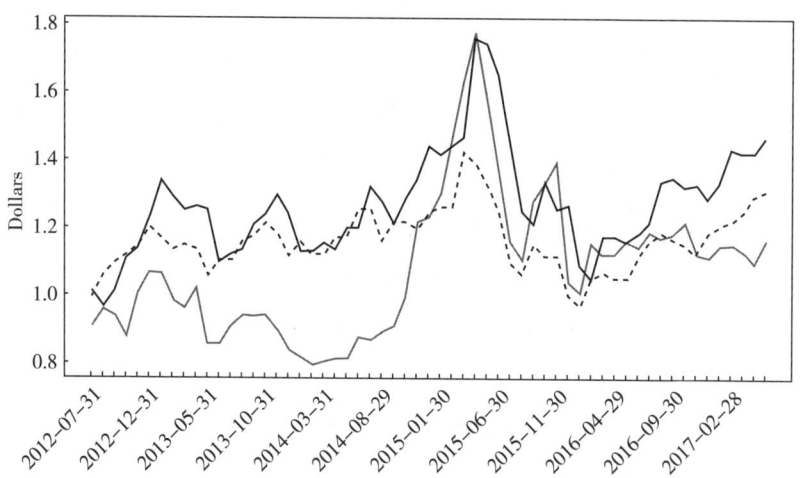

图6-15 港市绿色优选股票指数（黑实线，市值权重）与深证成指（灰实线）和恒生指数（黑虚线）累计月收益率对比

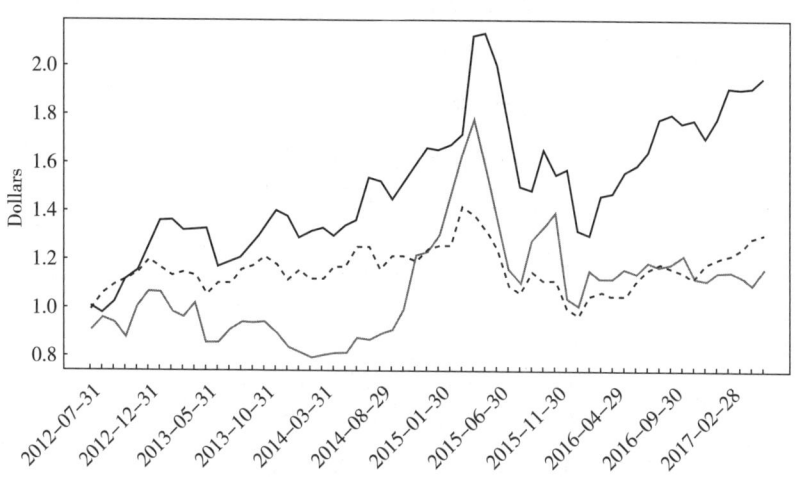

图6-16 港市绿色优选股票指数（黑实线，1/2市值和1/2总得分权重）与深证成指（灰实线）和恒生指数（黑虚线）累计月收益率对比

由图6-13至图6-16可以看出，过去五年，在2013年前，四种加权方式下港市绿色优选股票指数的累计收益率与深证成指和恒生指数差异

不大；2013年后，以等权重、总得分权重、1/2市值和1/2总得分权重下港市绿色优选股票指数累计月收益率都明显高于深证成指和恒生指数，而且在股市上行时期涨幅更高，下行时期跌幅更小。以市值加权时港股的优势虽然不是特别明显，但依然要高于深证成指和恒生指数。

由表6-12可以看出，在月收益率的算数平均值方面，港市绿色优选股票指数（以市值为权重）最高，达到1.018524%，相比于深证成指和恒生指数分别高出0.012547和0.012998个百分点。在月收益率的几何平均值方面，港股也明显优于深证成指和恒生指数，而港市绿色优选股票指数（以市值为权重）同样是最高的，达到1.016137%。标准差方面，港市绿色优选股票指数（等权重）的标准差最小，达到0.062%，但四种加权方式下深市绿色优选股票指数的标准差均大于恒生指数而小于深证成指，反映出其波动性大于恒生指数而小于深证成指。由此可见，以市值加权可以提高港市绿色优选股票指数的收益率，而等权重可以降低港市绿色优选股票指数的波动性。

表6-12 港市绿色优选股票指数与深证成指和恒生指数月收益统计量对比

统计量（单位:%）	港市绿色效率指数（等权重）	港市绿色效率指数（以总分为权重）	深证成指	恒生指数
算术平均	1.017417	1.018524	1.005977	1.005526
几何平均	1.015559	1.016137	1.002553	1.004476
标准差	0.06208467	0.07025504	0.08251997	0.04617975
统计量（单位:%）	港市绿色效率指数（以市值权重）	港市绿色效率指数（1/2市值1/2总得分）	深证成指	恒生指数
算术平均	1.008495	1.01351	1.005977	1.005526
几何平均	1.006507	1.011442	1.002553	1.004476
标准差	0.06361903	0.06506746	0.08251997	0.04617975

4. 小结

通过对深港通绿色优选股票指数系列收益大小和波动的回测分析，得出如下结论：深港通绿色优选股票指数系列下的深港通绿色优选股票指数、深市绿色优选股票指数和港市绿色优选股票指数，无论采用哪种加权方式，均拥有较好的收益绩效，成分股的收益率数据均高于深证成指和恒生指数。收益波动总体适中，深港通和港股的收益波动率处于深证成指和恒生指数中间，深股收益波动略大。

三个指数之间进行横向比较的话，若以等权重和总得分进行加权，港股收益率最高，其次是深港通，最后是深股；若以市值进行加权，深股收益最高，深港通和港股较为接近，其中深港通略高；若以1/2市值和1/2总得分进行加权的话，则深股最高，港股其次，深港通相对最低。在收益的稳定性上，无论采用何种方式加权，深股的波动都是最大的，其次是港股，深港通成分股的稳定性相对最好。

第七章 绿色供应链评级[①]

第一节 绿色供应链评级产生背景

一、供应链环境问题频发

目前,环境问题已经日益成为影响和制约社会经济发展的一个关键因素。随着国际经济竞争日趋激烈,全球性的产业结构也呈现出向绿色发展的趋势,企业逐渐受到来自政府、消费者以及自身越来越大的绿色转型压力,在考虑经济利益的同时还需要兼顾生态环境问题。

企业在生产经营过程中,一旦发生环保违法违规等事件,将会受到不同程度的环保处罚、生产限制或者信贷限制,视违规情节严重程度还会面临责任赔偿、事故损失等,进而声誉与形象受损,致使企业运营与销售受到不利影响。这些情况的发生都会降低企业信用水平。

随着全球经济一体化进程的加快和市场竞争激烈程度的加剧,企业面临的经营环境变得更加复杂。大型企业竞相构建了自身的全球化供应链,以保持并提高自身的竞争优势。在企业与企业之间的竞争开始被供应链与供应链之间的竞争模式所取代的形势下,供应链可持续性风险也日益凸显。

[①] 本章作者:马英芳,天津绿色供应链服务中心总经理助理;李智静,天津绿色供应链服务中心副总经理;谷艾婷,天津绿色供应链服务中心高级经理;王田,天津绿色供应链服务中心技术经理;陈建威,天津绿色供应链服务中心项目经理;刘英,天津绿色供应链服务中心项目经理。

2011年初，苹果公司的供应商中存在多个环境污染问题，包括有害物质使用、废气超标等，致使苹果公司自身声誉以及公众形象受到影响，并面临随后着力改善供应链环境问题的压力。2017年9月，全球知名汽车行业发动机、变速箱和底盘应用领域高精密产品与系统的知名供应商舍弗勒爆发供应链危机，其供应商上海界龙金属拉丝有限公司，因环保问题被上海市有关部门要求停产，导致舍弗勒的关键原材料滚针断货。这预计将影响到下游数十家大型汽车厂商的整车生产，进而造成中国汽车产量300多万辆的减产，相当于3000亿元人民币的损失。自2017年4月起，环保部即开始组织迄今规模最大的执法行动，对"2+26"城市开展强化督查，现已排查并分类处置了6万多家涉气"散乱污"企业。在环保执法持续高压态势下，将会有越来越多的企业直面环境污染问题，并通过供应链传导至更大规模的相关主体企业。

由此可见，供应链环境风险将实质性影响核心企业的声誉、品牌形象并最终影响到商业价值，供应链的绿色化至关重要。绿色供应链要求与可持续发展相关的规则被用于供应链管理，即企业不仅要关注自身运营的可持续性，还要关注其供应链中存在的问题。通过制定可执行的绿色采购标准，企业可带动上游供应商减少排污、提高生产工艺水平，进而降低对环境的负面影响，提高资源效率，带动供应链协同转型升级。

二、绿色供应链的提出

绿色供应链的概念最早由美国密歇根州立大学的制造研究协会在1996年进行一项"环境负责制造（ERM）"的研究中首次提出，又称环境意识供应链（Environmentally Conscious Supply Chain, ECSC）或环境供应链（Environmentally Supply Chain, ESC），是一种在整个供应链中综合考虑环境影响和资源效率的现代管理模式，它以绿色制造理论和供应链管理技术为基础，涉及供应商、生产商、销售商和用户，其目的是使得产品从物料获取、加工、包装、仓储、运输、使用到报废处理的整个过程中，对环境的影响（负作用）最小，资源效率最高。

绿色供应链管理旨在实现以下三个目标：（1）优化资源配置，从供应链整体角度出发优化资源配置水平，降低供应链上由于信息不对称所产生的信息放大效应；（2）实现环境友好，在产品的全生命周期内对环境的负面影响为零或尽可能少；（3）增进消费者福利，以最低的价格消费绿色产品，在消费者购买绿色产品，使用产品的过程中，以及产品被使用后的回收再利用都不会带来负面的影响（见图7-1）。

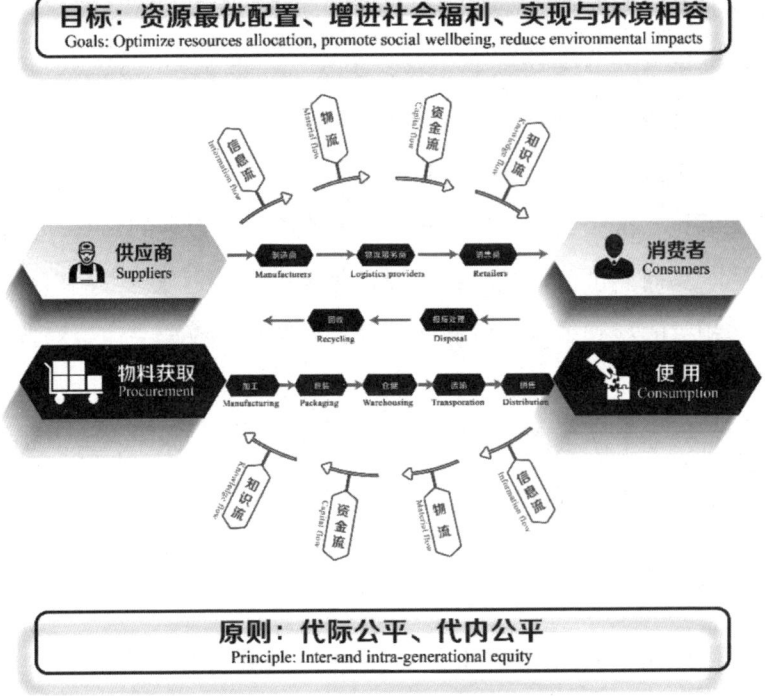

图 7-1　绿色供应链管理模型

三、绿色供应链相关政策陆续推出

目前，国际上许多大型企业，出于自身社会责任意识以及应对国际竞争的要求，已经在不同领域、不同环节开展了大量绿色供应链管理实践，取得了明显的经济效益与环境效益。

一方面，企业在内部坚持环境保护原则，通过先进技术与手段，改善能源利用系统和物流系统，进而减少污染物排放与能源消耗。例如，美国的 IBM 公司在 2013 年通过能源节约项目帮助企业减少了 6.7% 的能源消耗，降低二氧化碳排放 15.2 万吨；沃尔玛公司在 2012 年通过提高物流配送效率，节省了 13 亿美元的燃料成本，减少了 10 万吨二氧化碳的排放，同时还建立了易拉罐、纸板等的回收机制，实现40%以上的回收利用率。

另一方面，部分公司主动采用不同方法、从不同方面对其供应商开展环境影响评估，提出了践行环境保护理念的许多要求。例如，惠普公司明确了供应商社会和环境责任要求，要求供应商遵守惠普相关规定，并进行自我评估与改进；日本的丰田公司发布了绿色采购指南，要求供应商履行环保责任，实施不损害环境对策，并对交货物品中的环境负荷物质进行管理；法国施耐德电气公司在产品设计时就对原材料及部件采购提出了诸多环境方面的要求，包括有害物质、环境污染物含量等。

为推动绿色供应链管理发展，国际上各国政府也纷纷制定了许多绿色供应链相关的政策法规、技术指南与标准等。美国先后颁布了一系列环境信息披露的法律法规，建立了企业环境信息公开制度，要求企业在生产过程中定期向社会公开供应链中各操作环节产生的环境影响的相关信息，如美国议会颁布的《应急计划和社区知情权法案》、联邦环保署建立的《有毒物质排放清单》等；同时，美国还积极通过发布总统行政命令等形式推动政府绿色采购。欧盟为推动绿色供应链管理也制定了一系列政策制度，推出了"绿色产品"战略，强调一体化生产政策，并出台《废电机电子产品指令》等法案，推动电子行业绿色供应链的建立，同时发起生态标签制度，鼓励企业提供生态环保产品，并且积极推动绿色公共采购。

为推动企业绿色发展，鼓励开展绿色供应链管理，我国陆续出台了一系列法规政策。2014年，商务部、环保部、工信部联合印发《企业绿色采购指南（试行）》，引导企业积极构建绿色供应链，实施绿色采购。2014年11月，在中国北京召开的亚太经合组织第22次领导人非正式会议发表《北京宣言》，批准建立APEC绿色供应链合作网络天津示范中心，探索建立绿色供应链管理体系，由此正式开展国际性试点示范，展开全面探索。2015年，国务院印发的《中国制造2025》中也提出打造绿色供应链，加快建立以资源节约、环境友好为导向的采购、生产、营销、回收及物流体系。

2016年初，我国公布了《中华人民共和国国民经济和社会发展第十三个五年规划纲要》，其中明确提出加快构建绿色供应链产业体系，自此绿色供应链发展正式列入我国最高发展规划。随后国家发展改革委联合国家多个部委共同印发了《关于促进绿色消费的指导意见》，提出鼓励企业推行绿色供应链建设，降低产品全生命周期的环境影响，将政策视角扩展到了最终消费领域。为推动"一带一路"绿色化建设，2017年环保部等四部委联合印发了《关于推进绿色"一带一路"建设的指导意见》，提出在"一带一路"中要加强绿色供应链管理，推进绿色生产、绿色采购和绿色消费。

2016年8月31日，中国人民银行等七部委联合发布《关于构建绿色金融体系的指导意见》，完成了我国绿色金融发展的顶层设计，其中明确提出鼓励和支持我国相关机构在"一带一路"和其他对外投资项目中加强环境风险管理，开展绿色供应链管理，推动提升对外投资绿色水平。

2017年，国务院还专门针对供应链出台了《国务院办公厅关于积极推进供应链创新与应用的指导意见》，首次对供应链的创新发展作出部署，提出重点任务之一就是积极倡导绿色供应链，并明确了相关部委的具体分工责任。这些政策文件在引导和促进我国企业绿色供应链管理的实施与发展中起到了十分重要的作用，也使得绿色供应链管理逐渐成为推动社会经济各个重要领域发展的重要手段。

以上政策的陆续出台对绿色供应链管理发展起到了极大的引导与推动作用，但是这些政策真正能够落地，达到预期目的，还需要一系列绿色供应链相关工具与手段的支撑。绿色供应链评级是对企业绿色供应链管理能力的一种综合评定，是判定单个企业以及整个行业绿色供应链水平的重要工具，因此对于目前绿色供应链政策推动落实以及跟踪政策实施效果都具有非常重要的意义。

四、金融机构风险管理的切实需求

随着中国绿色金融逐渐主流化，绿色金融产品的进一步创新和服务深化，需要各种各样的工具和手段协同推进，首先面临的是环境绩效评估以及环境风险管理的改革。金融机构是以经营风险为特征的，而绿色金融发展的关键则在于对融资对象绿色度的准确评估和各类环境风险的有效管理与防范。

从目前来看，许多金融机构在识别、量化和运用分析工具评估环境风险的金融影响时面临困难。越来越多的证据表明，环境风险对资产价值存在潜在负面影响，但一些金融机构却无法有效地量化环境风险的实质性影响。[1]

为了应对环境因素对金融机构甚至整个金融体系的稳定性产生的影响，2017年，G20绿色金融研究小组开始通过案例研究和分析，对银行、保险公司、资产管理公司、评级机构和研究机构采用的环境风险分析方法进行了研究，归纳出了一组能够帮助金融决策者更好地理解环境风险并将其纳入风险管理和资产配置决策的分析工具、方法和案例，为金融机构更广泛深入地管理环境风险提供了重要的帮助。

---

[1] 资料来源：《2017年G20绿色金融综合报告》。

同时，环境风险管理仍面临很多的挑战，尤其是对于以供应链连带为特征的环境风险还未引起足够的重视。绿色供应链作为一种非常重要的市场化手段，已经被广泛引入环保、绿色制造、绿色消费等诸多领域，整个金融体系对于环境绩效的评估与管理，都需要结合环保资源各领域管理手段的创新进行改革。

通过引入绿色供应链思想，在制定投融资决策时，需要了解企业或项目所涉及的供应链及其中存在的问题，以及重要目标市场关注的主要生态环境因素，就此进行全面综合评价，使环境风险管理在识别、量化以及应对措施上，都能够实现对环境风险的涉及领域、表现形式、涉及主体和范围进行全面的分析，有助于金融机构识别供应链整体环境风险和绿色信用等级，进而为金融产品细化，更贴近融资企业与项目需求提供有力支撑。

第二节 绿色供应链评级方法与应用

一、现有绿色供应链评价方法

国外学者对于绿色供应链管理的研究主要集中在以下四个方面：绿色供应链管理实施的影响因素、绿色供应链管理的设计、绿色供应链管理绩效评估和绿色供应链的战略实施。国内研究还处于初始阶段，研究主要集中在绿色供应链管理的内涵特征、概念模型、运营过程和绩效评价方面。

绩效评价研究在绿色供应链管理中是极为重要的内容，它通过构建科学合理的评价指标体系，对反映绿色供应链管理实际运行的数据进行定性定量分析，综合地评价绿色供应链管理的效果。通过有效的绩效评价，不仅能发现绿色供应链系统中存在的问题，为降低供应链运作成本、改进流程、提升管理效率提供指导，而且也可为政府制定相应的激励政策提供依据。

对绿色供应链的绩效评价内容主要包括整条绿色供应链的综合绩效评价、绿色供应链内各节点企业的评价、绿色供应链内各企业合作关系的评价，以及绿色供应链内各企业激励关系的评价（见图7-2）。

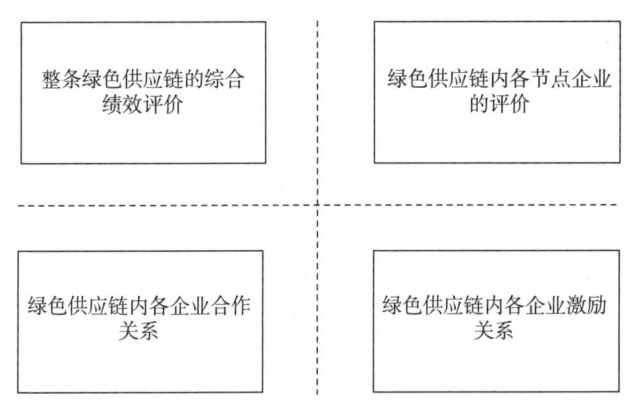

图7-2　绿色供应链绩效评价内容的研究

目前研究比较多的主要是绿色供应链整体的评价，以及对节点企业特别是绿色供应商的评价（见表7-1）。①

表7-1　　　　　　　　国内外绿色供应链评价

绿色供应链整体评价	国际	ScottD. Johnson（1998）基于平衡计分卡的思想，结合绿色供应链注重环境保护的特点，提出了一种更加实用性的、改进的平衡计分卡来进行绿色供应链的绩效评价。
		Roger教授（1999）从可靠性、服务态度、可接近性、理解顾客能力等十个方面对供应链的绩效进行了研究。
		M. H. Nagel（2003）研究了电子企业的环境绩效评价，此外，他引入了标杆企业环境绩效这一新方法管理和评价企业环境绩效。
		Amy. Lee（2009）等人利用德尔菲分析法对绿色供应链与传统供应链的差别进行了研究，并提出了基于供应商的绿色绩效模糊拓展多层分析评价模型。

---

① 龚玉洁. 建筑企业绿色供应链管理绩效评价研究［D］. 辽宁工业大学，2015.

续表

绿色供应链整体评价	国际	LeeS-Y, RheeS-K (2010) 利用网络分析法对绿色供应链管理的战略进行了评估。
	国内	马士华 (2000) 等学者提出了供应链绩效评价的一般性指标，该指标包含客户服务、生产与质量、资产管理和成本四个方面，其中每一方面均包含7项指标。
		中国电子商务协会供应链管理委员会于2003年制定并发布了中国企业供应链管理绩效水平评价参考模型（Supply Chain Performance Metrics Reference Model，SCPR），该模型是中国第一个正式的、由全国性行业组织制定和发布的供应链管理绩效水平评价参考模型。
		张敏顺、吴洪波等人（2005）参考 ISO14000 系列标准研究了评价绿色供应链管理绩效的指标，同时运用模糊综合评判法对绿色供应链管理的整体绩效做出了评价。
		柳键、叶影霞（2008）研究了数据包络分析法在绿色供应链管理绩效评价中的应用，同时采用实证研究法验证了该方法在绿色供应链绩效评价中的合理有效性。
		韩志新等人（2010）在对绿色供应链管理的绩效进行评价研究时融入了成熟度理论，同时运用定性分析与定量分析相结合的方法评价了绿色供应链管理的成熟度。
绿色供应商的评价和选择	国际	KuoR 等（2010）提出绿色供应商评价的维度主要包括配送的可靠性、灵活性、社会责任、成本、资本及环境。
		Awasthi（2010）评价供应商的环境绩效时使用的标准包括采用环境友好的技术、环境友好的材料、绿色管理实践责任、遵守环境政策、员工培训、精实流程计划、环境设计、环境认证、污染控制努力。
		Lee 等（2009）在其提出的高科技企业绿色供应商选择模型中将评价供应商的维度设定为质量、技术能力、污染控制、环境管理、绿色产品、绿色竞争力和绿色形象。
		Tuzkaya（2009）在采用多标准混合决策方法评价供应商的环境绩效时采用的评价标准包括环境控制、绿色过程管理、环境和法规管理、环境成本、绿色成本和绿色形象。

续表

绿色供应商的评价和选择	国内	还有研究提出基于环境管理战略的供应商评价的一级指标包括绿色竞争力、环境管理效率、供应商绿色形象声誉及全生命周期成本，二级指标包括清洁技术的使用、供应产品中的主要材料和快速反应能力、气体排放、固体废弃物、废水、能量消耗、绿色顾客的拥有率、采购产品成本、产品处置成本和为提高供应商环境绩效的投资损耗。

从整体供应链绩效评价的一级指标看，可较全面地对绿色供应链绩效进行评价，但二级指标相对较为繁琐，这会增加评价的难度与复杂性，在今后的研究与实践中可考虑进一步精简，力求以较少的指标反映较全面的信息，达到绩效评价指标既全面又简约。从绿色供应链的核心企业角度，该体系包括积极经济绩效指标、消极经济绩效指标和环境绩效指标，一定程度上也能够反映绿色供应链管理的绩效状况。

随着企业环境责任及社会责任的不断提高，在绩效评价的基础上陆续出现一些标志性的指数评估工具，能够进一步量化和突出企业的贡献，比较典型的有：

道琼斯可持续发展指数（DJSI）

道琼斯可持续发展指数是最知名的可持续发展指数之一，主要是从经济、社会及环境三个方面，以投资角度评价企业可持续发展的能力。

该指标体系具有两个重要特点：首先，道琼斯公司可持续发展指数是一套指标体系。其次，道琼斯公司可持续发展指数是以调查问卷作为评价数据的主要来源，在分析过程中，以公司报告、媒体报道或是直接与公司联系等方式对问卷结果作必要的验证，从而保证了分析数据的可靠性。

富时社会责任指数（FTSE4Good）

富时社会责任指数注重客观衡量、评价企业的社会责任和环境行为规范标准，与道琼斯可持续发展指数并称为国际社会两大指导投资者选择具有商业道德公司的主要指数。FTSE4Good不仅关注一级供应商，在以后还将要求一级供应商来与它的供应商进行互动和沟通。所有的受评企业都必须符合一定的政策、制度和准则。

碳信息披露领袖企业指数（CDLI）和碳排放绩效领导力指数（CPLI）

碳信息披露项目指数主要对象是富时集团发布的全球股票指数（全球500强）上榜企业，旨在展示企业为减少碳排放、缓和气候变化风险而采取的实际行动；或者为披露气候变化信息而采取的有效方式。越来越多的投资者正通过CDP相关指数进行投资决策，不断推动上市公司提高温室气体管理水平，加强应对行动，并持续披露减排目标和其他排放数据。

恒生可持续发展企业指数（HSSUS）

恒生可持续发展企业指数系列，鼓励上市公司加强企业可持续发展的举措及向公众汇报，增加投资者的信心，同时提升市场的资讯透明度。每个符合指数条件的公司的可持续发展绩效都是通过香港独立和专业的评估机构，依据其组织治理、人权、劳工实践、环境、公平运营实践、消费者问题及社区参与和发展七个方面的表现进行评价。

二、存在问题

（一）缺乏主体绿色供应链评级

从整个绩效评价的体系来看，对整体供应链的评价以及供应商的评价较多，但是对于其他节点企业，特别是核心企业的评价体系研究较为匮乏，核心企业是供应链的重要环节，对于整个供应链的资源整合和绩效提升起着至关重要的作用，关注核心企业，才能"自上而下，自下而上"促进整个供应链的绩效提升和绿色化改造。

（二）与金融机构制定投融资决策脱离

目前，无论是监管机构、金融机构和第三方评估机构，针对金融项目、企业主体在绿色水平方面的评价都是独立于现有金融机构信用评级之外的，大多数仅是做定性判断，缺少实质性的量化的指标，因此无法准确地估计对环境的影响程度。另外，绿色环境评价未与信用风险建立映射关系，因此对于由于环境因素引发的信用风险，脱离于投融资决策之外，容易埋下资产安全隐患。

（三）未建立相对统一的标准基础

供应链评价现在没有较为统一的方法，缺乏较为完善的体系建设。各机构评价边界、评价指标的设定存在较大差异，出具的报告和评价结果没有互相比较的基础，造成参考评价结果的机构无法作出恰当的判断。所以市场尚需建设相关标准体系，能够作为有效的投资参考的企业绿色评价结果。

（四）无法充分反映环境风险的行业特征

企业所处行业不同，环境热点问题、能源消耗和资源利用都有较大的差别，未纳入行业环境风险特征的绿色评价是不能够准确判断企业或项目的环境风险的，或者有可能忽略一些潜在的环境影响因素。这也是很多评价方法缺乏应用性的重要原因之一。

三、绿色供应链评级应用

绿色金融自身发展以及产业向环境友好方向的转型，需要绿色信用评级方法的基础支撑。基于绿色供应链全生命周期理论的信用评级方法，对供应链的核心企业以及供应商进行环境与信用的综合评估，有助于绿色供应链友好型的项目融资、贸易融资、供应链融资和相关融资模式创新，进而为绿色供应链领跑者企业提供多元化优惠融资便利，提高供应链环境绩效低下的核心企业、供应商和相关项目的融资门槛和成本。

绿色供应链评级是根据金融市场及国家政策对企业主体、项目等在环境影响、污染物排放及环境信息披露等方面的要求，在传统金融领域的信用评级的基础上进行绿色评级。主要是通过受评企业的信用风险以及环境保护、绿色低碳等诸多指标综合评定其偿债能力、意愿及可持续发展水平。

（一）生命周期方法学

绿色供应链评级方法的基础是生命周期评价方法学，通过分析行业的全生命周期环境影响、能源消耗、资源利用等一系列的热点议题，发现关键节点设置考察指标，把控环境风险的要点。

核心是界定考察范围，通过对考察对象生命周期各环节开展的清单分析，拟定重点指标。清单分析是建立评价指标的关键方法和重要环节，通过将对象拆分成若干的子环节，详细地分析各环节的工艺技术、材料使用、资源能源消耗、环境排放问题等与绿色相关的问题，从而得到研究对象的重点指标。

企业绿色评级过程中，在已建立的指标模型基础上开展实际操作环节的数据收集，根据数据分析发现环境风险评估企业绿色水平。围绕现有数据变化趋势和相关设备进行风险预警，对企业绿色表现进行综合的评估。

（二）评级体系构建

绿色供应链评级方法主要通过设置控制项、评级指标、调整规则综合评定受评企业的绿色信用等级。绿色信用评级方法遵循国内外市场普遍采用的信用评级方法以及基本指标框架原则，同时充分考虑绿色供应链管理水平的评价，对受评企业在生产经营过程中的绿色经营理念制定、执行情况以及经营成果进行评估。

其中控制项是企业是否能够参与绿色信用评级的依据。控制项的评定结果为满足或不满足，对于评定不满足任一控制项条件的企业不予进行绿色信用评级。

评级指标设置了绿色信用评级基础指标和绿色信用评级特定指标。基础指标包括企业基本素质、经营管理水平、财务状况及信誉水平等方面；绿色信用评级特定指标将根据行业环境热点问题和资源、能源使用特征进行修订，但会围绕绿色技术开发、绿色供应链上下游的管理等绿色供应链管理方面的指标。

调整规则分为加分项、减分项和限制项。其中，加分项和减分项的评级结果为分值。限制项是限制企业评定等级，当符合一项限制条件时，对高于限制等级的企业评级结果调整为限制级别。这一类指标也都围绕绿色供应链相关内容，不会严重偏离环境相关指标。

供应链绿色评级，从企业供应链的维度，以更广阔的视角解读企业绿色信息和环境表现，评级结果及报告的展示将是企业综合环境信息披露的有效途径。而这种披露是灵活多样的，可以面向社会公众公布、针对监管机构、推送投资者等可限制范围内逐步开展。通过报告中的数据收集、评价分析、评级结果，深入披露企业环境信用。

（三）绿色供应链评级应用——以建设领域为例

为贯彻国家节约资源、减少排放、保护生态环境政策，推进建设领域企业实现低碳、绿色、循环、可持续发展，促进建设领域绿色信用评级体系建设，搭建建设领域企业与金融行业的对接平台，加快建设领域企业绿色转型，开发能够科学合理、广泛适用的建设领域企业绿色信用评级方法体系意义重大。天津绿色供应链服务中心会同天津市建委，开发了一套针对建设领域企业的具有先进性、系统性、适用性、可操作性的绿色信用评级方法，包括房地产开发、建筑工程设计、建筑施工及建材和设备生产四类企业，实现从全生命周期角度，对设计、建设和运营的经济和环境绩效进行评估，能够促进建立"绿色受益"市场新机制，带动建设项目本身绿色化，为绿色金融决策及环境风险管理提供具体可执行的评估方法。

1. 构建思路

建设领域企业绿色信用评级隶属于信用评级范畴，其指标选取和评级流程综合了信用评级和绿色供应链思想，纳入绿色经营、绿色管理、绿色能力、技术创新等方面的指标进行评级。建设领域绿色供应链包括绿色规划设计、绿色采购、绿色施工、绿色运营和绿色回收五大环节内容，并且企业所处的环境不同，表现出的企业特征以及绿色特征不同，因此应该根据所处行业的特征来选取指标。建设领域绿色供应链如图7-3所示。

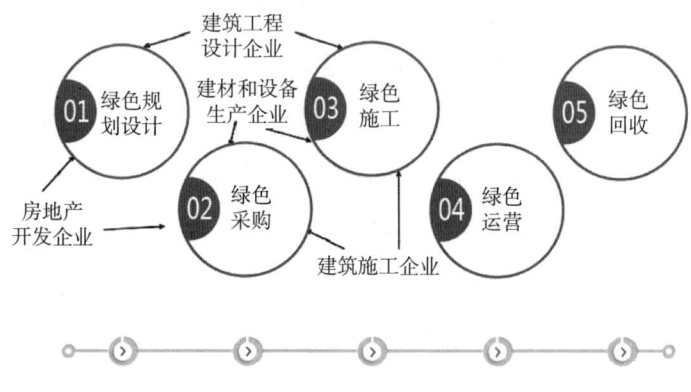

图7-3 建设领域绿色供应链

2. 评级对象

该方法适用于针对房地产开发企业、建筑工程设计企业、建筑施工企业、建材和设备生产企业开展的绿色信用评级，评价对象皆为企业主体，属于主体评级的范畴。

3. 指标体系

建设领域企业绿色信用评级方法通过设置控制项、评级指标、调整规则综合评定受评企业的绿色信用等级。

(1) 控制项

根据当前建设领域企业的履约情况和政策实施情况,对受评企业的行为进行控制。控制项设置的目的是建立企业评级准入标准,降低评级结果带来的不良风险,据此,将控制项的评定结果设置为满足或不满足,对于不满足任一控制项条件的企业不予进行绿色信用评级。

①建设领域企业的资质等级是当前企业进行建设活动的首要条件,对企业拥有的注册资本、净资产、专业技术人员、技术装备和已完成的建筑工程业绩等条件有相应的考核,并且企业的成立应该是在法定范围内,因此,在对企业进行评级中,首要条件应是企业依法设立,取得工商行政管理部门颁发的企业法人营业执照,按期登记,且在资质等级许可范围内从事相关建筑活动。

②基于绿色信用评级的要求层次以及参考的基础,在地方建设领域现有施工企业的信用评价基础上,为保障绿色信用评级的质量,因此可将其信用评价结果作为本次绿色信用评级的基础条件。后续,若出现其他相关企业的信用评价,也将对国家和地方有关部门最新发布的企业信用评价结果为信用良好及以上等级作为参与绿色信用评级的基础,对所评结果为信用一般及以下的企业将不予进行绿色信用评级。

③当前,新技术、新工艺、新材料和新设备均在不断的变化和研发改进中,落后的技术、工艺、材料和设备等,不仅降低了生产效率,增加成本,而且影响全社会的效益以及环境效益,因此,为鼓励企业积极创新,研发新技术新工艺,积极采用新材料和新设备,促进建筑节能技术、工艺、材料和设备的推广应用,淘汰落后的技术、工艺、材料和设备,依据国家和地方有关规定,企业经营过程中,不应使用列入国家和本市禁止和限制使用目录的技术、工艺、材料和设备。

④从国家和地方的强制性要求来看,针对建筑、建材和设备的生产过程设置了具体的参数限制,以保证企业在进行生产活动中,对噪声、排污

等方面进行控制,其具有很强的针对性,并且,强制性参数在法定范围内为国家或地方的最低要求,企业不可逾越造成违法后果。因此,针对建筑施工企业及建材和设备生产企业,设置建筑施工或产品生产过程中的污染物排放应符合国家、行业、地方相关标准的规定的要求,规避违法带来的法律风险。

⑤企业在建设行为中出现重大质量、安全事故,说明企业在管理过程中存在较大问题,对于预处理、应急处理等方面均欠缺,给企业造成较大的经营风险。当事故发生后,企业可采取积极的改进办法,降低企业的经营风险,因此对近三年内项目在实施过程中出现重大质量、安全事故的企业不进行绿色信用评级。

(2) 绿色信用评级指标

评级指标设置了绿色信用评级基础指标和绿色信用评级特定指标。

①绿色信用评级基础指标

- 企业基本素质

通过对企业的基本情况分析和相关数据的整理,认为人员素质、经营年限、企业规模可作为衡量企业基本素质的指标。

人员素质一方面从经营管理团队从业经验进行考察;另一方面从人员结构来判断,人员结构主要是考察管理人员、技术人员是否满足资质所要求的相关技术人员情况。企业规模重点从企业的经营年限、注册资本、资产规模以及收入规模等方面进行考察,规模越大,企业成立时间越长,说明企业经营越稳定,基本素质越高。

- 经营管理水平

经营管理水平是衡量企业管理水平最基本的指标,其水平高低能够衡量企业经营执行顺利程度,并根据该情况进行调整而进行的系列管理、运营活动。

- 财务状况

财务状况从负债水平、成长能力、盈利能力以及经营效率四个方面进行考察，每个方面均选取有代表的指标对其进行判定。

负债水平方面，选取了资产负债率、现金流动负债比率作为评级指标，对存量债务压力进行判定。成长能力选取了总资产增长率、营业收入增长率作为评级指标。盈利能力选取主营业务利润率、净资产收益率为评级指标。经营效率方面选取了应收账款周转率和存货周转率作为评级指标。对受评企业财务状况进行考察时，除了对企业自身表现进行纵向比较之外，还需要结合行业标准值水平对受评企业财务表现进行横向比较。

- 信誉水平

企业信用状况的评价可通过考察其历史信用记录进行评价，具体而言，可通过对企业信用报告、工商、税务、司法等方面的信息进行查询，一般需要考察受评企业近三年的信用记录状况。包括工商管理部门、税务部门、司法部门、行业监管部门等的信用记录，以及企业、主要高管的信用报告；同时还需要调研与其有合作关系的相关客户和供应商相关方的信用记录。

②绿色信用特定指标

根据不同类型企业的特征进行了设置：

房地产开发企业——绿色建筑建设能力、绿色技术创新能力；

建筑工程设计企业——绿色建筑设计能力、绿色技术创新能力；

建筑施工企业——绿色施工能力、绿色技术创新能力；

建材和设备生产企业——绿色制造能力、绿色技术创新能力。

具体如下：

- 绿色建筑建设能力

房地产开发企业是围绕建筑开展房地产开发和经营的企业，具有高投资、高负债、受政策影响颇大等特点，且是建设行业产业链上的核心企业。基于此，绿色建筑建设能力选取了绿色采购管理水平、绿色建筑建设水平、绿色建筑建设情况、装配式建筑项目建设情况等指标。

- 绿色建筑设计能力

建筑工程设计企业以提供服务为主要业务，利润的多少与技术占有、技术综合能力、技术人员责质、管理水平及市场活跃程度有关，绿色建筑设计能力设置了绿色设计选用水平、绿色建筑设计水平、绿色建筑设计完成情况、装配式建筑项目设计情况的指标。

- 绿色施工能力

绿色施工能力从绿色采购及管理水平、绿色施工人员及培训、绿色施工水平、装配式建筑项目施工情况方面选取指标。

- 绿色制造能力

建材和设备生产企业从绿色采购、绿色生产、绿色运输和绿色回收方面采取的向好措施，积极推动绿色建材和绿色设备的生产，在产品、技术、工艺、装备上都存在广袤的创新空间。基于此特征，绿色制造能力从绿色管理水平、绿色生产水平、绿色运输情况、回收机制方面选取评级指标。

- 绿色技术创新能力

绿色技术是针对生态环境和经济，研发出具有节约资源和能源，避免、消除或减轻生态环境污染和破坏等特性的技术，并可进行污染控制和预防，废物最小化、循环再利用等措施处理。企业研发投入和研发成果是绿色技术创新能力的具体体现。

(3) 调整规则

调整规则是将不能作为指标但却是很重要的衡量因素纳入调整规则，以便设置的评级体系更能真实地反映企业的绿色信用水平。调整规则遵循真实性原则和审慎性原则等。调整规则包括加分项、减分项和限制项，通过这些方式对受评企业的信用状况进行调整。对加分项和减分项采用分值，当企业存在加分项、减分项所列多个条款时，可累计加分或减分，但累计不超过±10分。限制项是限制企业评定等级，当符合一项限制条件时，对高于限制等级的企业评级结果调整为限制级别。

加分项的设置依据对企业在绿色、创新等方面具有促进作用的因素进行选择，包括人员队伍、近几年的业绩、获得重要的奖励以及积极开展绿色方面的认证等进行加分，并且，根据获得的奖项和层级分别设置不同的加分值；减分项依据对企业财务、声誉和信用方面影响较大的因素设立，尽可能使得绿色信用评级符合实际的发展要求；对参评企业评价发现有财务、经营和重大信用行为等问题时，对企业绿色信用等级进行限制。

4. 等级划分

企业绿色信用等级根据得分情况确定等级。评级指标的总分为100分，调整规则中加分项和减分项可累计加分或减分，但累计不超过±10分。绿色信用评价结果划分为三等九级，设置D级以标明企业已发生违约（见表7-2）。

表7-2　　　　　　　　企业绿色信用等级划分

单位：分

等级	AAA	AA	A	BBB	BB	B	CCC	CC	C	D
得分	[90, 100]	[80, 90)	[70, 80)	[60, 70)	[50, 60)	[40, 50)	[30, 40)	[20, 30)	[0, 20)	已违约

5. 试评价

为进一步验证与完善评级模型，2016年12月，在天津市建委支持下，天津市建设科技发展推广中心组织开展企业绿色信用评级试评价启动会，分别选取房地产开发企业、建筑工程设计企业、建筑施工企业与建材和设备生产企业近10家企业进行了试评价，包括天津市市政建设开发有限责任公司、天津城投置地投资发展有限公司、天津房地产集团有限公司、天津市建筑设计院、天津市天友建筑设计股份有限公司、天津城建集团有限公司、中国建筑第六工程局有限公司、天津市建工工程总承包有限公司、天津天盈新型建材有限公司等。

试评价以企业提供的有效数据为主要评估依据，并与企业保持紧密的联系和沟通，通过住建部、天津市建委、中国法院网、企业基本信息网、信用中国等信息公开网站查询相关重要评价信息。

根据对评价结果分析整理，形成了以下的试评价结论。由于企业提供信息存在不完整的情况，针对这种情况，试评价过程当中对于无法获取评价信息的指标采用了按最低档打分的处理情况，所以此次的试评级结果不能完全客观地反映被评企业的实际绿色信用水平。各类型评级结果如表7-3所示。

表7-3　　　　　　　　　　试评价结果

房地产开发企业	级别	建筑施工企业	级别
企业A	B	企业A	BBB
企业B	B	企业B	AA
企业C	BB	企业C	A
建筑工程设计企业	级别	建材和设备生产企业	级别
企业A	A	企业A	BB
企业B	A		

根据对试评价结果的分析和整理，发现评级方法具有可操作性，指标表征性较好，整体基本符合企业所在行业内的绿色水平。同时也发现部分指标试评价企业得分普遍较低，尤其是绿色信用特定指标，原因为建设领域企业还处于绿色发展的初级阶段，绿色标准和体系不完善，对已有标准实施落地不强。因此，基于试评价的结果，又对评级方法进行了更科学合理的调整。

四、绿色供应链评级方法展望

建设领域绿色信用评级是运用绿色供应链评级方法的示范项目之一，对其他领域开展企业主体绿色信用评级，以及建立绿色资产项目的信用评级方法具有重要的借鉴意义，但能够真正应用于金融领域，还需要政府、金融机构、企业以及相关服务机构的联合推动。

（一）探讨形成通用评级方法

中国资本市场逐渐向海外开放，债券通、海外债券、跨境投融资等活动不断加强，同时，国际合作新机制下供应链日益复杂，中国的金融活动将面临越来越大的挑战。因此，完成绿色供应链信用评级方法体系的构建，形成能够反映不同行业、不同种类项目风险特征的评级方法，加强实际活动中的应用，将有利于在资本引入以及绿色金融产品"走出去"的过程中，科学全面地评估环境风险。在国际上与其他国家共同探讨在其范围内的适用性，加强讨论互动，逐步形成具有普遍共识的通用方法，为辨识企业绿色度和融资便利提供评价解决方案。

（二）创新环境信息披露机制

香港联交所自 2015 年起逐步开展《环境、社会及管治报告指引》（ESG）管理工作，上交所早在 2008 年就发布了《上海证券交易所上市公司环境信息披露指引》。从上市公司开始，环境信息披露势必将逐渐变为强制，并推广到更多领域的企业。绿色供应链评级，是从企业供应链的维度，以更广阔的视角解读企业绿色信息和环境表现，通过建立引入绿色供应链的信息披露机制，促进企业绿色信用和环境信息双向对称，使得企业的环境成本，以及在绿色方面的贡献和努力能够真正地反映在产品价值和市场价格上。

（三）加强政策引导

目前从供应链角度开展企业主体绿色评级的方法还未形成体系，但国家政策推动绿色供应链发展的力度逐渐增加。从"十三五"提出加快构建绿色供应链产业体系到工信部开展绿色供应链项目申报，并向企业划拨补贴资金，从政策支持到资金保证，体现了国家对绿色供应链领域建设的决心。开发相关企业评级方法是政策推动与市场呼吁的双重结果。然而目前阶段，国内机构和企业对于绿色供应链理念的认识仍然不够深入，所以需要政策上从标准制定、政策支持、市场培育等方面进一步加强引导。

第八章 展 望

十九大报告指出，要坚定不移贯彻创新、协调、绿色、开放、共享的发展理念，加快生态文明体制改革，建设美丽中国。绿色已成为中国未来发展转型的重点方向。绿色金融承担着引导资金流向低碳节能、环保行业，促进产业转型、技术升级，实现经济、环境、社会效益协调发展的重要使命，将迎来发展的黄金期。在拓宽绿色融资渠道的同时，应积极引导投资者培育责任投资理念，促进金融市场的可持续发展。绿色评级和绿色评估认证是绿色金融领域中解决投资者绿色投资分析能力不足问题的重要工具。绿色评级为投资者揭示了在绿色发展、环保监管政策趋严的经济发展环境下，环境效益及环境成本对主体偿债能力的影响程度；绿色评估认证帮助投资者识别投资标的绿色属性，协助投资者更全面地评估环境风险。两者促进了绿色投融资双方更好地对接，在绿色金融系统中均扮演着重要的角色，未来获得更广泛的采纳应用是大势所趋。

目前，我国尚处于绿色金融发展初期，绿色评级和绿色评估认证也刚刚起步，其方法理论、对各行业的适用性等都有待进一步深化研究，形成标准体系；市场环境基础设施和投资者对绿色投资偏好也有待改善和培育；环境信息披露、绿色认定标准、监管层方面的政策引导和激励政策等将有助于绿色评级和绿色评估认证的开展。

本章结合前面章节论述内容，对绿色评级、绿色评估认证及其应用市场提出发展展望与相关政策建议。

第一节 市场展望

一、融资体系绿色化发展趋势

在经济绿色转型的大背景下，我国绿色投资需求巨大。根据人民银行绿色金融工作小组的估算，2016—2020 年每年至少需要 2 万亿元的绿色投资，引导资金投向绿色产业的绿色金融应运而生。自 2016 年以来，绿色金融在中国发展如火如荼。绿色债券的推出旨在支持符合条件的绿色企业上市融资和再融资，改变了过去绿色融资主要依靠绿色信贷单一融资渠道的状况，使得绿色融资渠道多元化。

与此同时，随着绿色金融政策顶层设计的建立与逐步落实，自然资源领域引入市场交易机制，包括信息强制性披露、健全环保信用评价、提高污染排放标准等在内的环境监督治理体系的完善，整个融资体系也在朝着"绿色化"发展。具体表现在：监管机构为绿色融资提供专人对接"即报即审"绿色通道；各类金融机构着手开展了环境风险压力测试研究，完善环境信用数据库；补充设置专有绿色金融组织；出台针对性的绿色金融制度等。

（一）绿色债券市场持续快速扩容

绿色债券的推出，有效地解决了绿色产业融资的期限错配问题，逐步成为绿色产业融资的重要渠道。我国"贴标"绿色债券市场自 2016 年启动以来发展迅猛。从发行规模来看，2016 年跃居成为全球最大的绿色债券发行市场，2017 年发行数量翻倍增长，为全球第二大绿色债券发行国；从发行领域来看，涉及污染防治、清洁交通、资源节约与循环利用、工业节能、园林绿化、环境修复等诸多领域；从发行券种来看，已覆盖包括金融债、公司债、企业债、债务融资工具、资产支持证券等各类主要品种，债券创新不断。

虽然绿色债券作为融资创新产品，市场扩容迅速，但我们也注意到，现有绿色债券在整体债券市场发行规模占比还很低（2016年占比0.55%，2017年占比1.07%）。随着各类绿色债券监管政策的完善，绿色金融从中央到地方的推行落实，监管机构和各地政府对绿色债券发行的大力支持，以及绿色债券目录众多细分领域绿色融资需求的逐步释放，绿色债券市场将保持稳健发展，具有明确生态环境效益或环境效益较为显著的细分领域市场规模将有序增长。

（二）绿色信贷规模保持稳步增长

绿色信贷在整个绿色金融融资体系中发挥着基础核心作用，是绿色产业的主要融资渠道，也是我国绿色金融起步最早的领域。在政策方面，我国已建立绿色信贷政策体系，国际上也形成了由绿色信贷指引、绿色信贷统计制度与绿色信贷考核评价体系三部分组成的制度框架；从地方层面看，地方绿色金融试验区和部分地区提出运用再贷款、再贴现等货币政策工具激励绿色信贷。据统计，截至2016年底，中国21家主要银行金融机构的绿色信贷余额达到7.51万亿元，同比增长7.13%，占各项贷款余额的8.83%。[1]

全国碳排放权交易市场的启动，推动了碳金融产品的开发与碳汇项目、排污权、用能权、水权交易等环境权益交易市场的建设；有助于盘活绿色企业资源型资产；扩大了融资抵押范围，为碳资产抵押贷款等绿色信贷创新产品、绿色信贷资产证券化产品奠定了实施基础。目前我国正在探索将绿色信贷业绩评价纳入宏观审慎评估（MPA）体系，这也将对银行

---

[1] 数据来源：中央财经大学绿色金融国际研究院和联合国环境规划署. 构建绿色金融体系进展报告（2017）[R]. 2017.12.

加大绿色信贷支持力度提供政策激励。在以上因素的推动下，绿色信贷规模及其在整体信贷规模的比重有望保持稳健增长。

（三）金融机构推进绿色转型

绿色金融对实体产业的带动和支持需要金融机构的积极参与和推动。在加大力度开展绿色金融业务的同时，金融机构也应着力推进自身的绿色转型。

绿色金融组织体系建设方面，银行、券商、基金、租赁公司等金融机构开始发起设立专有的绿色金融团队和组织架构，开展绿色金融研究，推进绿色金融业务。例如，兴业银行和江苏银行相继签署"赤道原则"，与国际绿色信贷准则接轨，探索绿色发展；天风证券将绿色金融纳入了公司战略，成立了绿色金融事业部；绿色基金蓬勃发展，截至2017年第三季度末，我国以ESG为核心的社会责任投资基金共计106只。据基金业协会数据统计，截至2017年6月底，包括基金、信托等在内的各类资产管理产品规模达97.81万亿元，在基金业协会自律管理下的资管规模达52.80万亿元，占整个资管行业约54%。① 在提高环境因素分析能力方面，金融机构联合相关研究机构开展了系列环境风险分析管控的研究，涵盖了信贷、资管、债券和股票市场。例如工商银行先后对火电、水泥、钢铁行业进行了信用风险影响压力测试，中央财经大学绿色金融研究院开展了资管行业环境压力测试研究。此外，金融机构加大了环境效益分析研究投入和设备配备，如浦发银行、工商银行等多家金融机构通过多途径不断健全完善其环境信用数据库；兴业银行上线了银行业内首个自主研发的绿色金融专业支持系统，协助其进行贷前、贷中、贷后一体化的绿色信贷管理。

根据中国人民银行等七部委发布的《关于构建绿色金融体系的指导

---

① 安国俊. 中国绿色基金发展特点及趋势［J］. 中国金融, 2018（19）.

意见》和五省区绿色金融改革创新实验区总体方案，金融机构的绿色评价体系逐步形成。把绿色金融业务开展成效、环境风险管理情况纳入金融机构绩效考核评价体系，把考核评价结果与财税、环保、准入门槛等激励政策挂钩将成为未来工作的重点。在整体经济绿色发展的大背景下，金融机构的绿色转型势在必行。

（四）强化监管对融资主体的环境信用把控

除了绿色金融产品的开发、金融机构的绿色转型，监管机构也逐步加大对融资主体在环境领域的监管和把控，完善绿色金融市场运行环境，促进环境外部性内生化，解决绿色项目融资难、融资贵的问题。

一方面，监管机构开始注重融资主体环境信用表现，严禁不符合条件企业占用绿色融资渠道。根据证监会发布的《中国证监会关于支持绿色债券发展的指导意见》，绿色公司债券发行主体原则上不得属于高污染、高能耗或其他违背国家产业政策导向的行业。另一方面，完善环境信息披露制度等基础设施，加大社会公众对企业环境乃至ESG（环境、社会和治理）各方面表现的监督。目前，上市公司强制性环境信息披露制度实施已确立，具体分为"三步走"：第一步，2017年强制要求属环保部门公布的重点排污单位的上市企业披露环境信息；第二步，2018年要求所有其他上市公司实施半强制披露，即"不披露就解释"；第三步，到2020年要将强制环境信息披露要求覆盖到全部上市公司。

二、绿色评级、绿色评估认证将逐步实现标准化，应用领域不断扩大

绿色金融的宗旨是发挥金融的资源配置机制，引导资金投向绿色产业，解决绿色项目融资难、融资贵的问题，而对融资主体的综合评级结果是决定其融资成本的主要因素。在融资体系绿色化的发展趋势下，"绿

色"因素在投融资风险决策的影响权重将有所提升,完善的绿色评级、绿色评估认证对判断融资主体是否符合绿色、绿色属性及绿色程度是否可以真正影响其信用等级的作用不言而喻。

(一)从防范"漂绿"到挖掘"绿色",绿色评估逐步兴起

绿色评估认证,从广义范围来讲,是对评估对象是否具有包含"绿色"等相关方面的属性及程度的综合判断,包括但不限于绿色债券的绿色评估认证、企业 ESG 评估及上市公司的绿色评价等。绿色评估认证是绿色投融资领域防范市场"漂绿"风险的利器,也是帮助投资者识别"绿色"表现优秀投资标的的重要工具。

1. 债券绿色评估认证市场趋于规范,强化防范"漂绿"功能

随着绿色债券在中国的爆发式增长,我国绿色债券配套的绿色评估认证业务市场也迅速崛起。但在市场发展初期,绿色债券评估认证因缺乏统一的评估认证标准、承接机构无资质要求、对整体评估认证质量缺乏监管,不同机构间绿色评估认证结果无可比性,对投资者起到的指引作用有限。2017 年 12 月,人民银行和证监会联合发布了《绿色债券评估认证行为指引(暂行)》(以下简称《指引》),设立绿色债券标准委员会,对评估认证业务机构资质、业务承接、业务实施、报告出具和后续监督管理提出要求,《指引》的出台对绿色债券市场健康发展起到了促进作用。随着《指引》各项监管措施的落实与推进,债券市场的绿色评估认证业务将趋于规范化、标准化。

与此同时,在绿色产业细分领域融资需求的逐步释放,绿色债券市场融资优势逐步显现的情况下,不排除有边缘性项目想通过绿色债券融资渠道获取低成本资金支持,债券的绿色评估认证对绿色债券市场防范"漂绿"风险的作用将进一步强化。

2. 企业绿色评估方法体系快速发展,助力"挖掘"绿色投资标的

相关研究表明,ESG 因素会影响企业评级,并进一步影响企业的融资

成本和投资者的投资收益。监管机构对企业 ESG 信息披露要求标准也在不断提升。在经济、金融系统绿色转型的背景下，将环境、社会和公司治理因素纳入投资决策的 ESG 投资理念逐渐兴起，绿色投资者队伍不断壮大。在财务和业绩发展表现的基础上，判断和评估企业绿色表现将发展成为投资领域新的市场需求。

我国针对企业的绿色评估、ESG 评估方法体系在快速建立中。目前，工商银行已推出 ESG 评估方法，商道融绿与财新传媒共同发布"融绿—财新 ESG 美好 50 指数（SGCX ESG 50 Index）"对 ESG 信息进行量化评估，中央财经大学绿色金融国际研究院开发了评价上市公司绿色水平的方法体系。企业绿色评估方法体系的完善，有助于帮助投资者"挖掘"绿色投资标的，培育责任投资意识。

（二）绿色评级从新兴转向标准、常规化，支持投融资决策和企业运营管理

绿色评级是指考虑环境污染影响、生态系统影响以及自然资源的可持续利用等三大方面因素后的信用评级体系。针对不同应用领域，绿色评级覆盖绿色债券信用评级、借款人绿色评级以及针对企业完善自身管理的供应链绿色评级等方面。从投融资角度来看，标准化的绿色评级体系尚未建立，绿色评级方法研究有待深化；从企业自身管理角度来看，绿色评级有助于企业把控环境风险，完善自身管理，提升综合实力。

1. 绿色评级方法体系有待规范标准化、常规化

在现有融资体系中，不论是直接融资还是间接融资，企业的综合评级结果将直接影响其融资成本，这决定了将"绿色因素"纳入评级框架，进而综合评定其对企业或项目偿债能力影响的绿色评级，成为引导资金投向绿色产业，解决绿色产业融资贵、融资难问题的关键环节。目前，评级机构、银行等金融机构已尝试初步建立了绿色评级框架体系，探讨绿色历

史信用及自然环境因素对受评对象现金流的影响方式和影响程度。受限于评估对象环境信息披露程度不一、绿色产业外在奖惩政策的不确定性以及相关的环境、法律及声誉风险难量化等原因，目前各家绿色评级理论框架不一，绿色因素对受评对象带来的利好与风险难以量化，绿色评级在实践中应用有限。

随着环境信息披露制度的完善、环境信用信息数据的整合、监管对绿色发展更强的政策指引和明确的奖惩制度的落实以及金融机构自身对环境因素压力测试等分析能力的提升，环境因素能够实质影响作用于企业或项目的偿债能力。绿色评级方法体系有望更加规范标准化，并转化为"常规化"投融资分析工具，获得更广泛的实践与应用。

2. 绿色评级转化为企业完善 ESG 因素表现的管理工具

对于投资方而言，绿色评级可以帮助投资人寻找包括绿色在内的各项因素表现优秀的投资标的；对于融资方而言，绿色评级是发现自身 ESG 等方面管理漏洞的有效工具。

一方面，通过绿色评级，企业可以更好地衡量环保投入产出比，重视环保，履行社会责任，形成产业发展良性循环；另一方面，通过企业主体绿色评级及延伸的绿色供应链评级，企业能够更有效地管理和改善与上下游及消费者的关系，降低对环境的负面影响，提高资源效率，带动供应链协同转型升级。

第二节 政策发展建议

本节主要从绿色评级、绿色评估认证的实施条件以及发展遇到的瓶颈和问题两方面，对监管方、融资方（企业自身）、投资方以及实施绿色评级、绿色评估认证业务机构提出相关建议。

第八章 展　　望

一、监管方加强政策引导、建立标准体系、完善市场基础设施建设

（一）建立完善配套政策激励措施体系，加强绿色投融资政策引导

1. 加大绿色产业政策激励，促进环境外部性内生化

政府针对绿色产业企业或绿色项目的政府补贴、税收等优惠政策会为企业或项目带来直接经济收益，对绿色融资可得性、稳定性和成本效率具有正面影响，也是绿色评级中将绿色因素转化为提升受评对象偿债能力评判的主要参考依据。

建议监管机构对绿色产业释放更实质、更有效的激励政策，释放明确政策信号。例如：（1）针对具有显著环境效益的项目提供明确的补贴、税收优惠或税收返还，针对环境保护或修复服务进行政府采购；（2）加大环保监察力度，落实环境保护税、资源税的征收，加大环保领域违章罚款力度和企业不遵循环境政策的成本，加强制性地对污染排放超出标准值的企业进行设备改造等；（3）建立完善企业环境信用联合奖惩机制，加强企业环境信用与业务开展运营的关联性，如优先选择获得绿色评级、绿色供应链评级、绿色评估认证名单内的企业进行合作等。

2. 加强绿色投融资政策引导，盘活市场

2015年末以来，尤其是2017年五省区绿色金融改革创新试验区方案印发后，各地陆续出台绿色金融发展规划和配套的相关激励政策，推动绿色产业发展。但整体来看，绿色融资较传统融资渠道优势不明显，如不少发行人在选择发行绿色债券与普通债券时的倾向性并不显著，成本仍是多数发行人考虑的重要因素。

站在融资方角度，其关注点是融资的便利性、融资成本等综合益处。针对绿色金融融资方，建议政府和监管机构加大实质性激励措施的出台和实施，进一步降低绿色融资的融资成本，提高绿色融资便利性，激发绿色

融资需求。降低成本方面，可加大税收、财政贴息等支持力度，如对于绿色融资的企业，鼓励地方政府通过投资补助、担保补贴、债券贴息、基金注资等多种方式，支持其融资和绿色项目实施；对发行绿色债券的企业，给予一定交易税收、托管费用优惠等补贴或奖励，如第三方认证费用给予资助，减轻发行绿色债券企业的后续费用负担，推动企业开展绿色债券的第三方认证和持续跟踪；融资便利性方面，可通过在一定程度上降低融资门槛、提高资金使用便捷等方式，例如，（1）开展"主体绿色评估认证"，对完全从事环保产业的公司，提高其融资资金使用的灵活性；（2）设立和地方政府联动的绿色担保基金，提升符合条件的绿色环保产业企业的融资便捷性；对于纯公益性或仅有少量收益但无法覆盖投资的绿色项目，可以考虑由地方政府直接发行一般政府债券或专项债券进行融资；（3）不将绿色债券纳入政府债务限额或适当增加发行绿色债券的地方政府的债务额度，以及开通绿色债券发行优先通道等方式，鼓励地方政府发行绿色债券；（4）加大产品创新，引入绿色债转股等新型低成本融资方式等。

站在投资方角度，其关注点是投资标的回报收益、流通性和风险水平。虽然绿色金融产品通常具备长周期、低风险、稳定回报的特质，与保险基金、资管业务期限匹配，具备一定的优势，但是在其他方面，现有绿色金融产品与普通投资标的未显现出明显配置优势。针对投资者，建议监管方一方面加强对投资者配置绿色金融产品的引导和鼓励，如就投资机构关于绿色、ESG 因素对投资影响的分析研究予以表彰奖励，就 ESG 风险及其财务影响发出更积极的信号；加大对绿色产业投资基金、绿色担保基金等运作成立的政策扶持；另一方面，采取一定的措施提升绿色金融产品配置优势，如探索性地将绿色投资占比纳入考核、降低绿色投资标的在银行风险资本的占比等。

（二）建立出台市场标准，规范绿色评级、绿色评估认证业务

1. 统一绿色债券支持项目目录或界定标准

目前，我国不同绿色债券品种依据绿色项目目录尚未统一。《绿色债券支持项目目录》和《绿色债券发行指引》均对我国绿色债券项目分类做了较为详细的梳理，但这两个标准存在一定差异，且缺少互相的认可，可能使同一项目在不同监管机构管辖下的市场的认定结果不同，导致监管套利，给政策激励等工作的开展带来隐患。同时，我国绿色项目目录与国际也有一定差异性，尤其体现在燃煤清洁利用。随着中国"一带一路"建设的实施、"债券通"功能的上线，我国金融市场对外开放将迎来更大力度的扩大和深化，我国也需着手研究和国际市场互认的绿色项目目录。

目前，我国正积极推进境内市场绿色债券标准的统一。2017年11月11日，中国金融学会绿色金融专业委员会（绿金委）和欧洲投资银行在第23届联合国气候大会期间联合发布了题为《探寻绿色金融的共同语言》的白皮书，其中对国际上不同的绿色债券标准进行了对比，以期推动国际绿色债券市场标准一体化。目前我国现行绿色债券标准已开展研究和修订工作，但我国在修订绿色债券标准过程中，应当注意：（1）充分立足于我国现阶段基本国情，如生态环境现状、资源禀赋与能源结构、产业状况等因素；（2）以能够产生正面环境效益作为判断项目绿色属性的基本依据；（3）符合我国现阶段发展战略、产业政策。

2. 建立绿色评级标准与方法，健全环境效益评估核算体系

在评级制度设计上，建议结合绿色因素对政府、银行和企业评级的具体影响，确定评价指标和相应权重；推动第三方评级机构建立主体评级、债项评级与绿色评级的综合评级体系，逐步推动绿色评级制度化、标准化、规范化。同时，加强绿色征信体系建设，将绿色评级结果纳入征信统

计系统，有序扩大绿色评级结果的使用范围，发挥征信在环境保护方面的激励约束作用，推动政府、企业及金融机构树立绿色发展的理念。

在体系方法构建上，绿色信用评级、绿色供应链评级等都需形成能够反映不同行业、不同种类项目风险特征的评级方法，加强在实际活动中的应用，将有利于在资本引入以及绿色金融产品"走出去"的过程中，科学全面地评估环境风险。建议在国际上与其他国家共同探讨在其范围内的适用性，加强讨论互动，逐步形成具有普遍共识的通用方法，为辨识企业绿色度和提供融资便利提供评价解决方案。

在环境效益评估核算体系方面，由于绿色项目范畴广泛，其环境效益评估工作也非常复杂，不仅涉及节能、减排等气候性指标，还涉及净水、垃圾处理过程中的污染物指标。鉴于我国尚处于起步阶段，建议在目前碳排放核算指标已较为规范的基础上，重点围绕节能减排类项目积极推进绿色项目环境效益评估工作。同时，依托科研院所和高校加快建设一批环境效益评估专业研究和咨询机构，培育有公信力的第三方机构。

3. 加强关于环境要素的会计研究，完善会计准则

企业成本核算中，企业产品成本只承担了其生产制造过程中的耗费；会计实务中，关于环境目前难以全面、系统、规范、准确地核算其投入和产出，无法做到对环境要素的确认、计量和记录等会计处理。信息披露方面，目前基本只在企业的招股说明书、募集说明书等文件对企业生产的环保因素限制、因环保问题可能产生的债权债务关系等进行披露，而对于具体的环境问题则缺乏披露要求，现行的会计准则也未建立起关于环境要素及环境会计信息的披露制度。

适应绿色发展的需要，如何建立完整的绿色会计理论和会计核算体系，确认、计量和记录企业的环境要素成本，以完整地反映企业的成本构成，加强环境要素的会计信息披露，是亟须解决的问题。在充分研究的基础上，建议修订、完善我国的会计制度与会计准则，全面纳入环境要素的

成本收入核算和信息披露,从而真正建立起绿色发展的科学核算制度,为绿色项目的评估、绿色债券的评级及绿色债券的定价提供科学的指导。

(三) 完善绿色投融资市场基础设施建设

公司在环境领域表现数据、ESG因素表现信息等的可获得性是绿色评级、绿色评估认证的基础。目前,我国在环境信息披露、公众对环境监管信息获取等方面的制度还有待完善,建议监管进一步完善、细化相关制度建设,为绿色评级、绿色评估认证业务的顺利开展提供条件。

1. 完善细化环境信息披露制度,提高融资方环境信息披露的专业水平

香港联交所自2015年起逐步开展《环境、社会及管治报告指引》(ESG)管理工作,上交所早在2008年就发布了《上海证券交易所上市公司环境信息披露指引》。从上市公司开始,环境信息披露势必将逐渐变为强制,并推广到更多领域的企业。目前,上市公司强制性环境信息披露制度已基本确定,到2020年,强制环节信息披露要求覆盖全部上市公司。绿色债券方面,银保监会、证监会、银行间交易商协会对绿色债券发行和存续期信息披露提出了相关要求,包括募集资金使用情况、绿色产业项目进展和环境效益等内容。但是目前不少绿色债券发行人在环境信息披露方面专业性有所欠缺,无法对项目产生的环境效益进行科学评估、监测和准确量化,部分环境效益的披露不准确;此外,发行人有动机选择性披露环境信息,规避对自身不利的信息披露。

建议监管机构在现有对绿色债券定期披露资金管理报告和年报要求的基础上,细化信息披露监管要求,包括明确信息披露内容、要求和模板,对主要污染物排放指标等关键性信息,应进行强制信息披露。同时,强化对企业环境信息披露的评价、监督、引导,建立引入绿色供应链的信息披露机制,鼓励对环境信息进行第三方机构审计,以确保信息披露的真实性,促进企业绿色信用和环境信息双向对称,使得企业的环境成本,以及

在绿色方面的贡献和努力能够真正地反映在产品价值和市场价格上,对于违反环境信息披露要求的企业实行多部门联合惩戒。

2. 推动环境数据库与环境信用体系建设

借助大数据、云计算以及人工智能等技术手段,突破传统信用评级纳入环境因素的困难和瓶颈,利用大数据、智能语音、图像识别,智能实时监测系统等技术提升获取评级关键要素信息的能力;利用大数据、人工智能系统分析企业或项目的环境管理绩效,企业环境信用信息、环境风险概率以及这些指标对企业盈利能力和偿债能力的影响。

环保部门、数据服务商以及第三方环境风险管理服务机构应共同推动构建环境数据库、绿色信用评价体系和绿色征信体系,形成有效的共享机制,实现政府各部门基于环境信用的差别化监管和激励机制,推进环境效益或环境成本外部性的内生化,最终实现基于环境信用的市场定价机制。

二、评级机构加强绿色信用评级方法体系的建设与完善

(一) 将 ESG 因素纳入评级体系

信用评级机构应当在整体评级体系中战略性、系统性地考虑 ESG(环境、社会以及治理)因素对偿债能力的影响以及 ESG 因素与信用的关联度,在绿色债券绿色信用评级的基础上,逐步将 ESG 评级扩展覆盖到所有类型债券。

(二) 加强行业环境压力测试研究

考虑到环境风险正日益成为影响企业信用风险的重要因素,评级机构应考虑对环境风险进行前瞻性的压力测试,逐步实现在评级结果中客观、准确地反映环境因素对偿债能力的影响。

（三）将环境因素纳入主权评级和行业评级

评级机构也可考虑将环境因素纳入主权评级和行业评级考量，如在开展主权、地方政府评级时，综合考虑国家或地区自然资源与环境禀赋等决定国家或地区发展的可持续性、增长潜力以及经济脆弱性的因素，进而影响该国家或地区财政收入增长的可持续性、稳定性以及增长潜力，并最终确定影响该国家或地区信用风险的因素；对大型基础设施项目进行信用评级时需要充分考虑项目的环境影响、社会效应以及项目建设、运营主体或项目公司的公司治理因素。

（四）逐步完善绿色债券评级体系，实现环境影响的定量化分析

第一阶段，定性评估环保及行业政策对于企业信用风险的影响，将环境因素作为债券信用风险的调整因素，或者采用传统信用评级和绿色债券评估并行的"双评级"体系，为绿色债券投资者评估投资风险提供参考信息。

第二阶段，随着环境数据库、企业环境征信体系的建立和完善，评级机构可借助大数据、量化模型等工具加强环境因素对偿债能力转化的量化评估，使企业的绿色表现、项目的环境效益成为债券的风险定价依据，对绿色融资成本发挥指导作用。

三、提升绿色认证评估机构专业水平，规范绿色认证评估业务

（一）加强第三方认证机构财务评估和环境风险评估方面的专业能力

第三方认证机构需同时具备资金使用监督和环境评估咨询两方面的能力。在目前阶段，绿色债券对其"绿色"属性的评价虽然以校对所投项目是否符合相应绿色债券名录标准为主，但相较于普通审计咨询机构，具

有环境风险评估专业能力的第三方机构在评价过程中可以更准确地识别拟投项目与标准要求间的不明显差别以及项目可能产生的环境效益及环境风险，更大程度上降低了资金投入的环境风险和社会效应风险。在未来发展道路上，绿色债券中对于其"绿色"属性的认证与监管程序将更加严谨严格，环境"净效益"评估、项目建设运行过程中的环境监督等工作都需要第三方机构具有环境风险识别预评估方面的专业能力。第三方认证机构只有不断提升专业水平，才能更好地完成工作，推动绿色债券认证监督机制加快其完善步伐。

（二）对债券发行主体及项目实施主体进行绿色信用评估

一般来说，有绿色项目运营经验的资金使用者进行"漂绿"的动机会显著低于尚未从事过任何绿色项目的资金使用者，更会显著低于具有破坏环境记录的资金使用者。评估项目运营主体的绿色程度有助于评判其是否属于绿色资金使用者，降低"漂绿"风险。第三方认证机构需要有效识别具有"漂绿动机"的资金使用机构并抑制其进入绿色金融市场的可能。目前，国内外的绿色债券认证评估的相关方法及标准对于其"绿色"特性只关注于投资项目本身是否符合相应绿色债券标准，多数尚未考虑对债券发行主体及运营主体的绿色程度评估。东方金诚对绿色债券的评估方法中把"发行人绿色程度"作为债券绿色认证评估的基本要素之一，该要素主要对发行人及项目主体的环境信用、绿色投资或运营记录、环境风险控制能力、已实现的绿色效益等方面进行评估。中债资信的绿色债券评估认证方法中也把发行人治理和制度结构的合理性作为评判标准之一，以保证绿色债券募投项目的顺利实施和良好运营，进而保证实现预期的环境效益。

考虑到绿色债券发行人及绿色项目运营主体的绿色表现在很大程度上影响绿色项目预期环境效益的实现，因此，建议第三方认证机构借鉴普通债券主体信用评级和债券信用评级的发展经验,在绿色债券认证评估过程中加入对绿色债券发行主体及绿色项目实施主体的绿色信用评估,以衡量发行主体及绿色项目实施主体在承担其环境责任与义务方面的表现情况以及运营绿色项目的专业能力。

(三) 加强对绿色认证评估所用数据真实性的核查

数据的真实性是评估结果精确度和可信度的基础,第三方认证机构应加强对所用数据的核查。随着环境主管部门对企业环境信息监管体系的完善,如数据真实性核查、虚假信息处罚、公众参与监督等机制的建立健全,环境主管部门将是相关数据的可靠来源。实时原位检测技术的发展、信息公开机制的建立健全也将从根本上推动数据真实性问题的解决。

(四) 加强绿色融资后续监管

绿色项目的发行后监管是指:引入第三方机构,在债券有效期内,对绿色债券募集资金的流向及所投绿色项目的建设运行进行的周期性评估。在绿色债券认证的基础上,增加发行后监管,可以更加有效地避免非绿色项目假借绿色债券的名义融资等"漂绿"行为,保证绿色债券所募集的资金切实投放到符合要求的绿色项目当中,同时保证绿色项目在实施过程中不产生严重的环境问题和社会问题。作为绿色债券的第三方认证机构和绿色债券的发行、承销机构负有对绿色债券发行主体督导和监督的责任,在其服务的绿色债券存续期内督导发行主体按照募集说明书的承诺使用资金,保障资金的合规使用和绿色项目的推进。发行后监管的内容主要须包括(但不仅限于):所得资金流向的监管;项目实际是否与项目申报的内容相符;以及对项目建设运行过程中产生的环境影响进行再评价等工作。

四、引导绿色投资理念,扩大绿色投资者队伍

培育责任投资者,推广绿色投资理念,扩大绿色债券投资者群体,是

绿色债券市场健康发展的重要保障。政府部门应出台相关政策，积极鼓励和引导各类金融机构、社会保障基金、企业年金、社会公益基金等机构投资者，在做好政策研究和风险评估的基础上，积极投资绿色债券，实现机构投资环境效益和经济效益的统一。此外，应鼓励我国企业发行境外绿色债券，引进境外专业投资机构参与我国绿色债券投资，让更多的国际资本进入我国绿色债券市场支持我国绿色转型。

附录　绿色债券评估和评级案例分析

一、绿色债券评估案例

(一) 全国首单小微绿色金融债发行案例说明 (中诚信)

2017年12月7日，浙江泰隆商业银行股份有限公司2017年绿色金融债券（以下简称本期债券）由浙江泰隆商业银行股份有限公司（以下简称泰隆银行）在全国银行间市场正式发行，发行额度15亿元，发行利率5.29%，期限3年，募集资金投向污染防治、资源节约与循环利用、清洁能源、生态保护和适应气候变化类绿色项目，是国内首单面向小微企业的绿色金融债。

1. 发行主体概况

本期债券发行主体——泰隆银行成立于1993年，是一家专注小微、践行普惠，服务"草根业务"的民营银行。经探索与实践，泰隆银行形成了独具特色的小微金融解决方案，将小微客户群体细化为"小"与"微"。其中"小"是指小微企业类客户（包括个体工商户），"微"是指普惠类客户，并将"两民"（城市的居民和农村的农户）群体作为重点服务对象。泰隆银行于2012年11月成立绿色信贷领导小组，开展绿色信贷业务，截至2017年10月末，泰隆银行贷款余额842.73亿元，绿色信贷余额达16.47亿元。

2. 评估认证情况

区别于政策性银行、大型国有商业银行，作为地方性小微金融服务银行，泰隆银行信贷客户类型为小微客户，在开展绿色项目筛选工作时，中诚信充分考虑泰隆银行的信贷特点，结合信贷项目的行业投向和资金用途对项目进行逐级详细的分层筛选，以确定拟投绿色项目规模。具体流程为：

（1）筛选行业投向

基于泰隆银行信贷项目信息清单，按照《绿色债券支持项目目录（2015年版）》（以下简称《目录》）对信息清单中的"行业投向"指标进行初步筛选，确定可能符合《目录》的项目清单。

（2）核对贷款用途

根据（1）中筛选得到的项目清单，对资金用途与其行业投向进行核对，筛选得到资金用途与行业投向一致的项目清单。

（3）信贷项目资料核查

根据（2）中得到的项目清单，对行业投向和客户类型进行逐级分层，审阅授信资料中的项目概况和资金投向，同时对授信客户进行抽样现场核查，结合授信资料和尽调信息对清单中项目的绿色属性进行核查。

（4）确定绿色项目规模

根据核查结果，确定符合《目录》要求的绿色项目，包括污染防治、资源节约与循环利用、清洁能源、生态保护和适应气候变化四个类别，共计3247个绿色项目。

（5）绿色债券评估

根据《中诚信国际绿色债券评估方法》，从募集资金投向、募集资金使用、环境效益实现可能性和信息披露四个维度对本期债券进行评估认证，通过审阅和抽样核查发行人提供的债券发行资料和绿色项目相关资料，并结合对发行人的现场访谈及绿色项目的实地走访情况，对本期债券涉及的评估指标进行打分，确定其评估等级。

本期债券募集资金投向符合中国金融学会绿色金融专业委员会发布的

《绿色债券支持项目目录（2015年版）》（以下简称《目录》），并在募集资金投向、使用及配置于绿色项目过程中采取措施的有效性出色，及由此实现既定环境目标的可能性极高。

（二）武汉地铁集团有限公司绿色中期票据（中债资信）

2016年10月，武汉地铁集团有限公司2016年度第二期绿色中期票据（16武汉地铁GN002）（以下简称本期中期票据）由武汉地铁集团有限公司（以下简称武汉地铁）发行，发行额度20亿元，发行利率3.35%，期限15年（发行人有权决定在本期中期票据存续期内的第5、第10个计息年度末是否调整本期中期票据的票面利率），由中债资信评估有限责任公司提供绿色认证评估。

募投项目：武汉市轨道交通1号线二期、2号线一期、3号线一期、4号线一期及二期项目、8号线二期、21号线及27号线等项目。

绿色级别：G2，绿。

募集资金使用：项目主要为武汉地铁线路，项目符合《绿色债券支持项目目录》中"4.清洁交通—4.2城市轨道交通—4.2.1设施建设运营"的范畴。

中债资信对项目的环境效益评估，主要从募投项目的节能、温室气体减排、大气污染物减排效果以及潜在环境影响及评价等四方面进行。

节能和温室气体减排方面，中债资信以单位客运量的二氧化碳排放量指标，即克二氧化碳/人公里（$g\ CO_2$/人·公里），评价不同项目的能耗水平；此指标的数值越低，即能耗水平越低，项目的能源利用效率越优秀。在此指标上，根据中债资信的行业细则中的评价标准，项目表现优秀。大气污染物减排方面，采用单位轨道交通里程产生的年度大气污染物减排量，即吨污染物/（公里·年），作为污染物减排水平的评价要素指标。此指标的数值越高，即减排水平越高，项目的大气污染物减排效果越优秀。在此指标上，根据中债资信的行业细则中的评价标准，项目表现优秀。定量环境效益方面，项目投运后预计将每年节省22.31万吨标准煤，减排二氧化碳54.80万吨；每年可减排氮氧化物892.15吨。

潜在环境影响方面，主要包括建设期内的噪声污染、振动影响、水土流失、工程车辆机械的大气污染物排放以及城市生态景观破坏；运营期，则集中于噪音污染、振动影响等；整体上影响可控。

募集资金管理：基于公司的《资金管理办法》《资金监管协议》以及《债务融资工具信息披露制度》等，中债资信认为公司募集资金管理制度，基本符合监管规定，基本能够保证本期中期票据募集资金专项用于绿色项目；同时也将关注募集资金在潜在闲置期内的安排情况。本项子要素表现良好。

产业政策方面，基于地铁建设类项目在国家产业环境中属于受到鼓励的政策范畴，中债资信认为项目整体上适应产业政策的发展要求，政策支持情况优良。

信息披露与报告方面，中债资信认为发行人已经基本建立了较完善的信息披露制度。

治理与制度方面，中债资信认为公司具有良好的组织与治理结构，有助于公司组织绿色债券的发行，以及落实绿色债券存续期内募集资金的使用、管理以及持续的信息披露与报告。

绿色等级上限：深绿。

根据中债资信绿色债券评估认证方法体系的划定，《绿色债券支持项目目录》中"4.2轨道交通"的说明或界定条件的项目，即"城市地铁、轻轨等轨道交通设施建设运营"，其绿色等级上限为"深绿"。

除了项目端的环境效益及环境绩效表现水平外，结合发行人及项目在其他要素方面的综合表现，结合绿色等级上限的约束，综合评定最终绿色程度为绿（G2）。

（三）中国农业银行农盈 2017 年第一期绿色信贷资产支持证券（中债资信）

债券名称：农盈 2017 年第一期绿色信贷资产支持证券

募投项目：符合《绿色债券支持项目目录》要求的绿色信贷项目

绿色信贷资产项目类别：污染防治、资源节约与循环利用、清洁能源

绿色级别：G2，绿

特色：基础资产与募投项目"双绿"，具有绿色级别的绿色信贷资产支持证券

募集资金使用：中债资信审查了绿色项目资产池，包括基础资产池和募投资产池。

1. 基础资产池：包括 97 个已授信项目，投资总金额 14.337 亿元。中债资信抽取了其中 3 个绿色项目进行项目环境效益的定量测算。这 3 个项目中，有 1 个河道整治项目、1 个水电站项目、1 个生活污水治理项目，绿色信贷余额累计 3.76 亿元。每年将可以产生 7670.25 吨标准煤的节能量，减排二氧化碳 1.33 万吨，减少大气主要污染物二氧化硫排放 67.50 吨，减少水体主要污染物 COD 排放 5432 吨。

2. 募投资产池：公司已承诺，本次募集资金将专项用于《目录》所支持的绿色项目投放。管理层表示本次发行的募集资金将优先投放于轨道交通、风力发电等环境效益特别显著的典型绿色项目。

基于基础资产池中绿色项目、部分项目节能环保效益的测算以及评价，以及发起人将按照《目录》要求投放于绿色信贷项目的承诺，但考虑到公司在发行阶段尚未确定具体的储备绿色项目或项目池，未来募集资金投向的绿色项目类型存在一定的不确定性，项目环境绩效的表现水平也将有一定的不确定性，中债资信认为发起人在募集资金使用方面表现良好。

募集资金管理方面，中债资信审查了发起人关于绿色债券募集资金使用与管理的相关文件，包括《关于落实绿色信贷工作的实施意见》《关于贯彻落实七部委〈关于构建绿色金融体系的指导意见〉》、《农盈2017年第一期绿色信贷资产支持证券发行说明书》《中国农业银行绿色金融债资金投向实施指南》，其国际市场发行时披露的英文版本为 Agricultural Bank of China Green Bond Management Statement）等文件，并对投资银行部等管理层人员进行了访谈。发起人承诺本期绿色信贷资产支持证券的募集资金将专项用于符合《目录》的绿色信贷项目。基于发起人在募集资金使用与管理方面制度的规范性，结合其在绿色债券发行及募集资金管理方面经验的有效性，中债资信认为发起人在募集资金管理方面表现优良。

产业政策方面，发起人绿色信贷基础资产及重点募投项目所处行业中，主要包括污水处理方面、城市供水改造与农村水利方面、清洁能源方面、轨道交通方面，中债资信未发现属于国家宏观政策禁止发展的行业，整体看发起人基础绿色项目和募投绿色项目投向，均属于产业政策鼓励发展的行业范畴。

信息披露与报告方面，中债资信审查了发起人关于信息披露与报告的相关文件规定，中债资信认为，发起人已经建立优良的信息披露与报告机制，并已经具有绿色债券信息披露与报告的实践经验。

治理与制度方面，公司构建了完善的治理结构，并分别在上海证券交易所和香港联合交易所挂牌上市。公司已经着手制定了绿色金融发展规划（2017—2020年）；此外，公司在绿色金融方面已经开展了诸多实践，包括绿色信贷方面、绿色金融创新方面和对外合作方面。中债资信认为公司具有优良的组织与治理结构，有助于公司组织绿色信贷资产支持证券的发行，并在资产支持证券的存续期内，保证募集资金的使用、管理以及持续的信息披露与报告等方面符合要求。

绿色等级上限：绿

中债资信按照基础资产池和募投投向分类的主要项目所处绿色等级上限，综合确定本期债项的绿色等级上限。综合发起人基础资产池和拟投项目分类的整体情况，本次发行的绿色金融债的绿色等级上限为"绿"。

评估认证结论：

除了项目端的环境效益及环境绩效表现水平外，结合发行人及项目在其他要素方面的综合表现，结合绿色等级上限的约束，综合评定最终绿色程度为绿（G2）。

（四）冶金行业绿色企业债第三方认证评估案例说明（东方金诚）

2017年10月18日，由东方金诚信用管理（北京）有限公司（以下简称东方金诚信用）提供第三方绿色认证的"2017年灵宝市国有资产经营有限责任公司绿色债券"（以下简称本期债券）成功获得国家发展和改革委员会核准批复。本期债券拟募集资金13.00亿元，其中10.00亿元用于灵宝市黄金产业上大压小技术升级项目（日处理2000吨复杂难处理金精矿多金属综合回收项目）（以下简称募投项目），3.00亿元用于补充灵宝国资的流动资金。本期债券期限7年，面值100元，平价发行，采用固定利率方式。本期债券采用单利按年计息，不计复利，逾期不另计息。

1. 发行主体概况

灵宝市国有资产经营有限责任公司（以下简称灵宝国资）是经河南省人民政府、三门峡市人民政府批准，于2002年5月由灵宝市人民政府出资成立的国有企业，灵宝市政府为公司唯一股东和实际控制人。灵宝国资是灵宝市最大的国有资产经营主体，是主要从事灵宝市内基础设施建设、土地开发、黄金开采、冶炼加工与销售等业务的重要国有企业。

2. 评估认证情况

东方金诚信用根据《东方金诚债券绿色认证评估方法》，对本期债券是否符合国家发展改革委《绿色债券发行指引》的绿色债券要求作出独立第三方认证评估。

东方金诚信用的认证评估程序分为接受委托、认证评估项目组组建、认证评估尽职调查、认证评估报告撰写与三级审核、绿色认证评估委员会评审、征求意见、出具报告、存档等环节。认证评估分为发行人绿色程度、募集资金用途绿色属性、募集资金的环境效益评估、募集资金使用及管理、信息披露透明度五个方面。

(1) 发行人绿色程度

东方金诚信用通过公开数据库查询及公司管理层访谈，认为灵宝国资环境信用良好，有绿色项目投资、运营经验和记录，以往投资、运营的绿色项目实现了一定的环境效益；本期募投项目运营主体金城冶金建立了较为完善的环境风险控制制度。东方金诚信用未发现债券发行主体灵宝国资和募投项目运营主体近三年内因环境违法违规被处以行政处罚或被纳入环保"黑名单"、联合惩戒名单的记录，符合监管机构对绿色债券发行主体的要求。

(2) 募投项目绿色属性

东方金诚信用通过比对国家发展改革委《绿色债券发行指引》、国家产业政策、地方区域规划及项目技术先进性等，认为项目符合国家黄金冶炼产业政策导向和灵宝市区域发展规划，符合《指引》中"循环经济发展项目"类别要求，项目采用的"富氧底吹造锍捕金"技术属于国家鼓励的工艺技术，该技术处于国内同行业先进水平。

(3) 募集资金的绿色效益

东方金诚信用基于公司提供的资料及公开资料，基于可获得的数据对本期债券募投项目的环境效益进行初步测算，认为本期债券募集资金预期产生的环境效益如下：相较于目前普遍采用的传统氰化法提金工艺，本项目采用造锍捕金工艺后预计每年可多回收金约0.26吨、银约19.53吨、铜约 1139.09 吨；对生产过程中的各种固体废弃物进行综合利用，水循环利用率高；年节约标准煤大约 1490.45 吨，减排二氧化碳约 3666.50 吨，单位工业增加值能耗远低于地区平均水平；采用先进可靠工艺对烟气、废渣、废水等进行处理，能够实现各物质达标减量排放。

（4）募集资金使用与管理规范性

东方金诚信用通过审查募集资金管理相关制度、审核专项账户信息、对公司相关负责人进行访谈，公司制定了较为完善的资金使用和管理制度，设立了绿色债券专项账户，并和银行签订了资金监管协议，承诺审慎、合规使用募集资金，从制度上保障了本期债券募集资金使用和管理的合规性。东方金诚信用也将在债券存续期内关注公司募集资金的使用情况。

（5）信息披露透明度

东方金诚信用通过审查信息披露相关制度以及对公司相关负责人进行访谈，认为公司在募集说明书中对资金使用和项目环境效益等相关信息进行披露，已做好后续信息披露制度安排，承诺在债券存续期内按照监管要求和募集说明书约定披露相关信息，符合国家发展和改革委员会《企业债券发行信息披露指引（2015 年 11 月）》及绿色债券相关信息披露要求。

综合上述五个方面，东方金诚信用认为灵宝国资拟发行的本期债券截至本报告出具日符合国家发展改革委《绿色债券发行指引》规定的绿色债券条件。

（五）中国工商银行的首笔"一带一路"绿色气候债券（中财绿融）

2017 年 10 月 30 日，中国工商银行的首笔"一带一路"绿色气候债券正式挂牌上市。此前，该笔债券已成功发行，募集资金折合 21.5 亿美元。工商银行的该笔债券覆盖美元和欧元两个币种，分 3 年和 5 年两个期限。本次交易募集资金将支持工商银行全球范围内已经投放或未来即将投放的可再生能源、低碳及低排放交通、能源效率和可持续水资源管理等四类合格绿色信贷项目。工商银行这笔绿色债券发行符合三重绿色债券评估认证标准，具有开创性的意义。其绿色债券评估的案例分析如下：

1. 绿色债券评估特点

（1）工商银行制定了《绿色债券框架》

为推动绿色债券的顺利评估和发行，以及未来的有效跟踪，工商银行制定了《绿色债券框架》，对于募集资金的使用和管理、项目的评估和筛选流程、报告程序等做出规定，并在其官网上公布。

《绿色债券框架》中规定，通过绿色债券所募集的资金，将用于为促进向低碳环保、可持续经济转型以及对环境持续发展和气候变化具有清晰贡献的合格绿色资产提供融资或再融资，主要包括可再生能源产业、低碳及低排放交通、能源效率、可持续水资源和废水管理四个资产类别。

对于项目的评估和筛选，《绿色债券框架》规定，合格绿色资产将先由工商银行集团内各业务条线（包括境内外分行和子公司）提供并提出建议，然后，合格绿色资产将由工商银行总行以下部门组成的"专业绿色债券工作组"进行审核。发行前，专业绿色债券工作组将审核所有提交的绿色资产，以确定是否符合《绿色债券框架》，并审批其是否属于"合格绿色资产"，制定一个"合格绿色资产清单"。

对于募集资金的管理，《绿色债券框架》规定，工商银行将建立"绿色债券资金分配台账"，记录每次发行债券募集资金的使用分配情况，每笔绿色债券募集的资金，将被存放在一般资金账户，采用"标记"的方式直至分配到支持合格绿色项目，任何尚未被分配至合格绿色资产的募集资金余额，将会按照中国工商银行稳健审慎的流动性管理策略进行统一管理。

另外，在《绿色债券框架》中，工商银行还承诺，将发布《绿色债券年度报告》，提供关于资金配置和项目影响的信息，年度报告也将在其官网上公布。可见，工商银行已经建立了完备的管理制度来确保募集资金投向绿色项目。

（2）CICERO对《绿色债券框架》出具"深绿"评估

工商银行的《绿色债券框架》获得了挪威国际气候与环境研究中心（CICERO）出具的最高"深绿"评估，CICERO是市场上最权威的出具绿色债券"第二意见"（Second Opinion）的评估机构之一，工行是首家获得CICERO绿色债券"第二意见"的中资银行，也是唯一一家获得"深绿"的中资发行人。

（3）中财绿融为绿色债券提供了中外双重标准评估

工商银行聘请北京中财绿融咨询有限公司（以下简称中财绿融）按照中国绿债标准和气候债券倡议组织的标准出具评估报告，并获得了气候债券认证。中财绿融依托中央财经大学绿色金融国际研究院的专业学术支持开展与绿色金融有关的专业研究与评估工作，是中国银行间市场交易商协会会员，也是气候债券组织（CBI）认定的国际绿色债券评估机构。

作为中国金融学会绿色金融专业委员会（GFC）的《绿色债券支持项目目录》的主要研究团队之一，为工商银行制定《绿色债券框架》提供了技术支持。中财绿融为工行的绿色债券发行提供了中国绿金委标准和国际气候债券标准（CBS）的双重绿色认证。这是本土绿色债券评估机构所完成的首单国际国内双重绿色债券标准评估工作。

中财绿融主要采用了审阅项目文件和发行方相关制度、发行方管理层及利益相关方访谈、邮件等书面形式沟通等方式进行债券评估，主要关注募集资金投向和应用项目类别范围、工行对于项目的评估和选择流程、募集资金后续的使用和管理规定、信息披露方式等，以确定债券符合GFC和CBS标准。

2. 绿色债券三重标准评估的意义

第一，为中国发行人同时满足国际和国内绿色债券标准发行绿色债券开创先河，着重体现了中国发展绿色金融，实现经济可持续发展的不断努力。该笔绿色气候债券符合中国金融学会绿色金融专业委员会（GCF）《绿色债券支持项目目录》、绿色债券原则（GBP）、气候债券标准（CBS）三重绿色债券标准。其在发行模式、规模、定价、投资者分布等方面都取得了良好的发行效果，成为中资发行人在国际金融市场上的一次标志性交易。其中，发行规模创下中资绿色欧元债券最大单只金额记录。在投资者分布方面，3年期欧元及美元两个发行品种中，欧洲投资者占有率均超过了70%，不仅成功吸引了绿色专业投资者，还吸引了主权基金、保险公司和企业等多种客户。

第二，推动中国标准国际化，以及国际标准在中国市场的发展。工商银行发行的这只债券，是首只既通过国际标准又通过中国标准认证的绿色债券，是不同标准在具体项目上的落实，有利于国际社会认识和理解中国标准，也有利于推动国际标准在中国市场的发展。目前，中国本土企业海外绿色债券融资需求日趋显著，规模不断扩大，在中国企业海外发行绿色债券的过程中，中外绿色标准的统一问题亟待解决。对于有绿色债券发行需求的主体来说，有些项目资产类别符合中国绿色标准，但与国际标准不完全相同。未来，随着中国与国际市场标准的逐步协调和相互认可，将推动更多的中国绿色企业和有关项目实现跨境融资。

第三，具有很强的示范作用。该笔债券发行取得巨大成功和瞩目，陆续获得了诸多国际大奖，例如《亚洲金融》（*Finance Asia*）年度成就大奖系列的"最佳环境、社会及治理类最佳交易"（Best ESG Deal），以及《国际金融亚洲》（*IFR Asia*）的"2017年度最佳社会责任融资类债券"奖项（2017 Awards SRI Bond），以及国际知名财经媒体《财资》（*The Asset*）举办的"The Asset Triple A Regional Awards 2017"年度奖项评选中，喜获"最佳绿色债券"大奖。该笔债券的成功，将为其他绿色债券发行人提供很好的示范，推动更多发行人同时运用中国的标准在海外发债。

（六）华润租赁有限公司 2017 年第一期绿色资产支持票据第三方认证评估案例分析（大公国际）

1. 绿色债券信息（见附表1）

附表1　　　　　　　　　　绿色债券信息

项目	内容	
发行人	华润租赁有限公司	
注册总额	人民币 13.47 亿元	
本期发行额度	优先 A1 级	人民币 2.80 亿元
	优先 A2 级	人民币 3.90 亿元
	优先 A3 级	人民币 2.90 亿元
	次级	人民币 3.87 亿元
	合计	人民币 13.47 亿元
发行期限	优先 A1 级	1 年
	优先 A2 级	3 年
	优先 A3 级	8 年，分别在存续期的第 3 个和第 6 个年度末附设发行人调整票面利率选择权、投资者回售选择权和发行人转售选择权
发行方式	公开发行	
偿还方式	按季付息 本金按季过手摊还	
募集资金用途	投放于太阳能发电和风力发电等 28 个租赁项目	

2. 认证评估内容

要素一：募集资金投向

（1）项目筛选和评估

本票据募投项目包括"孚阳电力广水市高平 20MWp 分布式光伏发电站"等 28 个项目，行业类别上属于清洁能源类别中的太阳能光伏发电和风力发电项目，投资总额拟为 57.90 亿元，募投资金将用于设备租赁或置换借款。在项目的建设计划及现状方面，有 13 个项目已经完成并网发电、2 个项目完工且达到部分并网发电、3 个项目完工但暂未取得并网调度协议、2 个项目已完工暂未并网、1 个项目预计 2017 年 10 月底完工、4 个项目预计 2017 年 11 月底完工、2 个项目预计 2017 年 12 月底完工、1 个项目完工时间不确定。在项目的合规性和可靠性方面，募投项目中的光伏项目均取得了项目备案证，内蒙古富强风力发电有限公司鄂尔多斯市杭锦旗伊和乌素风电场 49.5MW 风电项目取得了内蒙古自治区发展改革委的核准批复。在项目评估与筛选方面，华润租赁依据国家相关产业规划制定了《光伏发电行业授信指引》和《风力发电行业授信指引》，募投项目在投资金额、建设计划等方面符合华润租赁的项目筛选制度，并通过了公司风险管理委员会及其授权机构对项目进行的集体评审决策以及内控合规的管控流程。

综上所述，募投项目均取得了项目备案证或核准批复文件，华润租赁在项目评估与筛选方面的制度具有一定的完备性和操作规范性，募投项目的立项与筛选流程严谨。

（2）项目的绿色属性

符合绿色债券项目目录

公司 28 个募投项目中太阳能光伏发电项目共计 27 个，其中集中式光伏项目 12 个，分布式光伏项目 15 个；风电项目 1 个。本次 12 个集中式光伏电站全部采用多晶硅电池组件，将募投项目绿色属性主要参数与《绿色债券支持项目目录（2015 年版）》对标可见，已完工、开工建设项目的多晶硅电池组件光电转化效率及衰减率指标均满足《绿色债券支持项目目录（2015 年版）》要求，对于计划开工建设项目的多晶硅电池组件光电转化效率及衰减率指标，承租人也承诺将采购满足《绿色债券支持项目目录（2015 年版）》要求的电池组件。根据募投项目的《可行性研究报告》和相关批复文件，公司分布式光伏的募投项目符合国家相关的行业政策要求。根据募投项目的《可行性研究报告》，内蒙古富强风力发电有限公司鄂尔多斯市杭锦旗伊和乌素风电场49.5MW风电项目为风力发电设施的建设运营，符合《绿色债券支持项目目录（2015年版）》中的分类标准（见附表2）。

附表2

政策名称	一级分类	二级分类	三级分类
中国绿色金融专业委员会《绿色债券支持项目目录（2015年版）》	5. 清洁能源	5.1 风力发电	5.1.1 设施建设运营
		5.2 太阳能光伏发电	5.2.1 设施建设运营
		5.4 分布式能源	5.4.1 设施建设运营

资料来源：根据公开资料整理。

（3）项目的绿色效益程度

募投项目所属行业全部为清洁能源行业，分别隶属于太阳能发电和风力发电，经核算，本票据拟投绿色产业储备项目预计产生总体环境效益如下：与相同发电量的火电相比，节约标煤36.64万吨/年、二氧化碳减排量84.01万吨/年、二氧化硫削减量7744.57吨/年、氮氧化物削减量3232.63吨/年、烟尘减排量12086.05吨/年。该环境效益基于华润租赁提供的项目资料核算，未来因技术标准、项目外部环境等内外部条件变化，上述环境效益也可能随之发生变化。

要素二：募集资金使用和管理

本票据募集资金使用方向清晰，将全部投放于符合《绿色债券支持项目目录》及国家法律法规及政策要求的清洁能源租赁项目。募投项目中光伏项目已取得企业投资项目备案证、环境影响报告书批复、建设项目用地预审意见（如有）等相关批复文件，风电项目已取得当地发展改革委的核准文件，前期进展有序开展。项目建设期的具体资金投放计划暂未确定。

在项目筛选、评估程序和风险控制方面，华润租赁建立了完善的风险管理体系和准入标准，有效防范信用风险并控制操作风险。具体来讲，华润租赁通过风险管理框架设计、尽调和审批流程标准化、内控合规管控、审计及专项检查、风险监督及问责5个方面来确保风控机制严谨高效，使募集资金投向符合公司政策。

公司在融资决策、投资项目资金来源规划、资金使用和审批流程等日常资金管理方面制定了较完善的资金管理办法和制度，为资金的规范使用提供了较好的制度保障。

募集资金管理方面，公司将按照《非金融企业绿色债务融资工具业务指引》在监管银行开立募集资金监管账户，用于本票据募集资金的归集和使用，监管银行负责募集资金的到账和划付。同时公司承诺将按照《公司资金管理办法》，对募集资金的使用严格按照规定履行资金使用的申请和审批程序，切实做到专款专用，保证募集资金的投入、使用符合《非金融企业绿色债务融资工具业务指引》规定、董事会决议和本票据发行的募集说明书披露的募集资金用途规定。

总的来看，本票据募集资金使用方向清晰，募投项目已经取得环境批复等政府相关批复；公司建立了较为完善的资金使用和管理制度，并承诺按照募集资金使用计划合规运用募集资金，为募集资金使用建立了较好的制度保障；为了监管本票据募集资金的使用，公司在监管银行开立了资金专项监管账户（见附表3）。

附表3

类别	内容
募集资金使用方向	募集资金投向预期产生环境效益的项目，资金使用方向清晰；募投项目已经取得环评批复、土地批复等政府审批文件
公司资金管理办法	在日常运营中，公司制定了资金使用、审批等流程规范，建立了较完善的资金使用、管理制度
募集说明书	披露了募集资金使用计划、管理制度及监督制度，承诺实行专款专用，确保资金使用及管理的公开、透明和规范

续表

类别	内容
募集资金监管	在监管银行开立募集资金专项监管账户，监管银行负责募集资金的到账和划付，以确保募集资金全部用于绿色用途
管理层访谈	公司承诺将按照本票据募集说明书及相关协议的要求，严格遵循募集资金使用计划，不随意变更募集资金用途

资料来源：根据公司提供资料整理。

要素三：信息披露

依照银行间市场交易商协会相关自律规定，在本票据发行前，公司已在募集说明书中对本票据发行所要求相关信息进行了披露，包括预期可产生的环境效益；同时公司制定了《债务融资工具信息披露事务管理制度》，明确了信息披露的流程、事务管理部门和责任人及其职责等，并承诺根据监管要求的有关规定进行信息披露。在本票据存续期内，公司将在每年4月30日前，披露上一年募集资金使用和绿色项目进展情况；每年8月31日前，披露本年度上半年募集资金使用和绿色项目进展情况。公司未对社会环境影响做出明确的披露安排（见附表4）。

附表4

类别	内容
公司管理办法	已经制定了较完善的信息披露制度
专项管理办法	债务融资工具信息披露事务管理制度
募集承诺	项目资金使用计划、资金管理制度、预期环境效益目标的实现、募集资金专项账户的到账、存储和划付等的承诺情况
管理层访谈	承诺按照绿色债券相关要求，在信息披露频率、渠道等方面，按照要求进行信息披露

资料来源：根据公司提供资料整理。

要素四：治理架构

公司紧紧围绕"十三五"战略规划既定方向，以产融、融融为双擎，坚持租赁、资产运营、投资孵化相结合的发展思路，协同华润电力控股有限公司（以下简称华润电力）对光伏电站建设期项目给予现场监理支持，同时探讨内部合作模式，为华润电力意向收购项目做铺垫。公司深耕光伏市场产业链，与协鑫新能源控股有限公司、联合光伏集团有限公司等30多家上市龙头企业建立了业务合作和联系，储备了大量优质客户资源。

未来公司的绿色发展战略主要分为三个部分，一是光伏产业，深挖分布式光伏业务，对内通过分布式光伏项目投资为集团客户提供节能服务，对外拓展领头光伏企业进行分布式光伏融资租赁。二是风电产业，公司将借鉴开展光伏租赁业务的经验，以行业龙头为主要目标客户群开展风电行业租赁业务。三是其他节能环保业务。公司结合现有光伏项目，在可再生能源并网、离岛光储充电站、微网及解决弃光问题上进行业务拓展。例如与华润电力协同，开展储能在发电侧的辅助调频应用；与水泥、物业、啤酒等行业用电高峰期的能耗大户开展削峰填谷储能业务；开展电动矿山车在华润水泥控股有限公司的应用等。总体来看，公司未来绿色发展可持续性很强（见附表5）。

附表5

类别	内容
绿色发展战略	公司制定了明确的绿色发展战略
管理机制	按照集团公司要求，建立了股东、董事会、监事、管理层职责分工明确的治理结构；建立了较完善的风险控制体系，制定了资金管理、信息披露等管理制度，为募投项目的实施提供了较好的制度保障
环保信用	经查询环境监管记录，华润租赁不存在由于环境问题受到监管处罚的记录

资料来源：根据公开资料及公司提供资料整理。

根据《公司章程》，华润租赁不设股东会，直接由股东决定公司重大事项并行使相应权利；设董事会；不设监事会，设监事一人。管理上，公司设经营管理机构，设总经理一名，总经理制定方案报董事会批准。公司接受华润集团的统一管理，制定了资金管理、信息披露、风险控制体系等各项与业务相关的管理制度，对投资项目，建立了清晰、规范的审核流程，并通过上述管理制度，保障项目的实施。

根据公司提供资料及通过查询公开资料，公司无受到环保处罚的相关记录。

总体来看，公司建立了明确的绿色发展战略，按照集团公司要求建立了较为完善的公司治理结构和管理制度；预计募投项目具有很强的可持续性，将产生很显著的绿色环境效益。

3. 认证评估结论

华润租赁拟发行的本期资产支持票据募投项目为太阳能发电和风力发电项目，全部属于清洁能源行业，符合中国金融学会绿色金融专业委员会所制定的《绿色债券支持项目目录（2015年版）》。公司建立了较完善的公司治理架构及管理制度，制定了清晰、规范的投资决策及审核流程，为投资项目的有效实施提供了制度保障；公司制定了较为完善的资金使用和管理制度，并承诺严格、审慎、合规使用募集资金；本票据募集资金使用方向清晰，项目进展有序开展，并设立了募集资金专项监管账户；公司制定了信息披露管理制度，承诺在本票据存续期间及时披露资金使用和项目进展情况等；公司建立了明确的绿色发展战略和绿色发展目标，绿色发展可持续性很强。总的来看，募投项目预计将产生很显著的环境效益，符合中国银行间交易商协会相关自律规则要求，但部分募投项目尚处于建设阶段，实际环境效益情况取决于项目投运后的实际运营指标。

综合分析，大公对华润租赁有限公司2017年第一期绿色资产支持票据绿色等级评定为G2。

二、绿色债券评级案例

（一）大唐新能源绿色债券信用评级案例分析（东方金诚）

1. 绿色债券信息

发行人：中国大唐集团新能源股份有限公司

债券名称："G16 唐新 2""G16 唐新 3"

债券期限及规模：两只债券均为 5 亿元、五年期

债券发行利率："G16 唐新 2"3.15%；"G16 唐新 3"3.10%

募集资金用途：专项用于风力发电机组建设项目

债项/主体评级：AAA/AAA

评级展望：稳定

2. 发行人及债项情况

中国大唐集团新能源股份有限公司（以下简称大唐新能源或公司）前身为大唐赤峰塞罕坝风力发电有限公司，由中国大唐集团公司（以下简称大唐集团）于 2004 年 9 月 23 日以货币出资组建，初始注册资本为 500 万元。2010 年 12 月，公司首次公开发行境外上市外资股（H 股）并在香港联合交易所有限公司上市，股票代码为 01798.HK。截至 2016 年末，公司已发行股份总数 727370.10 万股，其中大唐集团实际持有公司 65.61% 的股份①，为公司控股股东和实际控制人。公司收入和利润主要来源新能源发电业务，近三年营业收入基本稳定。截至 2015 年末，公司资产总额 587.16 亿元，所有者权益 135.79 亿元，资产负债率为 76.87%；2015 年，公司实现营业收入 53.41 亿元，利润总额 1.55 亿元。

大唐新能源是大唐集团开展新能源发电业务的最重要平台，包括风

---

① 大唐集团通过全资控股大唐吉林发电有限公司间接持有大唐新能源 3.13% 的股份。

电、太阳能及其他清洁能源等，主要从事风力发电等新能源的开发、投资、建设与管理，是中国进入风电领域较早、专业化程度很高的风电运营企业之一。截至 2015 年末，公司可控装机容量为 715.14 万千瓦，同比增长 18.44%。2015 年末，公司风电装机容量占全国风电装机容量的 4.84%，风力发电量位居行业第 3 名。与同领域的其他企业相比，公司在风电装机容量、发电规模、资源储备等方面处于行业前列，在风力发电市场中具有很强的市场地位。

"G16 唐新 2""G16 唐新 3"两只债券募集资金用途均为：扣除发行费用后拟专项用于风力发电机组建设等绿色产业项目，包括滨海海上风电项目、利民三期风电项目、平鲁二期风电项目以及河北丰宁王起营项目的投资建设。

3. 评级分析

（1）自然环境因素优势

大唐新能源所属行业属于清洁能源，债券募集类别符合绿色债券目录要求。

大唐新能源主要从事风力发电等清洁能源的开发、投资、建设与管理，所属行业是环境友好型行业，其产生的电力供应可以替代化石能源发电，减少温室气体及污染物的排放，可产生显著的正环境效益。两只债券的募集资金用途均为风力发电机组建设项目，符合中国金融学会绿色金融专业委员会公布的《绿色债券支持项目目录》（2015 年版）中的第五大类：清洁能源范围。

政策方面，新能源发电符合国家产业政策，且风电在上网电价、成本分摊、税收优惠方面均获得较大政策扶持，行业发展前景较为广阔；地域方面，公司发电机组区域分布较为分散，同时集中于风力资源富集区，一定程度上降低了公司的经营风险。在政策和地域优势两个因素作用下，环境效益内生化概率较大。

近年来风电行业获得了较大力度的政策扶持，并网风电装机及发电量快速增长，行业未来发展前景较为广阔。在非水电清洁能源发电中，风力发电以技术相对成熟、成本相对低廉的优势取得了高速发展。"十二五"时期，风电装机容量增量呈现爆发式增长，累计净增近1亿千瓦。2015年，基建新增并网风电装机创历史新高，年末全国并网风电装机容量达1.3亿千瓦，占全国装机容量的比重由2010年的3.1%上升至2015年的8.6%。根据《风电发展"十三五"规划》，到2020年底，计划风电累计并网装机容量确保达到2.1亿千瓦以上，风电年发电量确保达到4200亿千瓦时，约占全国总发电量的6%。

近年来，风电企业在上网电价、成本分摊、税收优惠等方面获得了较大力度的政策扶持。电价方面，风电参照国家发展改革委发布的《关于完善风力发电上网电价政策的通知》及后续一系列电价调整文件执行。全国按风能资源状况和工程建设条件分为四类资源区，相应制定风电标杆上网电价。成本分摊方面，风电上网电价高于常规能源发电平均上网电价之间的差额，由可再生能源发展基金补偿，资金来源为国家财政预算安排的专项资金以及在全国范围向电力用户征收的可再生能源电价附加收入等。税收优惠方面，风电企业因销售风电产生的增值税享受即征即退50%的优惠政策；新建风电项目投入运营后享受"三免三减半"的所得税优惠政策。

从区域分布来看，大唐新能源已投资开发的风电项目分布在全国16个省份，总体较为分散，同时集中分布在内蒙古、甘肃、吉林、宁夏等风力资源富集地区和山东、上海等电力需求旺盛地区。其中，装机容量超过50万千瓦的省份包括内蒙古、吉林、甘肃和山东。

作为风电领域的先行者，大唐新能源注重对环境因素的管控，包括项目选择等优良资源的获取、设备工程和施工方的招标把控，以及科技技术创新，同时加强生产和工程建设等对环境风险的管理，保证安全生产，降低风场建设成本，在环保领域无失信或黑名单记录。

大唐新能源是中国进入风电领域较早、专业化程度很高的风电运营企业之一。公司一直将积极获取优良资源和加快项目核准作为发展的核心任务。公司围绕内蒙古及东北部集团一直将积极获取优良资源和加快项目核准作为发展的核心任务，同时围绕内蒙古及东北部、中西部和东南沿海三个风电资源开发带，形成了优越的战略布局。同时，公司通过统筹协调，精心做好微观选址、设备招标、工程策划和施工组织工作，规划的投产项目均按期顺利投产。

公司所拥有的技术有助于向电网输送可控制及可预测的电量，从而提高风场效益，为大规模开发风场提供了技术支撑，对风电行业可持续发展起到了积极的推动作用。公司加大生产经营管理，积极探索风电场安全生产管理模式，形成了较为完整的风电生产管理体系。发行人充分利用自身的规模优势，通过统一招标程序甄选设备供货商，使采购风机设备成本进一步降低。同时，发行人通过加强工程建设管理，严格控制风场建设成本。

（2）自然环境因素关注

受电力需求疲软、弃风限电现象加剧及来风状况等因素影响，近年来公司风电机组利用小时数持续走低，未来增长主要取决于并网消纳政策的落实情况。

上网电价方面，公司风电场所处地理位置主要集中于Ⅱ类和Ⅳ类资源区，受风电上网电价持续小幅下调影响，公司平均上网电价逐年下降。2013—2015 年，公司平均上网电价（含税）分别为 596.30 元/千千瓦时、595.96 元/千千瓦时和 593.51 元/千千瓦时，实现新能源发电收入 53.64 亿元、51.32 亿元和 52.64 亿元。

近三年，由于风电上网电价持续小幅下调，发电设备利用小时数走低，加上新投产项目导致折旧费用大幅增加，公司新能源发电业务毛利率水平逐年下降，分别为 51.11%、46.08% 和 45.17%。考虑到未来风电上网电价将进一步下调，且公司新增发电机组计提折旧费用将有所提升，预计公司未来盈利水平仍将逐年降低的可能性较大。

（3）其他方面优势

大唐新能源在风电市场具有很强的竞争优势，近年来公司风电装机规模快速增加，且新增核准风电机组规模较大，风力发电等新能源发电业务未来发展空间较大。

2015 年末，公司风电装机容量占全国风电装机容量的 4.84%，风力发电量位居行业第 3 名。与同领域的其他企业相比，公司在风电装机容量、发电规模、资源储备等方面处于行业前列，在风力发电市场中具有很强的市场地位。

近年来，公司风电机组装机容量逐年增加。2013—2015 年，公司风电控股装机容量分别为 571.86 万千瓦、591.56 万千瓦和 702.90 万千瓦。作为大唐集团下属最重要的新能源发电平台，公司已核准未投产项目容量规模较大，未来风电装机容量有望继续保持较快增长。

公司风力发电业务现金获取能力很强，近三年经营活动现金流状况良好。

经营活动方面，2013—2015 年，公司经营活动现金流入量分别为 58.82 亿元、68.62 亿元和 84.81 亿元，主要来自于发电量上网取得的销售收入及收到的退税资金；经营活动现金流出量分别为 12.19 亿元、16.69 亿元和 11.63 亿元，主要为支付的风场运营维护物料、各项税费、员工及管理成本以及与关联方往来所支付的现金；经营活动产生的现金流量净额分别为 46.63 亿元、51.93 亿元和 73.18 亿元，近三年公司主营业务产生的经营活动现金流量净额比较充沛。同期，现金收入比分别为 103.22%、127.43% 和 150.69%，公司从事的风力发电业务具有很强的现金获取能力。

公司实际控制人大唐集团综合财务实力极强，能够在经营和发展等方面给予公司大力支持。

公司股东大唐集团系国务院国有资产监督管理委员会直属企业，是电力体制改革后国务院批准成立的五大全国性发电企业集团之一，大唐集团资产规模很大，具有很好的现金获取能力，综合财务实力雄厚，能够在经营和发展等方面给予公司大力支持。

根据 2010 年 8 月大唐集团与公司签订的《避免同业竞争协议》，大唐集团确认大唐新能源是大唐集团风力发电业务开发及整合的主体，承诺将不会单独或与他人以任何形式在中国境内直接或间接从事或参与风电业务，并将新业务机会提供给大唐新能源。

（4）其他方面关注

公司近年业务扩张较快，在建和拟建风电项目投资规模很大，未来面临较大的资本支出压力。

截至 2015 年末，公司主要在建的电力项目主要为瓜州北大桥 400MW 风电项目、大唐罕山 400MW 风电项目、大唐新能源利民三期项目、大唐新能源平鲁白玉山二期项目和大唐赤峰头道沟风电项目等，在建项目装机规模为 99.35 万千瓦，计划总投资为 101.32 亿元，2015 年末已完成投资 43.37 亿元，未来面临一定的资本支出压力。

公司有息债务规模较大，大额的利息支出侵蚀了经营利润，整体盈利能力较弱。

有息债务方面，2013—2015 年末及 2016 年 3 月末，公司全部债务分别为 392.07 亿元、432.76 亿元、423.30 亿元和 422.06 亿元，占负债总额的比重分别为 92.63%、97.41%、93.78% 和 94.16%，占比较高。其中，长期有息债务分别为 337.66 亿元、370.24 亿元、317.25 亿元和 323.64 亿元，占全部债务的比重分别为 86.12%、85.55%、74.95% 和 76.68%，有息债务结构呈长期化趋势。

（二）云南水务投资股份有限公司绿色债券评级案例（联合资信）

1. 债券和发行人简介

2017年5月31日，云南水务投资股份有限公司（以下简称云南水务或公司）在银行间市场成功发行"2017云水务绿色债"，票面利率6.30%，期限10年（5+5），联合资信经过综合分析确定其债券和主体级别均为AA+级，主体评级展望稳定。本期绿色债券募集总金额5.50亿元，其中2.77亿元（占比67.84%）用于两个环保项目，2.73亿元（占比32.16%）用于补充营运资金。本期债券无担保。

公司是云南省水务资产经营和项目建设的投融资主体，主营污水处理、供水业务、建造及设备销售安装、垃圾处理业务以及部分委托运营项目。公司三大股东分别为云南省水务产业投资有限公司（以下简称云南省水务）（持股30.07%）、北京碧水源科技股份有限公司（以下简称北京碧水源）（持股24.02%）以及融源成长（天津）股权投资合伙企业（持股11.56%），控股股东为云南省水务（实际控制人为云南省国资委）。

2. 绿色债券信用评级方法应用

（1）行业评级模型

联合资信将环境风险作为行业评级模型中"行业周期性与竞争力"的评估指标之一（不限于绿色债券发行人所在行业），环境风险评价结果分为"很高"、"高"、"一般"、"低"、"很低"五个等级。具体来看，本期绿色债券发行人云南水务属于联合资信二级行业分类中的市政设施行业，市政设施行业是与城市发展和人民生活息息相关的基础产业，发展受到国家政策大力支持，公司面临良好的外部环境，行业风险很低。

（2）绿色属性披露

绿色债券与非绿债券的区别主要在于募集资金的用途，为了更好地支持绿色项目发展，防止"漂绿"现象发生进而导致"劣币驱逐良币"，联合资信会在评级报告中增加对于标绿债券"绿色属性"的信息披露。

募集资金使用和管理

央行、交易所、证监会和交易商协会在绿色债券管理文件中均提出了需对绿色债券募集的资金实施专户管理，所以联合资信将募集资金使用和管理列为重要的披露对象。联合资信对本期债券进行信用评级尽职调查后，在评级报告中披露了债券募集资金的账户设置情况。云南水务聘请了兴业银行昆明分行作为本期债券账户及资金监管方，与监管银行签署了《2016年云南水务投资股份有限公司绿色债券账户及资金监管协议》，委托监管银行作为募集资金账户的开户行以及资金和账户监管人对账户使用情况进行全面监管，能够保障募集资金的专款专用。

项目评估与筛选

本期绿色债券募集资金投向"玉溪市生活垃圾焚烧发电项目"和"大理污水厂二期"两个环保项目，联合资信确认本期绿色债券发行已取得发展改革委的核准，符合发展改革委《绿色债券发行指引》对于绿色债券募集资金投向的规定。

根据《绿色债券发行指引》，玉溪市生活垃圾焚烧发电项目属于"（五）循环经济发展项目"中的废弃物资源化利用项目和"（七）污染防治项目"的污水垃圾等环境基础设施建设项目。该项目可行性研究报告由中国城市建设研究院出具，对项目建设进程进行了详细介绍，该项目建设期2年，运营与维护期30年。通过计算，该项目除可大量减少垃圾填埋量外，每年可节约标煤2.75万吨，CO_2减排150kg~498.6kg，具有明显的温室减排效益即环境效益。经查阅主管部门相关立项批复文件，该项目已取得来自云南省环保厅、玉溪市发改委、市人民政府、市国土资源局、市规划局的所有立项同意批复。

大理污水厂二期项目属于《绿色债券发行指引》"（七）污染防治项目"的污水垃圾等环境基础设施建设项目。根据项目可行性研究报告，该项目建设期 2 年，投产期 20 年。该项目可大幅消减进入河道的污染物量，每年可使 COD_{cr} 减排 8212.5 吨，BOD_5 减排 3558.75 吨，氨氮减排 684.4 吨、总磷减排 95.8 吨。项目运营后，大理市的水生态将得到更好的保护和恢复。经查阅主管部门相关立项批复文件，该项目已取得来自云南省发改委、省环保厅、大理市人民政府、市规划局的所有立项同意批复。

信息披露和报告

监管机构对绿色债券的信息披露作出了严格要求，绿色债券不仅需要在发行阶段的募集说明书中对拟投资的项目情况和资金使用计划等信息进行详细披露，还需在存续期间定期披露资金使用情况和项目进展等情况。联合资信会考察绿色债券的信息披露是否符合绿色债券的相关规定，并在评级报告中予以披露。

本期绿色债券涉及的两个环保项目建设内容和规划均已在募集说明书中作出较为详细的介绍，包括设施内容、数量和将采用的工艺等诸多方面。其中，玉溪市生活垃圾焚烧发电项目总投资额 3.87 亿元，拟使用募集资金额 2.41 亿元；大理污水厂二期项目总投资额 1.89 亿元，拟使用募集资金额 0.36 亿元。在 2017 年 6 月出具的跟踪评级报告中，联合资信对募集资金的使用情况和项目进展均进行了说明。截至 2016 年底，玉溪市生活垃圾焚烧发电项目进度为 8%，大理污水厂二期项目已完成项目进度的 82%；截至报告出具日期，本期债券募集资金已使用 2.75 亿元（占募集总规模的 50%）。

（3）绿色属性对信用风险的影响

由于绿色属性会为绿色债券所投项目带来直接或间接的经济收益或损失，例如税收优惠、环保处罚、声誉风险等，联合资信还会分析绿色属性对绿色债券信用风险产生的影响。结合具体情况，在对本期绿色债券的评级过程中联合资信重点关注了"针对绿色债券的政府补贴、税收等优惠政策"以及"技术提升对于资金成本的影响"。

针对绿色债券的政府补贴、税收等优惠政策：

政府补贴、税收等优惠政策会为项目带来直接经济收益。近年来，国家加大了水价改革力度，大部分城市都已经实施或在积极酝酿水价上调的具体方案，完善水价形成机制，加大污水处理费征收力度；与此同时，国家政策不断向污水处理行业倾斜，各地污水处理费价格陆续上调；国家税务总局发布《污水处理费免征增值税优惠》，对各级政府及主管部门委托自来水厂（公司）随水费收取的污水处理费免征增值税。以上多项举措均对本期绿色债券及其发行人融资可得性、稳定性和成本效率具有正面影响。

技术提升对于资金成本的影响

绿色项目可能会由于环保技术提升等导致近期更多的投入以及未来技术成本投入的下降，联合资信会考量由此带来的成本变化对于信用风险的影响。公司股东北京碧水源在环保行业内拥有前沿技术，根据出资人协议，公司可在云南省范围内无偿使用其拥有的多项膜生产及应用技术，包括专利、专用技术以及相应的提高或更新等，且北京碧水源不可单方面撤销，所以公司在膜相关技术方面处于全国领先地位且对技术变革的适应能力较强；其他方面的技术研发需求占比较小。综合来看，环保技术的提升可能对公司成本造成的影响较小。

另外，本期债券募投项目满足人民银行发布的《绿色债券支持项目名录》和发展改革委发布的《绿色债券发行指引》的绿色项目范畴，因此绿色债券标准变化对于本期债券绿色属性评判带来的影响较小。

（三）鹏元资信参与绿色债券信用评级的典型案例

1. 评级项目：2017年东旭蓝天新能源股份有限公司绿色债券信用评级

（1）项目基本信息

主体评级：AA

债项等级：AA+

评级展望：稳定

增信措施：东旭集团有限公司提供保证担保

评级日期：2017年8月30日

(2) 项目特点

募投项目符合环保特性。募投项目"金寨旭辉新能源投资有限公司120MW光伏电站项目"为光伏电站项目，光伏电站的生产过程是将太阳能转化为电能，不产生任何污染物，因此光伏电站将大大减少对周围环境的污染，充分利用可再生的、清洁的太阳能资源，符合环保特性。

国家政策给予指引和支持。《太阳能发展"十三五"规划》指出，"到2020年底，太阳能发电装机达到1.1亿千瓦以上，其中，光伏发电装机达到1.05亿千瓦以上，在"十二五"基础上每年保持稳定的发展规模；到2020年，太阳能年利用量达到1.4亿吨标准煤以上"。此外，2016年12月，根据国家发展改革委《关于调整光伏发电陆上风电标杆上网电价通知》，2017年之后新建光伏电站的上网标杆电价按一、二、三类资源区分别为0.65元/千瓦时、0.75元/千瓦时和0.85元/千瓦时，电价补贴对行业发展给予支持。

公司盈利能力得到提升。根据募投项目可研报告，在债券存续期间，预计募投项目可实现含税营业收入6.56亿元，从短期来看，相关收益可覆盖项目的投资成本。从长期来看，项目投产后，每年可实现营业收入约1.40亿元，项目将提升公司盈利能力。

2. 评级项目：黑龙江泉林生态农业有限公司2017年非公开发行黑龙江泉林生态农业年处理350万吨秸秆综合利用项目绿色项目收益债券信用评级

(1) 项目基本信息

主体评级：BBB+

债项等级：AA

增信措施：山东泉林秸秆综合利用有限公司和佳木斯市新时代城市基础设施建设投资（集团）有限公司提供差额补偿

评级展望：稳定

评级日期：2017 年 7 月 20 日

（2）项目特点

募投项目形成了资源再利用。募投项目"黑龙江泉林生态农业年处理 350 万吨秸秆综合利用项目"主要利用废弃农作物秸秆作为主要原料，采用公司自主研发的技术，生产本色浆、生活用纸、包装纸和黄腐酸有机肥等产品。该项目是典型的资源再利用和循环经济项目，是工业反哺农业的典型案例，项目生产过程可消耗难以处理的秸秆资源，明显改善当地的生态环境，具有一定的经济效益和社会效益。

地方政府给予政策指引和支持。《关于印发佳木斯市国民经济和社会发展第十三个五年规划纲要的通知》中提出，"依托佳木斯泉林秸秆综合利用项目，以秸秆清洁制浆造纸技术为核心，加快延伸秸秆产业链，加强与关联产业对接，打造具有国际竞争力的秸秆循环经济先导区，实现秸秆全产业链发展，促进生态造纸业跨越发展"，政策导向明确。此外，佳木斯市发展和改革委员会向国家发展和改革委员会产业司申请第二批专项建设基金 17.05 亿元，国家专项建设基金分别于 2015 年 11 月 16 日和 2016 年 7 月 15 日到位各 2 亿元，共计 4 亿元。2017 年 3 月 1 日，佳木斯市发展和改革委员会在《关于黑龙江泉林生态农业有限公司申请国家专项建设基金情况的说明》中指明，对于尚未到账的 13.05 亿元专项建设基金，2017 年到位 8 亿元，2018 年到位 5.05 亿元。

公司业绩将大幅提振。根据募投项目可研报告，该项目达产后每年销售收入超过 140 亿元，净收益接近 20 亿元。募投项目将在极大程度上提高公司业绩，也将对地区经济发展起到一定的促进作用。